Bircan Kocabas

Familien mit türkischen Wurzeln in der Kinder- und Jugendhilfe

Gender and Diversity

Herausgegeben von
Prof. Dr. Marianne Kosmann, Prof. Dr. Katja Nowacki
und Prof. Dr. Ahmet Toprak, alle Fachhochschule Dortmund

Band 15

Bircan Kocabas

Familien mit türkischen Wurzeln in der Kinder- und Jugendhilfe

Eine empirische Untersuchung zur Sozialpädagogischen Familienhilfe

Centaurus Verlag & Media UG

Über die Autorin

Bircan Kocabas ist Dipl. Sozialpädagogin/Dipl. Sozialarbeiterin. Sie hat ihr Studium der Angewandten Sozialwissenschaften mit dem Schwerpunkt der Sozialpädagogik 2008 an der FH Dortmund abgeschlossen. Seit April 2008 ist sie in den Ambulanten erzieherischen Hilfen beschäftigt. Außerdem ist sie seit dem Sommer Semester 2014 Lehrbeauftragte an der FH Dortmund im Fachbereich Angewandte Sozialwissenschaften in Jugend Theorie/Praxis SA.

Bibliografische Informationen der Deutschen Nationalbibliothek
Die Deutsche Nationalbibliothek verzeichnet diese Publikation in der Deutschen Nationalbibliografie; detaillierte bibliografische Daten sind im Internet über http://dnb.d-nb.de abrufbar.

Gedruckt auf säurefreiem und chlorfrei gebleichtem Papier.

ISBN 978-3-86226-258-8   ISBN 978-3-86226-961-7 (eBook)
DOI 10.1007/978-3-86226-961-7

ISSN 2192-2713

© *Centaurus Verlag & Media UG (haftungsbeschränkt), Herbolzheim 2014*
www.centaurus-verlag.de

Umschlaggestaltung: Jasmin Morgenthaler, Visuelle Kommunikation
Umschlagabbildung: Serg64: wooden foot bridge isolated on a white background.
                              www.shuttersstock.com
Satz: Vorlage der Autorin

Vorwort

Die vorliegende Arbeit soll einen kleinen Einblick in das Arbeitsfeld der Sozialpädagogischen Familienhilfe vermitteln und im Rahmen einer empirischen Untersuchung alle beteiligten Bereiche und Personen so gut wie möglich näher beleuchten. Die theoretischen Arbeiten zum vorliegenden Thema sind, sowohl aus der Geschichte der Sozialpädagogik/Sozialarbeit als auch aus der aktuellen Diskussion heraus, in Deutschland noch relativ selten und bedürfen noch vieler weiterer Untersuchungen und Evaluationen. Das Arbeitsfeld, welches sich bis zum Anfang des 21. Jahrhunderts als eine Art verlängerter Arm der Armenfürsorge verstanden hat, steht vor neuen und unbekannten Herausforderungen. Durch die Aufwertung der Adressatinnen und Adressaten der Kinder- und Jugendhilfe und somit auch der Adressatinnen und Adressaten der Sozialpädagogischen Familienhilfe müssen sich die Fachkräfte zum ersten Mal mit ihrer Macht, aber auch ihrer Ohnmacht im praktischen Arbeiten und in den *face-to-face* Begegnungen auseinandersetzen. Aufgrund dessen ist die Professionalität und die damit eng einhergehende Haltung der Professionellen in puncto Distanz und Nähe sehr wichtig, um gute Dienste zu leisten, dabei aber auch sich selbst zu schützen. In diesem Zusammenhang sind *Handlungskompetenzen* im Diskurs der Sozialen Arbeit sehr wichtig. Ferner macht die vielfältige ethnische Zusammensetzung der deutschen Bevölkerung die Soziale Arbeit und die damit verbundenen Professionen komplizierter und anspruchsvoller. Mit der Sicht auf die kulturellen Aspekte und Gegebenheiten fordert das Arbeitsfeld von seinen Professionellen eine sehr sensible Handlungsweise, vor allem im Zusammenhang mit *interkulturellen Kompetenzen,* die seit einiger Zeit eine wichtige Bedeutung in der Sozialpädagogischen Familienhilfe haben. Die sehr konträr diskutierten Adressatinnen und Adressaten der Sozialpädagogischen Familienhilfe im Rahmen der interkulturellen Öffnung, sowie die Fachkräfte, die in diesem Arbeitsfeld unterwegs sind, müssen sich im 21. Jahrhundert mit der bisher nicht gekannten Frage des kultursensiblen Arbeitens sowie der Wirksamkeit ihrer Arbeit auseinandersetzen. Außerdem werden sie dazu angehalten, selbstreflektierter zu arbeiten, und müssen ihr professionelles Handeln begründen.

Die vorliegende Arbeit resümiert anfangs die Geschichte der Sozialpädagogischen Familienhilfe, tastet sich mit einer Voruntersuchung an die Thematik heran und versucht durch eine Aktenanalyse die vielfältigen Hilfeempfängerinnen und Hilfeempfänger der Sozialpädagogischen Familienhilfe näher zu fokussieren.

Die Verfasserin bedankt sich bei der ausgesuchten Einrichtung, die die Akten zur Verfügung gestellt hat, und bei allen Fachkräften, die in der Vorrecherche zu dieser Arbeit mitgewirkt haben.

Für die Beratung während der Dissertation möchte sich die Autorin an dieser Stelle außerdem bei ihrer Doktormutter Professorin Dr. Flösser, die diese Arbeit betreut hat, ganz herzlich bedanken. Ebenfalls soll an dieser Stelle Professorin Dr. Kosmann für die Betreuung und Unterstützung in dieser Zeit gedankt werden.

Ein Herzenswunsch ist es, mich an dieser Stelle bei meinen Kindern (besonders bei meinem Sohn für die Unterstützung bei der Erstellung der Tabellen), meinem Ehemann, meinen Eltern und Geschwistern herzlich zu bedanken, da sie mich mit ihrer Hilfe und guten Wünschen in der Zeit des Forschens und Schreibens stets unterstützend begleitet haben.

Inhaltsverzeichnis

1 Einführung

1.1 Fragestellung und Intention der Untersuchung

Das Thema der vorliegenden Arbeit beschäftigt sich mit „Familien mit türkischen Wurzeln in der Kinder- und Jugendhilfe. Insbesondere in der Sozialpädagogischen Familienhilfe"(Titel). Das Arbeitsfeld der Ambulanten Erzieherischen Hilfen und insbesondere der Bereich der Sozialpädagogischen Familienhilfe[1] stellen ein Gebiet dar, das viele Möglichkeiten der Forschung aufweist, weil es in Deutschland eine relativ junge Geschichte hat. Hinzu kommt auch, dass Familien mit türkischen Wurzeln Wege zum Jugendamt und zur Sozialpädagogischen Familienhilfe gefunden haben. Diese Tatsache und auch die Erkenntnis, dass über diese Familien keine weiteren detaillierten Ergebnisse vorliegen, prädestiniert dieses Arbeitsfeld für die Forschung. Die jüngsten Diskussionen um die Sozialpädagogische Familienhilfe, welche Erfolge sie dokumentiert und die Frage nach der Messbarkeit der Qualität dieser Hilfeform zeugen von der großen Bedeutung dieses Arbeitsfeldes. Vor allem im Hinblick auf die rund 15,7 Millionen Menschen mit Migrationshintergrund in Deutschland bieten sich Forschungsfelder an, die noch kaum bearbeitet sind. Der Anteil dieser Bevölkerungsgruppe macht insgesamt 19,3 % der Gesamtbevölkerung Deutschlands aus[2]. Es ist daher von Interesse, in diesem Bereich, welcher den Fokus auf den „Migrationshintergrund"[3] richtet, zu forschen und neue Erkenntnisse zu gewinnen. Durch die aktuellen Diskussionen, die in Deutschland seit Jahren geführt werden, ist es fast unmöglich, sich dem Thema Migration bzw. Integration in der Sozialarbeit zu entziehen. Da die Thematik an sich schon sensibel ist und für die weitere Zukunft der Gesellschaft von großer Bedeutung erscheint, ist der Umgang mit dieser eine große Herausforderung und fordert viel Verantwortung. Dadurch, dass Migrantenfamilien

---

[1] Jordan beschreibt die Sozialpädagogische Familienhilfe als eine „[...] ambulante Hilfe, die sich auf die gesamte Familie richtet. Es besteht die Erwartung, dass die Familie durch die Betreuung und Begleitung die Fähigkeit zur Problemlösung und Alltagsbewältigung (wieder)gewinnt"(Jordan, E. (2005): Kinder- und Jugendhilfe. Einführung in Geschichte und Handlungsfelder, Organisationsformen und gesellschaftliche Problemlagen. 2. überarb. Aufl. Juventa Verlag Weinheim und München, S. 178).
[2] Das Statistische Bundesamt, auf der Basis von Ergebnissen des Mikrozensus 2010
[3] Indikatoren für einen Migrationshintergrund sind zum Beispiel die ausländische Herkunft eines Elternteils oder die vorrangig in der Familie gesprochene Sprache (vgl. Matzner, M. (Hrgb.) (2012): Handbuch Migration und Bildung. Beltz Verlag Weinheim und Basel, S. 335).

auch schon an der Kinder- und Jugendhilfe[4] partizipieren, scheint die Integration der Migrantenfamilien in diesem Bereich *geglückt* zu sein. Die Kinder- und Jugendhilfe umfasst nach Jordan „[...] allgemein fördernde, direkt helfende und politische Aufgabenbereiche. Im Mittelpunkt dieser Bemühungen steht der Erziehungsgedanke"[5].

Nun stellte sich im Zusammenhang mit dem erwähnten Forschungsfeld der Sozialpädagogischen Familienhilfe für Menschen mit Migrationshintergrund die Frage: Zeigen Menschen in gleichen Milieus, unabhängig von ihrer Herkunft, ähnliche Besonderheiten? Das Thema der vorliegenden Dissertation heißt *Familien mit türkischen Wurzeln in der Kinder- und Jugendhilfe. Insbesondere in der Sozialpädagogischen Familienhilfe* (Titel). Die Intention hinter dem Ausdruck *Familien mit türkischen Wurzeln* hat den Hintergrund, dass der gängige Begriff *Familien mit Migrationshintergrund* im Laufe der Zeit eine negative Konnotation bekommen hat. Deshalb wird in dieser Arbeit auf den Begriff *der Migrantin/des Migranten*, so gut es geht, bewusst verzichtet und alternativ andere Zuschreibungen für diese Gruppe eingesetzt, in der Hoffnung, dass am Ende der Arbeit ein neuer Begriff entsteht. Eine etwaige aktive Migrationserfahrung, wie sie bei der ersten Generation vorhanden ist, fehlt bei den meisten Familien im Forschungsfeld der Sozialpädagogischen Familienhilfe. Das Interesse an dem Promotionsthema hat sich im Laufe des Berufslebens der Verfasserin entwickelt: Zum einen der Bereich der Sozialpädagogischen Familienhilfe, in dem sie seit einiger Zeit arbeitet, aber auch die unterschiedlichen Familien im Hilfesystem haben dazu bewegt, dieses Feld zu erforschen. Die Tatsache, dass die Sozialpädagogische Familienhilfe ein relativ neues und wenig erforschtes Feld darstellt (siehe: Kap.2) und Familien mit Migrationshintergrund, insbesondere mit türkischen Wurzeln, bis dato in dem Bereich noch kaum untersucht worden sind, ließ eine Verbindung sinnvoll erscheinen, nämlich allgemein Familien in der Sozialpädagogischen Familienhilfe (SPFH) zu untersuchen, um dann einen Vergleich zwischen den deutschstämmigen- und türkischstämmige Familien durchzuführen. Zu Anfang der Arbeit soll festgehalten werden, dass die Forscherin der Forschungsarbeit so viel Nähe entgegenbringen wird, wie es nötig ist, um die Sachverhalte zu erfassen und zu verstehen; und so viel Distanz, wie es nötig ist, um Objektivität zu bewahren, angelehnt an ein Zitat von Bussek (1966):

---

[4] Kinder- und Jugendhilfe: „Sie richtet sich an Kinder, Jugendliche und ihre Familien. Für die Jugendhilfe gilt es, junge Menschen in ihrer individuellen und sozialen Entwicklung zu fördern, durch soziale Arbeit Benachteiligungen zu vermeiden und abzubauen, sowie Sorge zu tragen für positive Lebensbedingungen und eine kinder- und familienfreundliche Umwelt"(Jordan 2005, S. 12).

[5] Jordan 2005, S. 12

„Die ideale Distanz ist noch immer die brauchbarste Perspektive".

Über die Familien in der Sozialpädagogischen Familienhilfe und die Bereiche, in denen sie sich unterscheiden, gibt es wenig Literatur. Wie sich die Ergebnisse dieser Studie deuten und welche Schlussfolgerungen sich aus dieser ziehen lassen, ist bemerkenswert. Denn bekannt ist, dass Menschen unabhängig von ihrer Herkunft, Religion und Kultur[6] individuell und verschieden sind. Hierbei wäre die Charakterisierung des Kulturbegriffs von Krewer zu erwähnen: „Der Mensch wird dementsprechend konzipiert als ein Lebewesen, das durch seine Fähigkeit zu Reflexivität, Selbstreflexivität und Intersubjektivität in der Lage ist, seine naturgegebene Ausstattung durch die Schaffung materieller, sozialer und ideeller Strukturen seines externen Handlungsfeldes nicht nur zu realisieren, sondern auch selbst zu erweitern und diese kulturellen Errungenschaften an nachfolgende Generationen zu übermitteln"[7]. Übertragen auf die Expertinnen und Experten in der Sozialpädagogischen Familienhilfe bedeutet das, sich nicht mit den Fragen: „Machen die Familien, das Richtige? Oder ist das normal?", sondern „Wie machen die das eigentlich? Welche Rituale, gemeinsamen Überzeugungen haben die Angehörigen dieser für mich (in Teilen) fremden Kultur?"[8]zu beschäftigen. Sicherlich ist es naheliegend für jemanden mit türkischen Wurzeln in Deutschland immer mit einem Auge zu beobachten, unabhängig vom Thema, inwieweit, in bestimmten Situationen, die (ursprüngliche) Herkunft des Menschen eine Rolle spielt. Oder sie spielt keine Rolle und wie M. Knipper es in seinem Aufsatz[9] beschreibt: „Wichtiger als die Herkunftsländer oder Ethnizität" des Menschen, mit dem wir es zu tun haben, „sind dabei die individuelle Biographie und

---

[6] Kultur (lat. cultura): „heißt eig. die Pflege, Bearbeitung und Ausbildung einer Sache zu dem Zweck, sie zu irgendeiner Verwendung brauchbar zu machen. Im weiteren Sinne ist die Kultur die Bearbeitung der ganzen Natur durch den Menschen und die Ausbildung seiner moralischen, intellektuellen und technischen Anlagen und Fertigkeiten. Sie folgt der Zivilisation als höhere Stufe der Entwicklung eines Volkes nach, hat aber ihre Grenzen darin, daß (sic!) der Mensch die Naturkräfte wohl entdecken und benutzen kann, aber nicht zu ändern vermag. Gegenüber dem Naturzustande bildet die Kultur trotz aller ihrer Schattenseiten den höheren, wertvolleren Zustand der Menschheit" (Kirchner, F. http://www.textlog.de/1489.html (22.01.2013)).
[7] Krewer, B. (1992): Kulturelle Identität und menschliche Selbsterforschung. Die Rolle von Kultur in der positiven und reflexiven Bestimmung des Menschseins. Saarbrücken: Breitenbach, S. 264
[8]Wolf K., Frindt A. (2009): Ideen und Konzepte. Steigerung der Wirksamkeit intensiver ambulanter erzieherischen Hilfen (SPFH), LWL Münster, Heft 49
[9] David/Borde (2011): Medizin, Migration und ethnisch-kulturelle Vielfalt: Perspektiven jenseits von Integration und Zuwanderung, S. 19

darin vor allem Aspekte wie Bildung, Beruf, Vorerfahrungen [...]" und „[...] ihre aktuelle Rolle"[10]. Besonders wichtig ist für diese Arbeit die Intention, welchen Beitrag sie
zur SPFH Forschung leisten kann und welche neuen Aspekte in diesem Bereich zu-
kunftsweisend sein könnten, vielleicht auch für zukünftige Sozialarbeiterinnen und
Sozialarbeiter sowie Sozialpädagoginnen und Sozialpädagogen, die im Bereich Sozialpädagogische Familienhilfe Dienste leisten. Diese besondere Problematik der
SPFH[11] wird von Angela Kühner[12] auf den Punkt gebracht:

> *„Kulturalisierung wirkt offenbar wie eine Maskierung: Das Thema an sich*
> *ist wahrscheinlich vertraut, es kommt nur in ungewohnter Kleidung da-*
> *her"[13].*

1.2 Von der Idee bis zur Umsetzung

Die immer wiederkehrende Frage, warum die türkischen Mitbürgerinnen und Mitbürger wenig Hilfe vom Jugendamt in Form der Sozialpädagogischen Familienhilfe
beantragen bzw. annehmen und welche möglichen Gründe es dafür geben könnte,
taucht in fast allen Arbeitskreisen und Gesprächen unter Fachkräften auf. Als mögliche Gründe werden meistens Angst vor dem Jugendamt, unzureichende Sprach-
kenntnisse und die dadurch entstehenden Hemmungen, sich nicht richtig artikulie-
ren zu können, und ihre Bedenken, falsch verstanden zu werden, genannt. In Fach-
kreisen werden als eine mögliche Ursache die türkischen Medien[14] aufgeführt, in

---

[10] David/Borde 2011, S. 19
[11] Im weiteren Verlauf dieser Arbeit wird der Begriff *Sozialpädagogische Familienhilfe* abgekürzt in
Form von SPFH benutzt.
[12] Die wissenschaftliche Mitarbeiterin der Goethe Universität Frankfurt und Vertretungsprofessorin
für Methoden der qualitativen empirischen Sozialforschung schreibt in dem Heft *Positionen* (2010)
zum Thema Beratung in der Migrationsgesellschaft – Zwischen Dramatisierung und Anerkennung von
Differenzen: „Wer immer ein Verhalten oder eine Fähigkeit (häufig: gutwillig erklärend) mit einer
kulturellen oder anderen Differenz in Verbindung bringt, begibt sich in die Gefahr einer essentialistischen Festschreibung, die so tut, als müsse das gerade Beschriebene naturgemäß so sein, als gäbe es
„Türken"(oder Männer), die zwangsläufig so, und „Deutsche" (oder Frauen), die zwangsläufig anders
handeln, weil Angehörige dieser Gruppe ebenso sind."
[13] Kühner, A. (2010): Positionen. Beiträge zur Beratung in der Arbeitswelt. Beratung in der Migrationsgesellschaft. Zwischen Dramatisierung und Anerkennung von Differenzen. Heft 2. Universität
Frankfurt/Main, S. 5
[14] http://www.duzceyerelhaber.com/turkiyeden--dunyadan-haberleri/12790-fuat-ugurgenclik-
daireleri-eliyle-asimilasyon-ve-manipulasyon#.Ubn57vlM_9U (13.06.2013)

denen über häufige Inobhutnahmen von Kindern aus türkischstämmigen Familien berichtet wird. Auch die Gespräche unter Fachkräften, in denen sich herausstellte, dass die türkischen Familien, die in der Sozialpädagogischen Familienhilfe sind, anders wahrgenommen werden als deutsche Familien, rechtfertigen es, in dieser Richtung eine Untersuchung vorzunehmen. Die Aufklärung der türkischen Mitbürgerinnen und Mitbürger über das Jugendamt und die Hilfen scheint zu fehlen; hinzu kommt eine befangene oder andere Wahrnehmung der Experten bei der Arbeit mit Familien mit türkischen Wurzeln.

Die vorliegende Studie versucht Familien mit türkischen Wurzeln in der Sozialpädagogischen Familienhilfe in Vergleich zu den deutschen Familien zu setzen, um mögliche Übereinstimmungen und Unterschiede, sofern es welche gibt, aufzuzeigen. Zum Ende hin kann geschaut werden, ob die Ergebnisse mit der Wahrnehmung von Experten übereinstimmen oder nicht. Des Weiteren soll die Studie zu möglichen Unterschieden der zwei Untersuchungsgruppen Informationen liefern. Dies erfolgt im Rahmen der Akteneinsicht bei einer ausgesuchten Dortmunder Einrichtung, die unter anderem auch die Hilfeform SPFH in Kooperation mit dem Jugendamt leistet. Hierbei wird der Datenschutz aller Beteiligten garantiert. Die Unterstützung und die Zuarbeit von Fachkräften wurde zugesichert. In erster Linie ist die Frage nicht, welche Forschungsmethode oder -instrumente genutzt werden sollten, sondern vielmehr, ob es in dieser Richtung schon Erforschtes gibt oder nicht. Selbstverständlich ist über das Feld der Sozialpädagogischen Familienhilfe vielfach recherchiert worden, aber die Aktenanalyse in Kombination mit einem späteren Vergleich der Familien scheint auf diesem Feld relativ neu zu sein. Die Familien im Kontext der SPFH sollen erforscht und die Familien mit türkischen Wurzeln in der SPFH mit Bezug auf die aktuelle Integrations- und Migrationsthematik besonders untersucht werden[15], sodass zum Schluss ein Vergleich beider großen Gruppen in der SPFH vorgenommen werden kann. Die individuellen Hintergründe der Familien mit türkischen Wurzeln, die mit dem Jugendamt in Kontakt kommen, werden in dieser Arbeit ebenfalls thematisiert werden.

---

[15] „Es soll eine beantwortbare, konkret eingegrenzte Frage definiert werden" Raab-Steiner, E./Benesch, M. (2010): Der Fragebogen. Von der Forschungsidee zur SPSS/PASW-Auswertung. 2. Aufl., Facultas Verlags- und Buchhandels AG, S. 34)

Zum Forschungsthema gibt es zwei verschiedene Zugänge. Das Forschungsdesign für die Vorrecherche (Fremdwahrnehmung) besteht aus einem Fragebogen. Für die deskriptive Aktenanalyse ist der Erhebungsbogen mit der qualitativen Inhaltsanalyse kombiniert.

1.3 Wahl der Untersuchungsgruppe

Nach dem Anwerbeabkommen vom 30. Oktober 1961 zwischen Deutschland und der Türkei sind Menschen türkischer Herkunft nunmehr offiziell seit ca. 50 Jahren hierzulande vertreten und zwar nicht nur vertreten, sondern die Mehrheit von ihnen ist in Deutschland auch sesshaft geworden. Seidel-Pielen beschreibt in ihrem Buch *Unsere Türken* diesen Zustand folgendermaßen: „Als die deutschen Arbeiter während ihrer Aufstiegsversuche in die Mittelschicht ihre alten Quartiere verließen und in die Vorstädte und neu entstehenden Trabantenstädte zogen, schufen das Alltagsleben der Einwanderer und ihre Infrastruktur – Gemüseläden, Reisebüros, Bäckereien, Lohnsteuerbüros, Videotheken, Restaurants, Moscheen, Flickschustereien, Änderungsschneidereien, Teehäuser – ein neues urbanes Gefühl. Die Bundesbürgerinnen und Bundesbürger kopierten Verhaltensweisen ihrer Gastarbeiter und befreiten sich von kleinbürgerlichen Fesseln und dass die Deutschen weiterhin von den Türken lernten, dass öffentliche Plätze und Grünflächen Treffpunkte seien, um sich zu erholen und mit anderen zu kommunizieren"[16]. Zu Ehren der 50-jährigen Anwesenheit von Türken in der Bundesrepublik Deutschland wurden im Jahre 2011 diverse Feierlichkeiten ausgerichtet. Wer als Gastarbeiter damals hier ankam, wurde im Laufe der Jahrzehnte zum Ausländer, später zum Menschen mit Migrationshintergrund, zum Deutsch-Türken usw. Es gibt viele Bezeichnungen, die den Umstand des emigrierten Türken[17] und seiner Nachfahren in Deutschland benennen. Aus den rund 750.000 türkischen Arbeitskräften, die in den ersten 10 Jahren des Anwerbeabkommens nach Deutschland kamen, sind mittlerweile 2,5 Millionen Menschen mit türkischen Wurzeln geworden. Unabhängig, wie diese Bevölkerungsgruppe genannt wird, schwingt in fast allen Bezeichnungen eine negative Konnotation mit. Der in der

---

[16] Seidel-Pielen, E. (1995): Unsere Türken. Annährung an ein gespaltenes Verhältnis. ELEFANTEN PRESS Verlag GmbH, Berlin, S. 13 (Türken stiften deutsche Identität)
[17] Natürlich auch Türkinnen

neuen Zeit verwendete Ausdruck *Deutsch-Türkin/Deutsch-Türke* kommt der Lebens-realität dieser Menschen nahe und sie können sich am ehesten damit identifizieren.

Eine Studie[18] aus dem Jahre 2010 belegt, dass mittlerweile jedes fünfte Kind, wel-ches in Deutschland geboren wird, einen Migrationshintergrund besitzt. Das Statis-tische Bundesamt definiert die Bevölkerungsgruppe mit Migrationshintergrund fol-gendermaßen: „Zu dieser Bevölkerungsgruppe zählen im Mikrozensus alle seit 1950 nach Deutschland zugewanderten und alle im Inland mit fremder Staatsangehörig-keit geborenen sowie die hier geborenen Deutschen, die mit zumindest einem El-ternteil im selben Haushalt leben, der zugewandert ist oder als Ausländer in Deutschland geboren wurde"[19]. Hierbei ist das wichtigste Herkunftsland die Türkei mit 14,1% Anteil. Als Untersuchungsgruppe sind die Türkinnen und Türken schon immer interessant gewesen. Unter vielen Arbeiten hat das Deutsche Jugendinstitut (DJI) im Jahr 1982 aus der Reihe Materialien zur Ausländerarbeit eine Untersuchung veröffentlicht. „Ich hoffe, durch diese Arbeit etwas beizutragen zum Verständnis des größten Anteils der in der Bundesrepublik Deutschland lebenden Ausländer, der Tür-ken. Ihre Kultur und Lebensweise ist von der unseren in manchen Dingen verschie-den – die Ablehnung der deutschen Öffentlichkeit ihnen gegenüber ist am größten, obwohl es gerade sie sind, die wohl am meisten den Kontakt zu Deutschen su-chen"[20], schrieb Schmuck vor ca. 30 Jahren.

Die Untersuchungsgruppe der vorliegenden Arbeit stellt die 2. und 3. Generation dieser eingewanderten Menschen dar. Viele ihrer Vorfahren haben vor ca. 50 Jahren frei nach dem Motto der Bremer Stadtmusikanten[21]: *Etwas Besseres als den Tod fin-den wir überall*, gesagt und sich als Arbeitskräfte beworben. Das ursprüngliche Her-kunftsmilieu der Untersuchungsgruppe war eher traditionell und ländlich geprägt und stellte somit eine Gruppe dar, die eher bildungsfern und wirtschaftlich abhängig, war. Das wichtigste Motiv dieser Menschen für die Migration in den 60er-Jahren war

---

[18] Der Mikrozensus ist eine statistische Erhebung, bei der im Gegensatz zur Volkszählung nur nach bestimmten Zufallskriterien ausgewählte Haushalte beteiligt sind. Die Anzahl der Haushalte wird so gewählt, dass die Repräsentativität der Ergebnisse statistisch gesichert ist. Der Mikrozensus dient dazu, die im Rahmen von umfassenden Volkszählungen erhobenen Daten in kurzen Zeitabständen mit überschaubarem organisatorischem Aufwand zu überprüfen und gegebenenfalls zu korrigieren.
[19] Statistisches Bundesamt
[20] Schmuck, P. (1982): Der Islam und seine Bedeutung für türkische Familien in der Bundesrepublik Deutschland. Reihe Materialien zur Ausländerarbeit. DJI Verlag Deutsches Jugendinstitut, München, S. 7
[21] Grimmsche Märchen

die Arbeit und als zweitwichtigstes Motiv eine bessere Zukunft (Bildung etc.) für ihre Kinder. Die Migrationsgeschichte der untersuchten Gruppe ist relativ gut erforscht und dokumentiert. Die vorliegende Arbeit richtet den Fokus auf den heutigen Alltag dieser Familien. Erarbeitet werden Auffälligkeiten, die Wege zum Jugendamt, die Zeit der Hilfeinanspruchnahme und diesbezügliche Unterschiede zu der deutschen Bevölkerung. Wenn über auffälliges Verhalten von Kindern und Jugendlichen gesprochen wird, dann ist die Verbindung zur elterlichen Fürsorge und zum Erziehungsauftrag der Eltern nicht weit, da die Tatsache, dass Eltern, neben den bildenden und erzieherischen Institutionen wie Kindergärten, Kindertagestätten und Schulen, vorrangig das Verhalten ihrer Kinder prägen[22], unbestreitbar ist.

Über die Elterngeneration der untersuchten SPFH Familien kann, wie oben schon erwähnt, gesagt werden, dass sie weitgehend aus bildungsschwachen Milieus gekommen sind und zumeist eine Arbeitsmigration hinter sich haben. Die Kinder bekamen allerdings „auf die verschiedenste Art und Weise die Orientierung an und Wertschätzung von hoher Bildung vermittelt. In diesem Sinne erfahren die Kinder und Jugendlichen während ihres Aufwachsens in der Familie immer wieder die Betonung und Idealisierung von hoher Bildung und akademischen Berufen, die dann ggf. mit Vorbildern aus der Verwandtschaft oder Bekanntschaft ausgeschmückt werden"[23]. Trotzdem kann in Bezug auf die Eltern in dieser Untersuchungsgruppe mit hoher Wahrscheinlichkeit gesagt werden, dass in der vorliegenden Studie keine Akademikerinnen und Akademiker zu erwarten sind, da die Kinder dieser Familien, die ihre Anfangsideale für ihre Kinder realisiert haben, eher in anderen Gesellschaftsschichten zu finden sind.

Laut den Zahlen des Zentrums für Türkeistudien beträgt die Zahl der in NRW lebenden Ausländer 1.982.860, die einen Bevölkerungsanteil von insgesamt 11% ausmachen. Der Anteil türkischer Staatsangehöriger in NRW, der mit einer Bevölkerungsanzahl von 691.981 bzw. 34,9% unter allen Ausländern ausmacht, liegt über dem

---

[22] Vgl. BMFSFJ, Pressemitteilung Nr. 91/2012
[23] Tepecik, E. (2011): Bildungserfolge mit Migrationshintergrund. Biographien bildungserfolgreicher Migranten türkischer Herkunft. VS Verlag für Sozialwissenschaften. Springer Fachmedien Wiesbaden GmbH, S. 258

Bundesdurchschnitt[24]. Die Anzahl der türkischen Staatsbürgerinnen und Staatsbürger in Dortmund beträgt laut Dortmunder Statistikamt[25] für das Jahr 2011 24.222 Menschen, die damit die größte Gruppe unter allen anderen Nationalitäten stellen. Unter diesen Gesichtspunkten ist es auch naheliegend, Familien mit türkischen Wurzeln als Vergleichsgruppe zu den deutschen Familien in der Sozialpädagogischen Familienhilfe auszuwählen. Die hohen Zahlen und die Ausgangssituation, dass türkischstämmige Familien eine der frühesten Einwanderergruppen in Deutschland darstellen, weil sie die Gruppe sind, die der Aufnahmegesellschaft am nächsten kommen und trotzdem scheinbar in allen Bereichen des Lebens Unterschiede aufweisen, machen diese Gruppe für die Forschung attraktiv. Die Entscheidung, erst einmal eine Gesamterfassung aller Familien durchzuführen, um dann den Vergleich zwischen den türkischstämmigen Familien mit den deutschen Familien zu unternehmen, ist somit zu rechtfertigen.

Der allgemeine Tenor über die Arbeit mit Familien mit Migrationsgeschichte geht in der Sozialpädagogischen Familienhilfe, wie auch in anderen Bereichen der Kinder- und Jugendhilfe, in die Richtung, dass sowohl die Begleitung als auch die Unterstützung von Menschen mit ausländischen Wurzeln in der sozialen Arbeit als Herausforderung gesehen und diskutiert wird. „Hierbei geht es unter anderem – um Fragen des sozialpädagogischen Handelns in der Einwanderungsgesellschaft, um interkulturelle Kompetenzen oder eine interkulturelle Öffnung[26] sozialer Dienste"[27]. Die fehlende Niedrigschwelligkeit der Angebote seitens der Kinder- und Jugendhilfe sowie mangelnde vertrauensbildende Maßnahmen von Seiten der Jugendämter, die die

---

[24] Das Zentrum für Türkeistudien betreibt unter anderem Migrationsforschung in der Bundesrepublik Deutschland und anderen europäischen Staaten mit den Schwerpunkten: Ausländische Senioren, Ausländische Unternehmer, Ausländer als Konsumenten, ausländische Medien, Islam in der Migration, etc.
[25]http://www.dortmund.de/media/downloads/pdf/statistik/bevoelkerung/Auslaender_n_staatsangehoerigkeit.pdf (12.11.2012)
[26] Interkulturelle Öffnung wird hier als Konsequenz interkultureller Orientierung nach Schröer verstanden. „Es geht um die handelnde Umsetzung der strategischen Ausrichtung. Sie hat Auswirkungen auf die Strukturen, die Prozesse und Ergebnisse sozialen Handelns. Interkulturelle Öffnung führt zur Veränderungen von Aufbau-und Ablauforganisation, um beispielsweise Zugangsbarrieren für Minderheiten abzubauen. Angebote und Maßnahmen der infrastrukturellen und individuellen Versorgung werden so ausgerichtet, dass sie die in den Regionen lebenden Menschen entsprechend ihrem Bevölkerungsanteil wirksam erreichen" Jehle, B./Kammerer, B. u. a. (Hrgb.) (2004): Migration – Integration – Interkulturelle Arbeit. Chancen und Perspektiven der pädagogischen Arbeit mit Kindern und Jugendlichen (mit Fachbibliografie). emwe-Verlag Nürnberg, S. 33-34).
[27] Vgl. Braun, A.: Biographie, Profession und Migration. 10. Jg. Heft 3, Aug. 2012, Beltz Juventa, Weinheim, aus Zeitschrift für Sozialpädagogik (2012), S. 265

Hilfen einsetzen, wird im öffentlichen Diskurs benannt, was ein Aspekt ist, der den Zugang von Familien mit Migrationshintergrund zum Hilfesystem teilweise einschränken oder verhindern kann[28]. Da die vorliegende Arbeit sowohl den Zugang zu der Hilfeform Sozialpädagogische Familienhilfe der Familien mit türkischen Wurzeln untersucht als auch die SPFH Familien mit türkischen- und deutschen Wurzeln im Fokus hat, soll auch geprüft werden, inwieweit die Ausführungen von Matzner zutreffend sind.

1.4 Fazit

Kinder sind die Zukunft eines Landes. Auch Migrantenkinder werden die Zukunft dieses Landes mitgestalten. Je gesünder und selbstsicherer Kinder aufwachsen, um so stabilere Persönlichkeiten können entstehen, die wiederum für die weitere Zukunft eines Landes von großer Bedeutung sind. Die schwächsten Glieder einer Gesellschaft sind somit ihre Kinder, unabhängig von ihrer ursprünglichen Herkunft. Wenn die Familie als der primäre Erziehungsort kränkelt, wird unter anderem die erzieherische Maßnahme der Kinder und Jugendhilfe, nämlich die Sozialpädagogische Familienhilfe tätig. Somit ist die Frage nach der Situation der Familien in der Sozialpädagogischen Familienhilfelandschaft naheliegend. Die Frage nach den Familien ist die eine, eine andere Frage, welche mitunter für die Forschung interessant ist, ist die der unterschiedlichen Herkunft dieser Familien, ihre Vielfalt und wie die Jugendämter und die Fachkräfte damit umgehen. Die Erfassung einer kleinen Gruppe dieser SPFH Familien und der Vergleich miteinander, da im Zuge der Globalisierung Deutschland, oft entgegen der politischen und gesellschaftlichen Haltung, auf dem Weg ist, praktisch ein Einwanderungsland zu werden, war sehr naheliegend. In der Sozialpädagogischen Familienhilfe sollen sich Familien mit Kindern, mit und ohne deutsche Wurzeln, durch die Hilfe von außen sich zu Gemeinschaften von selbstsicheren und gesunden Menschen entwickeln.

Das sich längst verfestigte Bild für Immigrierte, sich immer zwischen zwei Stühlen zu befinden, hat sich sowohl auf der deutschen Seite, wie auch auf der der Immigranten eingeprägt, als müsse es immer so sein und bleiben. Als hätten diese Menschen

---

[28] Vgl. Matzner, M. (Hrgb.) (2012): Handbuch Migration und Bildung. Beltz Verlag, Weinheim und Basel

keine andere Wahl. Die scheinbare Alternative, dass Vielfalt ein Defizit bedeutet und nur die Assimilation in die Aufnahmegesellschaft ein Erfolg ist, hat die Menschen unsicher gemacht. Ebenfalls die Erwartung, ein Bekenntnis für eine Seite abzugeben, sich für eine Seite zu entscheiden und dann auch noch für die „richtige" Seite als etwas Wünschenswertem. Einerseits muss die Aufnahmegesellschaft mit dieser Herkunftsvielfalt fertig werden und Integrationshilfe leisten und andererseits müssen Menschen mit unterschiedlicher Herkunft sich auf Neues, anderes einlassen und in der Mehrheitskultur ankommen. Dies ist ein Plädoyer für Anderssein und trotzdem sich mit der Aufnahmekultur zu identifizieren, ein Plädoyer für Interkulturalität und Mehrfachidentität.

2 Die Sozialpädagogische Familienhilfe und ihre Akteurinnen und Akteure

2.1 Zu den Anfängen der Sozialen Arbeit

Die Sozialarbeit hat eine lange Geschichte und kann in ihren Anfängen als soziale Hilfstätigkeit weit zurückverfolgt werden. Sie ist unter anderem in dem Almosenwesen, der Armenpflege, Wohlfahrtspflege und als Fürsorge für Bedürftige vertreten. Sozialarbeit wird nach Mühlum folgendermaßen definiert: „Sie ist das Bemühen um Menschen in Not, zunächst vor allem in wirtschaftlicher und gesundheitlicher Not, bis die (psycho-)sozialen Probleme zum Signum moderner Sozialarbeit wurden"[29]. Über die Sozialpädagogik schreibt Mühlum, dass sie sich ab dem 19. Jahrhundert durch im Rahmen der Industrialisierung entstandene soziokulturelle Probleme und die erschwerten Lebensbedingungen beim Heranwachsen in der Moderne etabliert hat. Nach Mühlum hat die Soziale Arbeit viele Phasen der Entwicklung erlebt. Fazit ist, dass sich viele dieser Phasen erst ab den 70er-Jahren des 20.Jahrhunderts essentiell entwickelt haben[30]. Im Zuge dieser Entwicklung werden seit Ende der 60er-Jahre an den deutschen Universitäten und Fachhochschulen Studiengänge zur Sozialarbeit und Sozialpädagogik angeboten[31] Seit Mitte der 70er-Jahre hat sich die Sozialpädagogische Familienhilfe außerdem als eine familienstützende Form der Hilfe im Zuge

---

[29]Mühlum, A.: Professionelle Identität in der Sozialen Arbeit, aus Soziale Arbeit (Sept. 2012), S. 327-329

[30] Erste Phase bis etwa 1830:Armenpflege. „[...]zunächst vor allem im Hinblick auf verlassene und Notleidende Kinder. Die spätere Sozialpädagogik kann in dieser Tradition als Ersatz für familiale Erziehungsleistungen verstanden werden.
Zweite Phase 1830-1880: Sozialerzieherische Praxis in Einrichtungen. [...]Die „Sozialerziehung" differenziert sich weiter aus, unter anderem in der sogenannten Volkserziehung, in der Forderung nach Social-Pädagogik in der Schule und als Nothilfe bei Fehlentwicklungen und Verwahrlosung von Kindern und Jugendlichen – ergänzt durch die Anfänge der Jugendpflege.
Dritte Phase 1880-1930: Formale Ausbildung und theoretische Fundierung. [...]
Vierte Phase bis etwa 1970: Sozialpädagogisierung und Ausbildungsreformen. Nach der Zäsur durch Nationalsozialismus, Krieg und Nachkriegszeit werden auch hier grundsätzliche Klärungen versucht, sowohl in Abgrenzung zur Sozialarbeit als auch im Bemühen, mit diesem Schritt zu halten, die etwas früher das Ausbildungsniveau der Höheren Fachschule erreichte. Der Ausbau der Kinder-und Jugendhilfe geht dann einher mit einer Sozialpädagogisierung erzieherischer und gesellschaftlicher Probleme, die mit gesellschaftskritischen Konzepten kollidiert (vgl. Wendt 2008, Hering; Münchmeier 2007, Amthor 2003 zitiert nach Mühlum 2012)

[31] Vgl. Treichler, A.: Menschenrechte, aus Migration und Soziale Arbeit, (Mai 2012)

der Reformen im Kinder- und Jugendhilferecht, bedingt aus der Forderung des Reformdiskurses der 60er-Jahre nach einer Reduzierung der Fremdunterbringungen, etabliert[32]. Diese wirtschaftliche Komponente ist ein Bereich der Etablierung und des Ausbaus der SPFH. Die pädagogische Komponente ist natürlich, die Eltern nicht langfristig in Sachen Kindererziehung zu entmündigen, sondern vielmehr mit staatlicher Unterstützung Kompetenzen zu erwerben, um sich adäquat um die Belange ihrer Kinder zu kümmern. Deshalb richtet die Hilfe den Fokus auf Familien mit Kindern und ist eine sehr niederschwellige Hilfe mit einer Geh-Struktur. Das bedeutet, dass die Familien, die SPFH in Anspruch nehmen, seitens der Fachkräfte praktisch die Hilfe bis in die Wohnung erhalten. Die Sozialpädagogische Familienhilfe hat einen multiplen variablen Ansatz. Die in der SPFH beschäftigten Personen sind zumeist Allrounder, d. h. sie kommen aus verschiedenen beruflichen Disziplinen wie z. B. Erzieherinnen/Erzieher, Pädagoginnen/Pädagogen, Krankenschwester/-pfleger u. ä., verstehen sich als Teil eines Dienstleistungsunternehmens und müssen sich im Alltag der Familien unter anderem mit Bereichen wie der Versorgung und Erziehung der Kinder, dem Umgang mit Finanzen, Arbeits- und Wohnungssicherung und Gesundheit auseinandersetzen[33]. Anfangs waren überwiegend Familien mit überdurchschnittlich vielen Kindern, die in Unterversorgungslagen lebten, in der SPFH vertreten[34]. In den 80ern wurde das Klientel der Sozialpädagogischen Familienhilfe wie folgt beschrieben: In NRW gibt es meist Einelternteilfamilien mit geringem Einkommen, sowie Zweielternteilfamilien mit niedrigem Bildungsstand, Stieffamilien, Familien mit Kommunikationsproblemen und, wie in den 70ern, Familien mit vielen Kindern; wobei diese Gruppe am niedrigsten vertreten ist. Die Vielfalt der in der SPFH beschäftigten Personen zeigt ansatzweise, dass keine konsistente Identität der Sozialarbeiterinnen und Sozialarbeiter seit den Anfängen vorhanden ist. Noch immer gibt es kein einheitliches Profil des Studiums bzw. der Ausbildung. Des Weiteren hat sie keine klare Örtlichkeit für ihre Settings in der Praxis und keine eindeutigen, von

---

[32] DJI (2006): Handbuch Kindeswohlgefährdung nach § 1666 BGB und Allgemeiner Sozialer Dienst (ASD). München: Deutsches Jugendinstitut e.V., S. 78
[33] Vgl. Blüml, H./Helming, E. u. a. (1999): Handbuch Sozialpädagogische Familienhilfe, Nomos Verlag, S. 7
[34] Vgl. Blüml/Helming 1999, S. 7-19

allen in dieser Profession beschäftigten Personen anerkannten, wissenschaftlichen und professionellen Standards[35].

Trotz des immer noch anhaltenden Imageproblems besteht die Hilfeform SPFH seit Mitte der 80er-Jahre flächendeckend in der Bundesrepublik Deutschland und ist im Gegensatz zu den Hilfen außerhalb der Familie, wie z. B. Heimen, Pflegefamilien etc., die kostengünstigere Variante. Aber auch hier ist die Umsetzung in den letzten Jahrzehnten sehr kontinuierlich, die Gesamtzahlen in den Ambulanten Erzieherischen Hilfen sind weitgehend überschaubar geblieben (siehe: Kap. 5). Unter dem Gesichtspunkt, zum einen aus der Armenfürsorge entstanden zu sein und immer noch um eine Profession zu kämpfen, zum anderen aber als kostengünstigere Variante zu anderen Hilfen in Anspruch genommen zu werden, dabei aber auch ständig im Rahmen der Evaluation und Erfolgsnachweise offen für Kritik zu sein, musste diese spezielle Hilfeform im Laufe der letzten Jahrzehnte eigene Qualitätsstandards entwickeln, um sich unter anderem von ihrem negativen Image[36] zu befreien, aber auch um ihre eigene Professionalität darzustellen. Zum schlechten Image tragen die Medien ihren Teil bei, vor allem wenn Todesfälle in Familien bekannt werden, in denen das Jugendamt und SozialarbeiterInnen involviert waren/sind und nicht reagiert zu haben scheinen.

„It's the stigma of social work and its general title. And the negative media images – I mean (…) the minute you mention you're a social worker people freeze"[37]. Unabhängig davon ist die Sozialpädagogische Familienhilfe in ihrer weiteren Entwicklung unter anderem gefordert, im Sinne der Qualitätssicherung ihr professionelles Handeln methodisch zu begründen und Standards zu definieren. Weitere wichtige Schritte sind diese zu evaluieren und abschließend einer kontinuierlichen Optimierung zu unterziehen[38]. Ein Beispiel zu den mittlerweile gängigen Qualitätsstandards

---

[35] Vgl. Thole, W. (2010): Soziale Arbeit als Profession und Disziplin. Das sozialpädagogische Projekt in Praxis, Theorie, Forschung und Ausbildung-Versuche einer Standortmessung. In: Thole, W. (2010) (Hrsg.): Grundriss Soziale Arbeit. Ein einführendes Handbuch. Wiesbaden, S. 28

[36] In weiten Teilen der Bevölkerung wird die Soziale Arbeit immer noch nicht als ein vollwertiger Beruf angesehen und es heißt, dass die SozialarbeiterInnen nur reden, aus ihrem Bauchgefühl heraus handeln etc.

[37] Fabian, T./Schweikart, R. (2003): Brennpunkte der Sozialen Arbeit. Leipziger Beiträge zur Sozialen Arbeit. Bd. 4 LIT Verlag Münster-Hamburg-London, S. 174 (aus Research Perspektives 2000, S. 1 Satz aus einem Interview mit einem Sozialarbeiter)

[38] Vgl. Buchkremer, H. (Hrsg.)(2009): Handbuch Sozialpädagogik. Ein Leitfaden in der sozialen Arbeit. 3. Aufl. WGB Darmstadt , S. 371

der aktiven SPFH ist die *Supervision*[39]. Die „Supervision ist eine Beratungsmethode, die zur Sicherung und Verbesserung der Qualität beruflicher Arbeit eingesetzt wird. Supervision bezieht sich dabei auf psychische, soziale und institutionelle Faktoren[40]. [...] Die Vorgehensweise der Supervision (Fallsupervision) ist reflexiv und prozessorientiert"[41]. Die Fachkraft wird von einer Supervisorin/einem Supervisor lösungsorientiert begleitet, wobei die endgültige Entscheidung bei der Fachkraft bleibt. Ein weiterer Qualitätsstandard ist die *Evaluation* nach der Beendigung der Hilfe. Die SPFH Familien füllen einen Evaluationsbogen je nach Einrichtung und Stadt aus und geben auf diese Weise ihr Feedback (immer anonym) weiter. Dies soll unter anderem Auskunft über die Zufriedenheit der Familien geben. Hierbei ist auch zu erwähnen, dass viele freie Träger ihre eigenen Evaluationsbögen erstellt haben, die die Familien auch anonym ausfüllen und an die Einrichtungen schicken können. Weitere Qualitätsstandards sind regelmäßige *Mitarbeiterbesprechungen und Falldokumentationen*, die meist wöchentlich festgehalten werden. Auch die regelmäßigen Fortbildungen gehören zu den Standards.

Weiterhin geht der Trend in der SPFH in Richtung *Partizipation*[42]; die Beteiligung der Familien „gilt als Voraussetzung für gelingende Hilfen"[43]. „Kinder, Jugendliche, aber auch Eltern erleben Hilfen zur Erziehung anders, als dies noch vor Jahren der Fall war. Moderne Hilfen beziehen Kinder, Jugendliche und Familie mit ein, gestalten die Hilfen gemeinsam mit dem Klientel. Die Hilfen haben damit in vielen Fällen nichts Bedrohliches oder Erdrückendes mehr. [...] wenn die positiv erlebt wird, dann wird auch positiv darüber gesprochen. Das wiederum heißt, die Betroffenen selbst sind zu einer Art Werbefaktor geworden, was ebenfalls die Nachfrage erhöht. Ein Nebeneffekt, der kostenmäßig zu Buche schlägt"[44]. Natürlich ist es auch in der Jugendhilfe,

---

[39] Supervision (lat. und bedeutet: etwas von oben her übersehen/überblicken). Die Anfänge der Supervision liegen um 1900 in den USA
[40] Buchkremer, H. (2009), S. 392: zitiert nach DGSV(Deutsche Gesellschaft für Supervision gegründet 1989 entwickelte Qualitätskriterien und Ausbildungsstandards sowie ethische Leitlinien für ihre Mitglieder) 2001, S. 21
[41] Buchkremer, H. 2009, S. 392
[42] Partizipation: ein Sozialpädagogisches Handlungskonzept zur Beteiligung aller Prozessinvolvierten Personen (vgl. Buchkremer, H. 2009, S. 360)
[43] Berner, R.: Steuerung und ihre Ziele in der Jugendhilfe, aus Forum Erziehungshilfen 2012, 18.Jg., Heft 3, Beltz Juventa
[44] Krause H. U. (2007): Stationäre Hilfen zwischen Kindeswohl und Kostendruck aus der Perspektive eines freien Trägers. In: Wohin steuert die stationäre Erziehungshilfe? SPI-Schriftenreihe. München, S. 234

wie bei allen von Geld abhängigen Dienstleistungen, die Frage nach Qualitätsstandards verbunden mit der Effektivität der Arbeit. „Im Hintergrund steht letztlich die Frage, die verfügbaren finanziellen Mittel wirksam und möglichst effizient einzusetzen. Die Kostenfrage ist Teil, der am offensichtlichsten die Frage nach der Effizienz bestimmt"[45].

2.2 Wandel der Familie im Laufe der letzten Jahrzehnte

Um den Wandel der Familie in den letzten Jahrzehnten aufzuzeigen, ist es zunächst wichtig zu definieren, was unter dem Begriff Familie verstanden wird. Matter und Abplanalp sagen, Familie ist „eine Gemeinschaft von mindestens je einem Vertreter/einer Vertreterin der Erwachsenengeneration und einem Kind oder Jugendlichen, die durch eine bezüglich der Entwicklung und Erziehung des Kindes oder der Kinder primäre Beziehung miteinander verbunden sind, die auf Dauer angelegt ist und damit faktische Elternschaft begründet, auch wenn keine leiblichen Eltern-Kind-Beziehung besteht"[46]. Das Modell der „Parsons'schen Normalfamilie"[47] der fünfziger und sechziger Jahre Deutschlands mit Mutter, Vater und Kind(er) scheint ausgedient zu haben. Schneider merkt aber an, dass Werte wie Sicherheit und Zugehörigkeit, die an Partnerschaft, Ehe und Familie verknüpft waren, immer noch stabil geblieben sind. Er erwähnt außerdem, dass typische Lebensverläufe, nämlich zu heiraten und Kinder zu bekommen, mittlerweile als optional angesehen werden[48]. In den letzten Jahrzehnten zeigt sich die Familie in vielfältigeren Lebensformen. Die Heiratsquoten sind geringer als die Scheidungsquoten und somit ist ein Rückgang der Normalfamilie[49] zu verzeichnen. Anstelle derer sind Lebensformen wie zum Beispiel alleinerziehende Mütter oder Väter und eheähnliche Gemeinschaften sowie homosexuelle Paare getreten. Die Bundeszentrale für politische Bildung schreibt in ihrer Ausgabe

---

[45] Petermann, F./Schmidt, M.H. (Hrsg.) (2004): Qualitätssicherung in der Jugendhilfe. Neue Erhebungsverfahren und Ansätze der Praxisforschung. Beltz Verlag, Weinheim, Basel, S. 6ff. (vgl. nach Knappe/Burger, 1994 und Petermann, Sauer und Becker, 1997)

[46] Matter, H./Abplanalp, E. (2009): Sozialarbeit in Familien. Eine Einführung. 2. überarb. Aufl. Verlag Haupt Bern Stuttgart Wien, S. 20

[47]Zweielternfamilie

[48] Vgl. Bertram, H./Ehlert, N. (2011): Familie, Bindungen und Fürsorge. Familiärer Wandel in einer vielfältigen Moderne. Freiberger Studie zum familiären Wandel im Weltvergleich. Verlag Barbara Budrich Opladen & Farmington Hills, MI, S. 251

[49] Vgl. Nave-Herz, R. (2007): Familie Heute. Wandel der Familienstrukturen und Folgen für die Erziehung. WGB Darmstadt, S. 13ff.

aus dem Jahr 2004, dass die Heterogenität und die Vielfalt der familialen- und partnerschaftlichen Lebensverläufe in den vergangenen Jahrzehnten zugenommen haben[50]. Außerdem ermöglicht der Sozialstaat die Individualisierungsprozesse. Die unter anderem daraus resultierende freie Wahl von Lebensformen bringt die Herauslösung aus Bindungen mit sich, die wiederum gleichzeitig zu einer größeren Abhängigkeit von Sicherungsinstitutionen hinführt[51]. Lange Zeit galten die Elternteilfamilien als unvollständige Familien und wurden als Stiefkinder der Gesellschaft behandelt, wobei die „strukturelle Unvollkommenheit dieses Familientyps nicht unbedingt funktionelle Unvollkommenheit zur Folge haben muss"[52], obwohl das Phänomen kein neues ist[53]; der Anteil der alleinerziehenden Mütter und Väter von 2,69 Millionen aus dem Jahr 2012 in Deutschland war nach dem 2. Weltkrieg nicht geringer[54].

Ein weiterer wichtiger Aspekt, der den Wandel der Familie betrifft, stellt wohl auch der Wandel des Verständnisses von Ehe- und Familienbeziehungen in den Milieus, aus dem die Adressatinnen und Adressaten stammen, dar. Da das Klientel der Sozialen Arbeit und damit das Klientel der Sozialpädagogischen Familienhilfe größtenteils aus sozial niedrig gestellten Personen stammt, ist das Ehe- bzw. Familienverständnis dieser Menschen von großer Bedeutung. Noch immer ist die traditionelle Rollenverteilung essentiell, um die elementaren Dinge des Lebens zu gewährleisten. In sozial schwachen Milieus stellen Eltern bzw. Eheleute „nämlich die adäquate Erfüllung einer Funktion als Ernährer (für den Ehemann) und als Hausfrau und Mutter (für die Ehefrau)" dar, und nicht das, was auf gemeinsamen Interessen und Handlungen basiert, wie bei den „modernen Ehen der Mittelschicht"[55].

---

[50] Vgl. Bpb (Hrsg.) (2004): Aus Politik und Zeitgeschichte (B 19/2004). Familiale Lebensformen im Wandel. Brüderl, J.: Die Pluralisierung partnerschaftlicher Lebensformen in Westdeutschland und Europa

[51] Universität Augsburg 2007, Seminar: Theorien sozialer Ungleichheit http://www.philso.uni-augsburg.de/lehrstuehle/soziologie/sozio1/medienverzeichnis/Bosancic_WS_07_08/SU_PP_Indi.pdf (12.11.2012)

[52] http://www.schader-stiftung.de/gesellschaft_wandel/435.php (12.11.2012)

[53] Beispielsweise waren viele Mütter nach dem 2.Weltkrieg Witwen und somit alleinerziehend.

[54] http://www.bpb.de/nachschlagen/zahlen-und-fakten/soziale-situation-in-deutschland/61581/alleinerziehende (12.11.2012)

[55] Allert, T./Bieback-Diehl, L. u. a. (1994): Familie Milieu und sozialpädagogische Intervention. Möglichkeiten, Handlungsansätze und Problem sozialpädagogischer Familienhilfe. VOTUM Verlag GmbH, Münster, S. 18

2.3   Stand der Forschung und aktuelle Diskussion

Der Stand der Forschung zur Sozialpädagogischen Familienhilfe ist in den letzten Jahren vielfältiger geworden ist. Der einmal pro Legislaturperiode erscheinende Kinder- und Jugendbericht[56] informiert über die Lebenssituation junger Menschen und über die Leistungen der Kinder- und Jugendhilfe. Das Statistische Bundesamt veröffentlicht unter anderem auch Zahlen zur Kinder- und Jugendhilfe. Sie setzt sich aus zehn Erhebungen zusammen, die sich fünf Bereichen zuordnen lassen. Die fünf Bereiche setzen sich wie folgt zusammen:

1. Hilfen für Familien nach Familiensituation und Art des Trägers
2. Hilfen für Familien nach Familiensituation, ausländischer Herkunft und vorrangig gesprochener Sprache sowie nach wirtschaftlicher Situation der Familie
3. Hilfen für Familien nach Familiensituation und anregende(n) Institution(en) oder Person(en)
4. Hilfen für Familien nach Familiensituation und Gründen für die Hilfegewährung
5. Hilfen für Familien nach Familiensituation und Betreuungsintensität der Hilfen

Zu den jeweiligen Bereichen sind alle Daten betreffend Hilfebeginn, Verlauf und Beendigung dokumentiert.

Wolf und sein Team von der Universität Siegen erforschen seit einigen Jahren den Bereich der Ambulanten Erzieherischen Hilfen und somit die SPFH. Die Inhalte beschäftigen sich unter anderem mit der Frage, was die professionellen ambulanten Erziehungshilfen leisten (2009), die Sozialpädagogischen Interventionen in Familien. Außerdem nehmen sie die sozialpädagogischen Interventionen in den Familien in den Fokus und prüfen die Steigerung der Wirksamkeit intensiver Ambulanter Erzieherischer Hilfen[57]. Hierbei handelte es sich um eine wissenschaftliche Begleitung eines Modellprojektes. Das Projekt arbeitete drei zentrale Ergebnisse zur SPFH For-

---

[56] Der 13. Kinder-und Jugendbericht 2009 (http://www.bmfsfj.de/BMFSFJ/Service/Publikationen/publikationen,did=128950.html (12.11.2012)
[57] Modellprojekt: Steigerung der Wirksamkeit intensiver ambulanter erzieherischer Hilfen (SPFH)

schung heraus, nämlich einmal die Nachhaltigkeit der Hilfe, zum anderen die reflexive Professionalität und zum Schluss die größere Reichweite der ambulanten erzieherischen Hilfen[58].

Die interkulturelle Öffnung sowie das kultursensible Arbeiten in der Sozialpädagogischen Familienhilfe werden in den Arbeiten von Baban und Bisarani aus dem Jahr
2011 thematisiert. Dort werden *Erfahrungen, Sichtweisen und Beobachtungen von
und zu betroffenen Familien* in der *Sozialpädagogischen Familienhilfe für Familien
aus islamischen Kulturkreisen* beschrieben. Baban berichtet über seine Erfahrungen
mit SPFH Familien aus Sicht des Familienhelfers mit Migrationshintergrund und beschreibt sehr ausführlich viele Besonderheiten zu Familien mit Migrationshintergrund[59]. Als Gesamtfazit favorisiert Baban das interkulturelle Team als eine gute Lösung für die Sozialpädagogische Familienhilfe. Weiterhin plädiert er für eine Förderung der interkulturellen Kompetenzen aller in der SPFH beschäftigten Personen, damit ein herkunftssensibles- und in Folge dessen ein effektives Arbeiten gewährleistet
ist[60].

Bisarani hingegen beschäftigt sich mit den *Erfahrungen und Sichtweisen von Fachkräften* mit und ohne Migrationshintergrund in der *Sozialpädagogischen Familienhilfe für Familien aus islamischen Kulturkreisen*[61]. Er geht auf die interkulturellen
Kompetenzen, sowie Qualifikations- und Fortbildungsmöglichkeiten der Fachkräfte
ein. Außerdem macht er einen Exkurs in die Religion, die Tradition und die Kultur der
von der SPFH betreuten Familien. Er beschreibt die *Lebenssituation der Migrantenfamilien aus den islamischen Kulturkreisen im Einwanderungsland* und stellt Inter-
viewpartnerinnen und Interviewpartner sowie die geführten Interviews vor. Abschließend gibt er Empfehlungen in Richtung kultureller Öffnung der SPFH und Sen-
sibilisierung der Fachkräfte in Bezug auf das Arbeiten in Familien mit Migrationshintergrund. Dass beide Autoren eine ähnliche Biografie haben und auch in Familien
aus sogenannten *islamischen Kulturkreisen* tätig waren, macht sich in ihren Ausführungen und Schwerpunkten bemerkbar. Sicherlich macht es einen großen Unterschied, ob die als Familienhelferin und Familienhelfer arbeitende Fachkraft selbst

---

[58] Vgl. Wolf, K./Frindt, A. 2009
[59] Vgl. Baban, A. (2011): Sozialpädagogische Familienhilfe für Familien aus islamischen Kulturkreisen.
Schriftenreihe des IBKM. BIS-Verlag der Carl von Ossietzky Universität Oldenburg, S. 6
[60] Vgl. Baban, A. 2011, S. 279
[61] Bisarani, K. (2011): Sozialpädagogische Familienhilfe für Familien aus islamischen Kulturkreisen,
Erfahrungen und Sichtweisen von Fachkräften. Schriftenreihe des IBKM. BIS-Verlag der Carl von Ossietzky Universität Oldenburg

eine aktive Migration erlebt hat und die SPFH Familien eine ähnliche Geschichte haben, oder wie in meiner Untersuchungsgruppe sowohl die Fachkraft als auch die untersuchten Familien in der Mehrheitsgesellschaft aufgewachsen sind und in der 2. oder sogar 3. Generation in Deutschland leben. Natürlich ist die Ausgangssituation und die Herausforderung für die Fachkräfte eine andere. Die Elterngeneration weiß, was ihre Herkunftskultur ist und wie die Kultur der Aufnahmegesellschaft ist und können damit leichter umgehen als ihre Nachkommen in Deutschland. Die zweite und dritte Generation ist in Deutschland geboren und sozialisiert. Und sie werden mit der Herkunftskultur ihrer Eltern und mit der Leitkultur im Aufnahmeland zugleich konfrontiert. Diese Tatsache macht den Menschen das Leben in der Mehrheitsgesellschaft nicht einfach und tangiert auch die Arbeit der Sozialpädagoginnen und Sozialpädagogen in den Familien. Denn die Fachkräfte haben kein konkretes Wissen über die Menschen mit denen sie arbeiten, da für die Kenntnis der individuellen Sozialisationen dieser Menschen, mit denen sie in der SPFH zu tun haben, weder die nötige Ausbildung besitzen noch Zeit zu Verfügung haben. Somit können sie sich weder auf die Mehrheitskultur berufen, noch auf die Herkunftskultur dieser Personen, da sich beides ganz individuell je nach Person und Familie vermischt haben kann.

2.4   Gesetzliche Grundlagen zur SPFH

Die Sozialpädagogische Familienhilfe ist eine lebensweltorientierte Arbeit und soll die betreffenden Familien in ihrem Zustand erfassen und sozialpädagogisch unterstützen. Der Zustand des Menschen ist nach Treichler objektiv und empirisch überprüfbar, was zur Folge hat, dass psychische und physische Belange des einzelnen Menschen einer Befriedigung bedürfen. Wenn also die Bedürfnisse dieser Menschen nicht befriedigt werden, vielleicht sogar missachtet oder gar verletzt werden[62], wird die Verfassung, in der sich die Personen befinden, vom Gesetzgeber als ein soziales Problem angesehen. In diesen Fällen interveniert die Soziale Arbeit unter anderem im Rahmen der Kinder- und Jugendhilfe, die im Sozialgesetzbuch Acht (SGB VIII[63])

---

[62] Treichler, A. (2012): Soziale Arbeit als Rechtsprofession? Voraussetzungen und Bedingungen unter besonderer Berücksichtigung des Migrationsbezogenen Handlungsfeldes, aus Migration und Soziale Arbeit 2012, S. 100
[63] SGB VIII: „Das Achte Buch Sozialgesetzbuch – Kinder- und Jugendhilfe – (SGB VIII; KJHG) ist ein Instrument zur Vorbeugung, zur Hilfestellung und zum Schutz von Kindern und Jugendlichen. Dem

verankert ist. Das Jugendamt ist eine Organisationseinheit innerhalb der Kommunal-
verwaltung und seine Aufgaben sind bundesweit im Kinder- und Jugendhilfegesetz
(SGB VIII) geregelt. Das Jugendamt besteht aus zwei Teilen, dem Jugendhilfeausschuss und der Verwaltung. Der Jugendhilfeausschuss hat unter anderem die Aufgabe, Jugendhilfeangebote zu planen und durchzuführen, auch in Kooperation mit
anerkannten Trägern der freien Jugendhilfe. Die Verwaltung bietet Hilfen nach dem
Kinder- und Jugendhilfegesetz (SGB VIII) an oder vermittelt diese. Das Jugendamt
unterstützt Eltern und Erziehungsberechtigte bei Erziehungs-, Betreuungs- und Bil-
dungsfragen von Kindern und Jugendlichen. Hierzu gehören die Frühen Hilfen, Adop-
tionsvermittlung, Vormundschaften/Beistandschaften und vieles andere mehr[64]. Die
Sozialpädagogische Familienhilfe gehört zu den Hilfen zur Erziehung[65].

Fieseler/Herborth führen die Aufgabenstellung der Jugendhilfe im Hinblick auf die
Familienerziehung folgendermaßen auf:

- *„familienunterstützende Maßnahmen (um die Erziehungsleistung der Familie
  zu fördern);*
- *familienergänzende Maßnahmen (wenn erzieherische Leistungen der Familien nicht ausreichend gegeben werden können);*
- *familienersetzende Maßnahmen (wenn die Familie ausfällt oder versagt)"[66]*

Die Sozialpädagogische Hilfe ist demnach eine familienunterstützende Maßnahme.
Sie ist seit 1991 festgelegt im Sozialgesetzbuch VIII Kinder-und Jugendhilfe im §31
und ist wie folgt definiert: „Sozialpädagogische Familienhilfe soll durch intensive Betreuung und Begleitung der Familien in ihren Erziehungsaufgaben, bei der Bewältigung von Alltagsproblemen, der Lösung von Konflikten und Krisen sowie im Kontakt
mit Ämtern und Institutionen unterstützen und Hilfe zur Selbsthilfe geben. Sie ist in
der Regel auf längere Dauer angelegt und erfordert die Mitarbeit der Familie". Somit
ist die Sozialpädagogische Familienhilfe, neben der intensiven Einzelfallhilfe, eine

---

Gesetz liegt ein neues Verständnis von Kinder- und Jugendhilfe zugrunde; im Vordergrund stehen die
Förderung der Entwicklung junger Menschen und die Integration in die Gesellschaft durch allgemeine
Förderungsangebote   und   Leistungen   in   unterschiedlichen   Lebenssituationen"
http://www.bmfsfj.de/BMFSFJ/gesetze,did=3278.html (16.12.2012)
[64] Was Jugendämter leisten. http://www.lwl.org/lja-download/unterstuetzung-die-ankommt/ex-
tern/JA-Pocketbroschuere.pdf (03.11.2012)
[65] Wird weiter in der vorliegenden Arbeit als HzE abgekürzt.
[66] Fieseler, G./Herborth, R. (2010): Recht der Familie und Jugendhilfe. Arbeitsplatz Jugendamt/Soziale
Dienste. 7. überarb. Aufl. Wolters Kluwer Deutschland GmbH Köln, S. 193

von den zwei intensivsten Hilfeformen und nimmt unter den acht Hilfen zur Erziehung eine individuelle Stellung ein[67]. Dadurch, dass im § 1 Abs. 1 SGB VIII[68] die Normklausel steht, dass: „Jeder junge Mensch [...] ein Recht auf Förderung seiner Entwicklung und auf Erziehung zu einer eigenverantwortlichen und gemeinschaftsfähigen Persönlichkeit"[69] hat, sind alle in Deutschland lebenden Kinder und Jugendlichen gemeint und somit auch solche mit ausländischen Wurzeln, denn der tatsächliche Aufenthalt in Deutschland ist ausschlaggebend, damit die Hilfe gewährt wird. Günther und Gronemeyer sagen, dass im Vorfeld durch Professionelle „das Soziale Problem abgegrenzt, strukturiert und im gesellschaftlichen und politischen Raum definiert"[70]wird. Damit ist auch gemeint, dass sowohl Fachkräfte im Jugendamt als auch die SPFH vor Ort in Familien gut geschult sein müssen.

Nachdem im Jahre 2005 das Gesetz zum Kindeswohl KICK[71] §8a, durch die Verabschiedung vom Bundestag und die Zustimmung des Bundesrates, in Kraft getreten ist, wurden die Rufe nach mehr Professionalisierung laut. „Einerseits ist eine Kontrollinstanz erforderlich, um zu überprüfen, ob den Hinweisen einer Kindeswohlgefährdung entsprechend professionell nachgegangen wird und die durch das KICK formulierten Anforderungen erfüllt werden. Andererseits müsste das sozialpädagogische Handeln standardisiert werden, damit die Kontrollinstanz eine Grundlage für die Beurteilung der Tätigkeiten hat"[72]. Deutlich wird aus dieser Feststellung, dass das Jugendamt keine standardisierten Abläufe hat, um die Tätigkeiten der Sozialpädagogischen Familienhelferinnen und Familienhelfer zu messen. Nachdem die gesetzlichen Grundlagen für die Hilfen im Sozialgesetzbuch verankert worden sind, und die SPFH seit nunmehr über 50 Jahren in der Bundesrepublik beheimatet ist, wird die Effektivität und Messbarkeit dieser Hilfe diskutiert. Ein weiterer Aspekt betrifft die Inanspruchnahme der Sozialpädagogischen Familienhilfe, die auf freiwilligem Mitwirken

---

[67] Vgl. http://www.bmfsfj.de/doku/Publikationen/spfh/1-Sozialpaedagogische-familienhilfe-spfh-begriff-und-forschungsueberblick/1-3-stand-der-forschung,seite%3D3.html (03.09.2012)

[68] Stascheit, U. (Hrsg.) (2010): Gesetze für Sozialberufe, 18. Aufl. Nomos Verlag

[69] Das Jugendwohlfahrtsgesetz (JWG) begann im §1 wie folgt: Jedes deutsche Kind hat Recht auf Erziehung zur leiblichen, seelischen und gesellschaftlichen Tüchtigkeit" (§1 Abs. 1 JWG)

[70] Günther, A./Gronemeyer, A. u. a. (Hrsg.)(1999): Soziale Probleme, soziologische Theorie und moderne Gesellschaften. Centaurus-Verlag, S. 19

[71] KICK: Kinder- und Jugendhilfeerweiterungsgesetz. http://www.kindesschutz.de/Externes/Expertise%20Gunda%20Voigts.pdf (03.09.2012)

[72] Zeitschrift für soziale und sozialverwandte Gebiete. Professionelle Identität in der Sozialen Arbeit. Sept./Okt. 61. Jg. 2012, S. 170-171

der Hilfeempfängerinnen und Hilfeempfänger beruht, und auch die SPFH in Zwangskontexten. Da die Sozialpädagogische Familienhilfe alle Familienmitglieder fokus-
siert und versucht, vorhandene Ressourcen mit den betroffenen Personen gemeinsam zu aktivieren, ist es von großer Bedeutung, dass alle Mitglieder der Familien sich
engagieren. Außerdem kümmert sich die SPFH um alle Belange, die Kinder, Jugendliche und ihrer Eltern betreffen, sowie ihre Umgebung und alle Einrichtungen/Insti-
tutionen, die die Familie in ihrem Lebensumfeld tangieren. Das können Verwandte,
Freunde, Nachbarn bis hin zu Kita, Schule, Ärzte sein. Dabei ist es wichtig, die hilfesuchenden bzw. hilfebedürftigen Familien diese Hilfe freiwillig in Anspruch nehmen
zu lassen, so gut es möglich ist. Vielleicht auch deshalb macht das Jugendamt Dortmund in der Hinsicht auf seiner Homepage eine ganz individuelle Werbung für das
Angebot der Sozialpädagogischen Familienhilfe. Man könnte sagen, sie hat den §31
SGBVIII niederschwellig für die Adressaten wie folgt formuliert: „Die Familienpäda-
gogIn schaut gemeinsam mit Ihnen auf Ihre Fähigkeiten, die vorhandenen Familien-
probleme zu lösen. Wir erarbeiten einen Plan, wie Ihre Ziele in einzelnen Schritten
erreicht werden können, und unterstützen Sie bei der Umsetzung. In regelmäßigen
Abständen überprüfen wir gemeinsam mit Ihnen, inwieweit die Ziele und der Weg
noch richtig sind"[73]. Weiterhin ist das Thema der Qualität sichernden Maßnahme ein
wichtiges in der Jugendhilfe. Mit freien Trägern werden Entgelt-, Leistungs- und Qua-
litätsvereinbarungen geschlossen[74]. Die Erwartung des Jugendamtes an freie Träger
ist, dass sie Erziehungshilfe als Teil der örtlichen Jugendhilfelandschaft, dass sie die
vom Jugendamt ihnen übertragenen Aufgaben selbstständig und kompetent erfüllen. Prekäre Situationen gut handhaben und Krisen gut bewältigen und selbst als
Träger keinen Anlass zur Krisenentstehung geben[75]. Zusammenfassend kann gesagt
werden, dass die SPFH eine fachlich anspruchsvolle Tätigkeit ist, die umfassende psy-
chologische und pädagogische Kenntnisse voraussetzt, mit einem präventiven Auftrag familienorientiert zu arbeiten und sowohl vom örtlichen Jugendamt als auch
von unterschiedlichen Trägern geleistet werden kann[76].

---

[73] Homepage JA Dortmund, 2012

[74] Vgl. Löcherbach, P./Mennemann, H. u. a. (Hrsg.)(2009): Case Management in der Jugendhilfe. Mit
34 Abbildungen und 7 Tabellen. Ernst Reinhardt Verlag München Basel, S. 100.

[75] Seckinger, M. (2012): Kinderschutz in der Migrationsgesellschaft., aus Forum Erziehungshilfen 18.
Jg., Heft 2, April 2012, Beltz Juventa, S. 85

[76] Thesing, T./Geiger, B. u. a. (2008): Sozialpädagogische Praxisfelder. Ein Handbuch zur Berufs- und
Institutionskunde für Sozialpädagogische Berufe. Lambertus-Verlag, Freiburg im Breisgau, S. 88 ff.

2.5 Das Jugendamt und die freien Träger

Das Jugendamt als öffentlicher Träger besteht aus der Verwaltung und dem Jugendhilfeausschuss. „(1) Die Jugendhilfe ist gekennzeichnet durch die Vielfalt von Trägern unterschiedlicher Wertorientierungen und die Vielfalt von Inhalten, Methoden und Arbeitsformen. (2) Leistungen der Jugendhilfe werden von Trägern der freien Jugendhilfe und von Trägern der öffentlichen Jugendhilfe erbracht. Leistungsverpflichtungen, die durch dieses Buch begründet werden, richten sich an die Träger der öffentlichen Jugendhilfe. (3) Andere Aufgaben der Jugendhilfe werden von Trägern der öffentlichen Jugendhilfe wahrgenommen. Soweit dies ausdrücklich bestimmt ist, können Träger der freien Jugendhilfe diese Aufgaben wahrnehmen oder mit ihrer Ausführung betraut werden"[77].

In § 4 über die Zusammenarbeit der öffentlichen Jugendhilfe mit der freien Jugendhilfe wird gefordert, dass die öffentliche Jugendhilfe mit der freien Jugendhilfe partnerschaftlich zum Wohle junger Menschen und ihren Familien zusammenarbeitet. Die Dienstleistung als solche kann an anerkannte freie Träger weitergeleitet werden und von eigenen Maßnahmen absehen, um die freien Träger zu fördern und stärken. Somit stellen die freien Träger ein Bindeglied zwischen dem öffentlichen Träger, dem Jugendamt, das für die Gewährung von Hilfen zuständig ist, und den Leistungsberechtigten und Leistungsempfängerinnen/Leistungsempfängern, nämlich den Familien dar. Die freien Träger setzen in der Regel die Aufträge der Kinder- und Jugendhilfe vom Jugendamt um und bieten vor Ort ihre Arbeitskraft und Angebote an. Sie werden deshalb als *Leistungserbringerinnen/Leistungserbringer* bezeichnet[78]. Die freien Träger sind Einrichtungen, die Beschäftigte und Material zu Verfügung stellen, um ihre Dienstleistungen in Kooperation mit der Jugendhilfe anzubieten. Die Jugendhilfe nach SGB VIII §3 ist gekennzeichnet zum einen durch eine Vielfalt von Angeboten unterschiedlicher Lebensweisen und zum anderen den Leistungen, die die Menschen benötigen und von den freien – und öffentlichen Trägern der Jugendhilfe erbracht werden[79].

---

[77] § 3 SGB VIII Freie und öffentliche Jugendhilfe http://dejure.org/gesetze/SGB_VIII/3.html (27.01.2013)

[78] Vgl. Jordan, E./Maykus, S. u. a. (2012): Kinder- und Jugendhilfe. Einführung in Geschichte und Handlungsfelder, Organisationsformen und gesellschaftliche Problemlagen. 3.überarb.Aufl. Beltz Juventa Weinheim Basel, S. 316ff.

[79] Becker-Textor/ Textor (Hrgb.) http://www.sgbviii.de/S40.html (12.11.2012)

Laut Kunkel sind „anerkannte Träger [...] vor allem die Kirchen und Religionsgemein-schaften, die Wohlfahrtsverbände und die Jugendverbände. Freie Träger der Ju-gendhilfe können darüber hinaus aber auch andere Zusammenschlüsse von Perso-nen sein, deren Tätigkeit sich auf Aufgaben der Jugendhilfe bezieht. Eine ausschließ-liche Tätigkeit auf dem Gebiet der Jugendhilfe ist nicht erforderlich. Einzelpersonen können nicht Träger der freien Jugendhilfe sein. In welcher Form sich die Personen zusammengeschlossen haben, ist unerheblich. Sie können sowohl eingetragener Verein, Stiftung oder gemeinnützige GmbH sein als auch BGB-Gesellschaften, Ver-eine und sonstige Zusammenschlüsse von Personen (z. B. autonome Selbsthilfegrup-pen und Initiativen)"[80]. Die freien Träger kommen erst dann ins Spiel, wenn die an-spruchsberechtigten Hilfesuchenden die Voraussetzungen für die Gewährung von Sozialpädagogischer Familienhilfe erbringen und somit die Leistungen der freien Trä-ger in Anspruch genommen werden können. Aufgrund des im §5 SGBVIII veranker-ten Wunsch- und Wahlrechts können die Klientinnen und Klienten die Einrichtung, zwecks Hilfebezugs, aussuchen. Somit entsteht ein *Dreiecksverhältnis*[81] zwischen den leistungsberechtigten Hilfesuchenden, dem leistungsgewährenden Jugendamt und den leistungserbringenden freien Trägern. Die freien Träger und das Jugendamt stehen aber noch einmal in einem anderen Verhältnis zueinander, da die freien Trä-ger für ihre Dienstleistung SPFH von den öffentlichen Jugendhilfeträgern finanzielle Vergütungen bekommen. Da es viele freie Träger gibt, die die Hilfeform SPFH anbie-ten, wird es sicherlich auf lange Sicht zur Konkurrenz unter den freien Trägern kom-men. Es wird einen Konkurrenzkampf um die SPFH Familien geben und sicherlich wird durch den Kostendruck wie überall sonst auch die Professionalität leiden, wenn es in Richtung mehr Dienstleistung für weniger Honorar gehen sollte.

---

[80] Becker-Textor/ Textor (Hrgb.) http://www.sgbviii.de/S40.html (12.11.2012)
[81] Vgl. Frings, P. /Ludemann, G. u. a. (1993): Sozialpädagogische Familienhilfe in freier Trägerschaft. Rechtliche Grundlagen und Rahmenbedingungen. Lambertus Verlag, Freiburg im Breisgau, S. 33ff.

Schaubild[82]: „Dreiecksverhältnis"

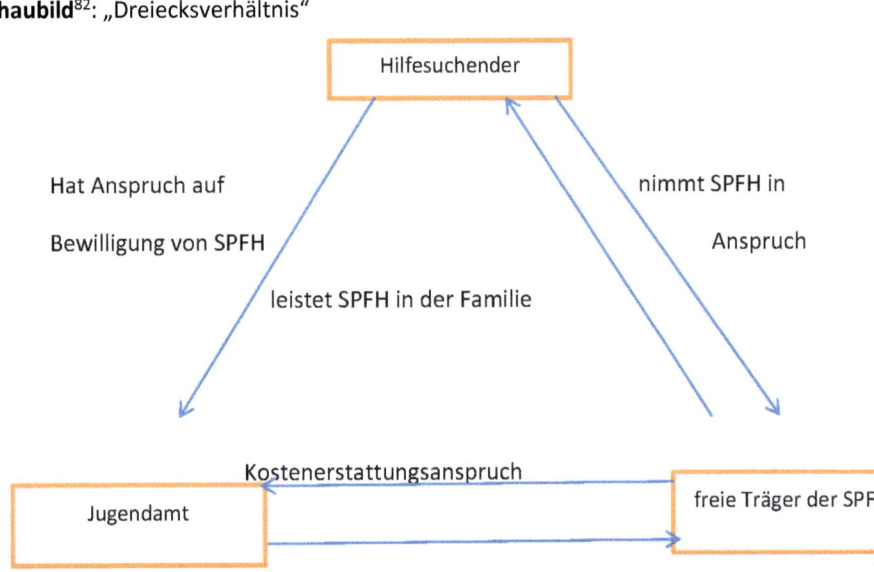

2.6   Case Management und Hilfe zur Selbsthilfe in der SPFH

2.6.1   Definition

Der Begriff *Case Management* kommt ursprünglich aus den USA und ist vorwiegend in der klassischen Einzelfallhilfe beheimatet[83]. Unter allen Definitionen ist die Definition von Case Management der Case Management Society of America[84] am treffendsten. Dort werden die Standards des Case Management folgendermaßen definiert: „Case Management ist ein Prozess der Zusammenarbeit, in dem eingeschätzt, geplant, umgesetzt, koordiniert und überwacht wird und Optionen und Dienstleis-

---

[82] Vgl. Frings, P./Ludemann, G. u. a. 1993, S. 34
[83] vgl. Buchkremer, H. 2009, S. 369 ff.
[84] CMSA: Case Management Society of America

tungen evaluiert werden, um dem gesundheitlichen Bedarf eines Individuums mittels Kommunikation und mit den verfügbaren Ressourcen auf qualitätsvolle und kostenwirksame Ergebnisse hin nachzukommen"[85].

2.6.2 Aufgaben und Arbeitsschritte

Die Aufgaben der Sozialpädagogische Familienhelferin und des Sozialpädagogischen Familienhelfers als Case Managerin und Case Manager in unmittelbaren Umfeld der Familien ist die es in ihrem methodischen Vorgehen einzelne Schritte ihrer Arbeit unter Einbeziehung von beteiligten Hilfeempfängerinnen/Hilfeempfänger und Einrichtungen bzw. Institutionen als ein Gesamtes zu koordinieren. Das konkrete Arbeiten und das Anleiten von Fachkräften für die Klientinnen und Klienten in ihren verschiedenen und schwierigen Lebensphasen und Lebensbereichen versteht Buchkremer als ein Handlungskonzept der Case Managerin bzw. des Case Managers [86].

Im Hinblick auf das Klientel der Sozialpädagogischen Familienhilfe kann gesagt werden, dass nach Moxly[87] die Fachkraft SPFH in ihrer Arbeit nach drei Unterstützungssystemen verfahren kann:

1. *self care*
2. *professional care*
3. *mutual care*

Moxly geht davon aus, dass einerseits die Fachkräfte reflektiert arbeiten, um wirksam zu sein. Andererseits sollen sie ihrem Klientel professionell begegnen, wie z. B. in puncto Nähe und Distanz, um nicht ein Teil des Systems zu werden, und als letztes sollen sie informelle Unterstützung leisten. Löcherbach sagt, dass wenn die Hilfeadressaten als aktive Koproduzenten in den laufenden Hilfeprozess miteingebunden werden, die Hilfeverläufe[88] umso erfolgreicher sind. Zum weiteren methodischen Vorgehen schreiben Thesing und Geiger, dass „die genaue Analyse der Herkunftsmilieus, Verankerung der Familie in ihrem sozialen Nahfeld über Integration in Vereinen und nachbarschaftlichen Kreisen, von großer Bedeutung ist. [...] Immer steht sie

---

[85] Buchkremer, H. 2009, S. 371 (zitiert nach Wendt 2001, S. 154)
[86] Vgl. Buchkremer, H. 2009, S. 369 ff.
[87] Vgl. Moxly 1989, S. 18ff.
[88] Vgl. Löcherbach, P. 2009, S. 142

aber unter dem Gesichtspunkt der Hilfe zur Selbsthilfe und der Methode des Lernen am Modell"[89].

Die Arbeitsschritte der Case Managerin bzw. des Case Managers stellt Moxly[90] als ein Fünfphasenmodell folgendermaßen dar:

1. *Assessment*
2. *Planning*
3. *Intervention*
4. *Monitoring*
5. *Evaluation*

Case Management beginnt schon vor der Installation der Hilfeform SPFH in eine Familie. Es beginnt ab dem Moment des Assessment. Dieser Zeitpunkt ist der, in der die SPFH Fachkraft in das Case Management miteinbezogen wird[91]. Die Sozialpädagogische Fachkraft wird zur Case Managerin bzw. zum Case Manager der Familie; es ist von der Fachkraft erwünscht, falls ihr vom Jugendamt die freie Gestaltung der Hilfe und somit die Fallführung überlassen wird, ihre Arbeit im Rahmen des Case Managements zu gestalten[92]. Im Rahmen des *Assessment* wird die SPFH, die seitens des Jugendhilfedienstes installiert worden ist, innerhalb der nächsten 6-8 Wochen aufgefordert, eine eigene Einschätzung abzugeben, ob die Hilfeform SPFH für die betreffende Familie die richtige Hilfe ist oder eine andere Hilfeform in Betracht kommt. Das *Planning* betrifft im Falle der SPFH die einzelnen Klientenkontakte, die in der Woche stattfinden. Hierzu gehört auch der Austausch mit Kolleginnen und Kollegen auch über einen möglichen alternativen Plan. Es wird von Kontakt zu Kontakt mit der Familie geschaut und geplant, welche Probleme angegangen werden müssen. Dann entscheidet die Fachkraft im Rahmen der *Intervention,* was zu tun ist und welche Schritte gegangen werden müssen. In Zwangskontexten wird die Phase des *Monitorings* eine andere Gewichtung haben als bei gewünschter Hilfe. Das Überwachen bzw. der Kontrollauftrag bei einer evtl. Kindeswohlgefährdung kann auf vielfältige Weisen geschehen; beispielsweise kann sich das Kontrollieren des Kühlschrankes bis hin zur Kontrolle der Kindeskörper auf Gewalteinwirkungen im *Moni-*

---

[89] Thesing, T./Geiger, B. u. a. 2008 S. 89-90
[90] Vgl. Moxly 1989, S. 18ff
[91] Vgl. Löcherbach, P. 2009 S. 22ff.
[92] Vgl. Löcherbach, P. 2009 S. 22-23

toring widerspiegeln. Zuletzt zu nennen ist die *Evaluation* in Form von Be- und Auswertung. Die Bewertung einer prekären Lage seitens der Fachkräfte, die in den Familien unterwegs sind, werden vom JHD[93] erwartet. Das ist für den JHD insofern von großer Wichtigkeit, da die SPFH ihr verlängerter Arm in Familien ist, um Missstände und Kindeswohlgefährdungen mit den betroffenen Familien aus der Welt zu schaffen. Wenn ihnen und den Familien das aus welchen Gründen auch immer nicht gelingen sollte, sind sie in der Pflicht, schnell adäquat zu reagieren, nämlich den zuständigen JHD zu informieren, damit die JHD-Mitarbeiterin oder der JHD-Mitarbeiter weitere Schritte in die Wege leiten kann. Das bedeutet, dass der JHD unbedingt auf die Beurteilungen der Fachkräfte in Form von Telefonaten, Berichten oder Tischvorlagen zu den Hilfeplangesprächen angewiesen ist. In der Auswertung oder der Evaluation am Ende jeder Hilfe stehen die Überlegungen und Reflektionen der Aspekte, was z. B. in der Hilfe gut oder weniger gut gelaufen ist, im Vordergrund. Im Grunde trägt dieser Abschluss zur Qualitätssicherung bei und fördert somit die Optimierung der Hilfen. Da es in der Jugendhilfe, genau wie in diversen Bereichen des Sozialwesens, um *care in the communities* geht „[...] und die Aufgabe des Case Managements [...] [darin] besteht, diese Sorge und Versorgung mit allen Beteiligten zu gestalten[...]"[94], gelten die Arbeitsschritte nach Moxly sowohl für den Jugendhilfedienst als auch für die Fachkräfte im Umgang mit ihrem Klientel.

Als Fazit kann gesagt werden, dass „im Kontext von Case Management [...] sowohl bei den jungen Menschen als auch bei den Sorgeberechtigten eine auf allen Ebenen deutlich höhere Kooperationsbereitschaft"[95]vorhanden ist.

2.7   Akteurinnen und Akteure in der SPFH

2.7.1   Familien mit deutschen und türkischen Wurzeln

Grundsätzlich besteht die Zielgruppe der Sozialpädagogischen Familienhilfe aus Familien, die ihren Lebensmittelpunkt in Deutschland haben und sich, mit Kindern unter 18 Jahren, in prekären Lebenslagen befinden. Nachdem die Hilfe installiert ist,

---

[93] JHD: Jugendhilfedienst
[94] Löcherbach, P. 2009, S. 25
[95] Löcherbach, P. 2009, S. 143

bleibt die Dauer der Hilfe und Intensität je nach Hilfsbedarf der Familien im Ermessen der Fachkräfte und der Kooperationsbereitschaft der Familien. Zu erwähnen wäre hier die Feststellung von Professorin Boos-Nünning, dass trotz der vielen Angebote der Kinder- und Jugendhilfe die Familien „[...] mit nicht-deutscher ethnisch-kultureller Herkunft [...] schlechter als deutsche mit institutionellen Erziehungs- und Beratungsmethoden versorgt"[96] werden. Sie räumt aber ein, dass in den letzten Jahren die Zahlen der Gruppe mit Migrationshintergrund bei der Inanspruchnahme der Hilfen zur Erziehung leicht gestiegen sind. Tatsächlich ist diese Aussage nachvollziehbar, da lange Zeit die Familien mit Migrationshintergrund separat von Sozialdiensten beraten worden sind, die angeschlossen an große Träger wie die der Arbeiterwohlfahrt, Caritas u. ä. waren. Dort wurden die angeworbenen Arbeitskräfte und später auch ihre Familien in ihrer Muttersprache beraten.

Mittlerweile sind diese Sozialdienste fast verschwunden und die Familien mit türkischen Wurzeln sind, im Gegensatz zu den 60er- und 70er-Jahren, seit Mitte der 80er vermehrt auch in der SPFH vorzufinden. Mittlerweile hat „ein Fünftel der Bevölkerung [...] ausländische Wurzeln (hat). Zuwandererfamilien stellen in Deutschland fast 20% der Bevölkerung. [...] Wichtigstes Herkunftsland ist die Türkei mit einem Anteil von 14,1 Prozent [...]"[97]. Die Familien mit türkischen Wurzel, die Akteure diese Studie sind, leben mittlerweile in der 2.- bzw. 3. Generation in Deutschland. Obwohl sie keinen persönlichen Bezug zur aktiven Migrationsgeschichte ihrer Eltern bzw. ihrer Großeltern haben, werden sie weiterhin auf einem Migrantenstatus gehalten, aus dem sie nie herauskommen werden und „[...]auf den Status des ewig Fremden[...]"[98] gestellt. Die Frage, wie lange Menschen in einem Land leben müssen, um in die Mehrheitsgesellschaft aufgenommen zu werden und dazuzugehören, wäre hiermit beantwortet. In der Herkunftsgruppe der Türkinnen und Türken, die über eine lange Zuwanderungsgeschichte verfügen, ist der Anteil der selbst Zugewanderten am kleinsten. „So ist unter den türkischen und südeuropäischen MigrantInnen, die zum Großteil zunächst als GastarbeiterInnen kamen, schon knapp die Hälfte in Deutschland geboren"[99]. Nach Thomas Kunz sind diese Menschen in Deutschland geboren und aufgewachsen, haben alle Bildungseinrichtungen in Deutschland besucht und

---

[96] Jugendhilfe aktuell (2009): Jugendhilfe hat viele Partner Verbindungsstellen offensiv besetzt. H.2. LWL-Landesjugendamt Westfalen, S. 28-29

[97] Zeit Online, 26.09.2011

[98] Wolf-Dietrich, B. (2012): Vortrag Fachtag Katholische Hochschulen NRW (20./21.01.2012)

[99] Berlin-Institut für Bevölkerung und Entwicklung (Hrgb.) (2009): Ungenutzte Potentiale. Zur Lage der Integration in Deutschland, S. 19

viele von ihnen besitzen die deutsche Staatsbürgerschaft. Dennoch sind sie die ständigen Adressaten der Integration und werden in einer dauerhaften Stellung der Nichtzugehörigkeit gehalten[100]. Obwohl Deutschland seit Mitte der achtziger Jahre auf Multi-Kulti und Interkulturalität setzt, scheint die Inklusion der Menschen mit unterschiedlichen Herkünften nicht zu erfolgen. Oder anders ausgedrückt: „Wer gehört dazu, wen wollen wir in unsere Nation aufnehmen und unter welchen Voraussetzungen?[101]" Unter dem Aspekt, dass mehr als ein Viertel (27%) der Bevölkerung Deutschlands unter 25 Jahren einen Migrationshintergrund hat und darunter 3,3 Millionen Kinder sich im Alter von null bis 15 Jahren befinden[102], stellt sich die Frage, ob im Hinblick auf Auffälligkeiten die ursprüngliche Herkunft der Familien eine Rolle spielt oder für die Erfassung bestimmter Anomalien im Verhalten einiger Mitglieder dieser Gruppen andere Indikatoren verwendet werden müssen. Denn das Auseinanderdividieren der Menschen bezüglich ihrer ursprünglichen Herkunft beginnt in ihrem unmittelbaren sozialen Umfeld, nämlich beim ersten richtigen Kontakt, meistens im Kindergarten, und wenn kein Kindergarten besucht wurde, dann spätestens in der Grundschule.

Eine der häufig gestellten Fragen, mit denen die Kinder konfrontiert werden, lautet: Woher kommst du eigentlich? Der Frage nach der Herkunft geht die Unterstellung voraus, dass der oder die Befragte entweder aus dem Ausland kommt oder im Ausland geboren ist. „Es ist gewollt oder nicht, die Unterstellung des Andersseins, des Nicht-dazu-gehörens. Wer diese Frage stellt, möchte einordnen, zuordnen, verstehen, warum das Gegenüber fremd oder „anders" aussieht. Gleichzeitig wird die Zugehörigkeit oder Ausschluss konstruiert – wer nicht von hier ist, ist anders. Ob darin auch Momente der Hierarchisierung stecken, hängt von der Haltung der oder des Fragenden ab"[103]. Dabei wäre die Aussage des Satzes: „Pluralität ist Normalität für Kinder- und Jugendliche"[104] viel treffender. Die Feststellung Holtbrügges aus dem Jahre 1975 besagt, dass für keine andere Gruppe der Kontrast zwischen heimischer Umwelt und Lebensumständen dort und den Umständen in einer hochentwickelten Industriegesellschaft so groß ist, wie für die Menschen mit türkischen Wurzeln. Auf-

---

[100]Vgl. Die Zeitschrift für Soziale Arbeit. 37. Jg.,H.4, Apr. 2012, Beltz Juventa, S. 19
[101] Schmidt, R. (2004): Die Türken, die Deutschen und Europa. Ein Beitrag zur Diskussion in Deutschland. VS Verlag für Sozialwissenschaften/GWV Fachverlage GmbH, Wiesbaden, S. 107
[102] Vgl. Fieseler, G./Herborth, R. 2010, S. 156
[103] Die Zeitschrift für Soziale Arbeit. 37. Jg.,H.4, Apr. 2012, Beltz Juventa, S. 15
[104] Titel aus dem Bundesjugendkuratorium (April 2008)

grund ihrer großen kulturellen und ethnischen Distanz sind besonders bei den türkischstämmigen Eltern im Vergleich zu den deutschen Eltern Unterschiede in der familialen Rollenstruktur und den Erziehungsvorstellungen absehbar[105]; dies wird
durch Studien aus neuerer Zeit immer noch bestätigt. So schreibt eine aktuelle Studie über Deutsch-Türkinnen und Deutsch-Türken[106] als Fazit: „Insgesamt zeigt sich
deutlich häufiger der Wille zu Integration und Zugehörigkeit in Deutschland als noch
im Jahr 2010". Dabei sollte vielmehr „[...] in Studien zu Migrantinnen und Migranten,
die Menschen nicht nach kulturell-ethnischer Herkunft, sondern nach sozialer Lage,
Lebensstil oder Wertehaltung differenziert[...]"und „[...] keineswegs von der Herkunftskultur auf das Milieu und auch nicht vom Milieu auf die Herkunftskultur geschlossen werden [...]"[107]. Denn „die Inanspruchnahme der Hilfen zur Erziehung ist
nicht monokausal zu erklären". Es ist vielmehr „[...] von einem grundsätzlichen Zusammenhang zwischen sozioökonomisch prekären Lebenslagen auf der einen sowie
Schwierigkeiten für die Persönlichkeitsentwicklung junger Menschen oder auch zusätzliche Belastungen familiärer Beziehungen auf der anderen Seite auszugehen"[108].
Genau auf dieser Aussage basierend sind die Hilfen zur Erziehung, insbesondere die
Sozialpädagogische Familienhilfe im Laufe der Jahrzehnte bei den Familien mit türkischen Wurzeln angekommen. Die ursprüngliche Bildungsferne und ökonomische
Schwäche der Familien sind aus dem Herkunftsland auf die folgende Generation in
der Migration übergegangen, und die wirtschaftlichen Engpässe und das niedrige
Bildungsniveau wirken sich nach Matzner „[...] auf die Gesundheit nicht zuletzt auch
von Kindern und Jugendlichen, das Erziehungsverhalten und den Erziehungsstil der
Eltern, die Intelligenzentwicklung der Kinder oder auch auf deren Sozialverhalten[...]" [109] aus.

Rauschenbach schreibt über den gesellschaftlichen Wandel, dass „[...] es schon lange
nicht mehr nur um die Weitergabe kulturell tradierter Lebensweisheiten, Haltungen,
Werte oder Erziehungspraktiken an die Kinder und Kindeskinder" geht, sondern dass

---

[105] Vgl. Holtbrügge, H. (1975): Türkische Familien in der Bundesrepublik. Erziehungsvorstellungen und
familiale Rollen- und Autoritätsstruktur. Sozialwissenschaftliche Schriften 7. Verlag der Sozialwissenschaftlichen Kooperative, Duisburg, S. 6
[106] Deutsch-Türkische Lebens-und Wertewelten 2012. Ergebnisbericht zu einer repräsentativen Befragung von Türken in Deutschland (Juli/August 2012)
[107]Soziale Arbeit in der Migrationsgesellschaft – Fachtagung 20./21.01.2012 an der Katholischen
Hochschule NRW" (Spetsmann-Kunkel, M./Brakemeier, J.) In: Migration und Soziale Arbeit 2012, Heft
3, S. 196
[108] Matzner, M. 2012, S. 344
[109] Matzner, M. 2012, S. 344

„[...] dieser innerfamiliale, milieuspezifisch abgestützte intergenerative Transfer[...] heutzutage durch verschiedene Instanzen und Miterzieher aufgeweicht und mehrfach gebrochen" ist. Natürlich ist Kindererziehung auch für Familien mit türkischen Wurzeln ein schwieriges Unterfangen, vor allem durch die „[...] folgenreiche Vermehrung pädagogischer Expertinnen und Experten, die sich von Berufs wegen um Erziehungsfragen kümmern [...]"[110].

„Die wichtigsten Erziehungsziele in türkischen Migrantenfamilien können unter folgende Begriffe subsumiert werden: Respekt vor Autoritäten, Erziehung zur Ehrenhaftigkeit, Erziehung zur Zusammengehörigkeit und Erziehung zum Lernen und Leistungsbestreben"[111], sagt Toprak. Diese Erziehungsziele sind aber in Familien, die auffällig geworden und mit dem JA in Kontakt getreten sind, sehr fern (siehe: 6.1 Datensammlung). Aber unabhängig davon welche kulturellen Hintergründe es geben mag, gilt das Gesetz zum Schutz der minderjährigen Schutzbefohlenen für alle Menschen, eben unabhängig ihrer Ethnie und Herkunft. Die Ausführungen Seckingers[112] betreffend das Kindeswohl, nämlich dass Kinder ein Recht darauf haben, „in Würde aufzuwachsen, in ihrer Entwicklung gefördert zu werden und dass ihre körperliche und psychische Integrität unversehrt bleibt"[113], gilt natürlich auch für Kinder aus türkischstämmigen Elternhäusern. Die Tatsache, dass aber auch „Kindeswohl und Kinderschutz Konstrukte" der jeweiligen Gesellschaften sind, macht es umso notwendiger zu prüfen, „[...]welche Funktionen Gefährdungseinschätzungen tatsächlich erfüllen und auf welcher Basis sie getroffen [...]" werden. „Insbesondere mit Blick auf Familien mit Migrationserfahrung erscheint dieser Schritt unbedingt erforderlich, da man offensichtlich dazu neigt, Fremdes als Gefahr zu definieren"[114]. Von den „2,8 Millionen Türkischstämmigen ist knapp die Hälfte schon in Deutschland geboren". Laut Studie des Berlin-Instituts für Bevölkerung und Entwicklung sind „[...] die Bedingungen für Migranten in Ruhrgebietsstädten wie Duisburg oder Dortmund sowie in Nürnberg am schlechtesten[...]", aber durch die Tatsache, dass die Hälfte von ihnen

---

[110] Rauschenbach, T. u. a. (2007): Wohin steuert die stationäre Erziehungshilfe? Sozialpädagogisches Institut im SOS-Kinderdorf e.V. Dokumentation 5, München: Eigenverlag, S. 12

[111] Toprak, A. (2005): Das schwache Geschlecht. Lambertus Verlag. Freiburg, S. 2

[112] Seckinger, M. (2012): Kinderschutz in der Migrationsgesellschaft-Fachliche Rahmungen, aus Forum Erziehungshilfen

[113] Forum Erziehungshilfen 2012, S. 110

[114] Forum Erziehungshilfen 2012, S. 111

hier geboren ist, sind sie der einheimischen deutschen Bevölkerung am ähnlichs-ten[115]. Trotzdem stellt die Studie des Berlin-Institutes fest, dass Türkischstämmige die Migrantengruppe darstellen, die am schlechtesten integriert ist.

Kühner schreibt in ihrem Artikel[116]: „Wer immer ein Verhalten oder eine Fähigkeit [...] mit einer kulturellen oder anderen Differenz in Verbindung bringt, begibt sich in die Gefahr einer essentialistischen Festschreibung, die so tut, als müsse das gerade Beschriebene naturgemäß so sein, als gäbe es „Türken"[...], die zwangsläufig so und „Deutsche" [...], die zwangsläufig anders handeln, weil Angehörige dieser Gruppe ebenso sind"[117]. Also wird die Tendenz der nächsten Studien über Integration be-rücksichtigen, dass die Parameter verändert werden, so dass nicht mehr die Ethnie oder der kulturelle Hintergrund der Menschen als Maß genommen werden, sondern vielmehr milieuspezifische Parameter erhoben werden müssen. Denn Ethnizität ist keine „[...] im Handgepäck der Einwanderer mitgebrachte Ressource, sondern ihre Bedeutung (erhält sie) oftmals erst durch Marginalisierung im Einwandererland [...]"[118]. Auch der Vergleich der in Deutschland geborenen Türkinnen und Türken, die in Deutschland ihren Lebensmittelpunkt haben, mit ihren Eltern oder Großeltern, die in der Türkei geboren sind, wäre nicht korrekt, da viele von ihnen keinerlei Be-rührungspunkte oder gar Gemeinsamkeiten haben oder jemals hatten. Um einen Exkurs zu dieser Aussage zu machen: Viele Familien mit türkischen Wurzeln in der SPFH waren noch nie in ihrem Leben in der Türkei. Sie kennen das Herkunftsland ihrer Vorfahren aus Erzählungen (meist aus den 70er-Jahren) oder aus Medien. Auch ist es bekannt, dass diese Familien sich überwiegend in deutscher Sprache unterhal-ten und sich in vielen Bereichen des Lebens von der ursprünglichen *Kultur*[119] ihrer Eltern und Großeltern distanziert haben.

---

[115] vgl. Berlin-Institut für Bevölkerung und Entwicklung (Hrgb.)((2009): Woellert und Co stellten die Studie: Zur Lage der Integration im Jahre 2009 vor. Text: Gemischte Integrationserfolge in Europas Zuwanderungsland Nummer 1, S. 6.

[116] Kühner, A.: (2010): Positionen. Beiträge zur Beratung in der Arbeitswelt. Beratung in der Migrati-onsgesellschaft. Zwischen Dramatisierung und Anerkennung von Differenzen. Heft 2, Universität Frankfurt/Main, S. 3

[117] Kühner, A. 2010, S. 3

[118] Schmidt, D. (2000): Unternehmertum und Ethnizität – ein seltsames Paar. In: Vereinigung zur Kritik der politischen Ökonomie e.V. (Hrsg.): Prokla, Zeitschrift für kritische Sozialwissenschaft. Heft 120. Jg. 2000. Nr. 3, S. 358

[119] Hämmig, O. (2000): Zwischen zwei Kulturen. Spannungen, Konflikte und ihre Bewältigung bei der zweiten Ausländergeneration. Opladen + Budrich, äußert sich zum Kulturbegriff wie folgt: „Unter Kul-tur versteht man in den Sozialwissenschaften und insbesondere in der Soziologie gemeinhin gemein-

Es entstehen neue Formen der ursprünglichen Kultur, Sprache, Religion etc. in türkischen Communities. Die Literatur, die wir über die ehemaligen Gastarbeiterinnen und Gastarbeiter verfügen, sei es ihre Weltanschauungen betreffend oder ihre Rollenbilder bis hin zur Kindererziehung usw., scheinen nicht mehr zeitgemäß zu sein. Denn viele der Untersuchungen über die Gastarbeiter sind aus den Jahren von 1970-1990. Über 20 Jahre später braucht es neue Indikatoren und Parameter, um bestimmte Sachverhalte korrekt erfassen und überprüfen zu können.

In der Öffentlichkeit wird teilweise ein Bild über die Integrationsunwilligkeit und schlechte bis gar keine Integration der Menschen mit türkischen Wurzeln vermittelt. Es gibt aber auch die gelungene Integration wie zum Beispiel bei vielen türkischen Akademikerinnen und Akademikern, die sich aus dieser Gruppe hervorheben. Die Erziehungsziele[120] ihrer Eltern und Großeltern sind Realität geworden. Der aktuelle Trend bei Akademikerinnen und Akademikern, ins Ausland zu gehen, gilt auch für die Akademikerinnen und Akademiker mit türkischen Wurzeln, nämlich, „[...] viele der klügsten Köpfe der rund 2,7 Millionen Menschen starken türkischen Community werden, wie einst ihre Eltern, zu Migranten – allerdings in entgegengesetzter Richtung: Sie kehren Deutschland den Rücken, weil sie sich hier unerwünscht fühlen und anderswo bessere Chancen sehen. Aus Kindern von Einwanderern werden Auswanderer"[121]. Kamuran Sezer sagt zu der neuen TASD Studie auf die Frage, warum er eine Studie über die in Deutschland geborenen und lebenden Akademikerinnen und Akademiker und Studierende geführt hat: „Weil zu türkischen Akademikern und Studierenden in Deutschland einige wenige Erkenntnisse vorliegen, ein Umstand, der uns sehr, sehr überrascht hat. Wir haben es ja hier in Deutschland mit mehreren so genannten Mega-Trends zu tun: Da ist zum einen der demografische Wandel. Dann der Fachkräftemangel [..]"[122]. So erfahren wir, dass selbst in der Forschung weitestgehend defizitär geforscht wird und Erfolge wenig interessant zu sein scheinen. Eine

---

same Wertorientierungen, kollektive Deutungsmuster, allgemeine Verhaltens- und Rollenerwartungen, Wissensbestände, Weltbilder, Lebensformen und Lebensstile usw. Kultur ist nach dieser Auffassung ein (anonymes) Produkt sozialer Interaktion und umfasst tradierte, sozial geteilte, kollektive Interpretationen", S. 67

[120] Toprak, A. 2005, S. 2

[121] SPIEGEL: Ausgabe 21/2008

[122] Futureorg Institut für angewandte Zukunfts- und Organisationsforschung. Dortmund

aktuelle Forschungsarbeit zum Thema *Bildungserfolge mit Migrationshintergrund* ist die von Tepecik[123].

Umso ertragreicher scheint es, die Familien in der Sozialpädagogischen Familienhilfe zu erforschen und im Vergleich mit den deutschen SPFH Familien zu analysieren, wo es Gemeinsamkeiten oder auch Unterschiede gibt, und vor allem die Frage zu stellen: Liegen die Unterschiede in der Ethnie der Familien oder ist es doch eine soziale Frage? Mit dem Begriff Milieu sind zum einen die *ethnic communities*[124] gemeint, „[...] die sich [...] auf die geneinsamen Wohnbezirke der Einwanderer [...]"[125] beziehen und zum anderen das herkunftsspezifische Milieu aus dem Heimatland ihrer Eltern, Großeltern oder des eigenen. Uslucan schreibt über die türkischen Communities unter anderem, dass sie eine Form der Stressminderung für die türkischstämmigen Menschen sei und dass diese „[...] Rückzugstendenz in landsmannschaftliche Gruppen und Migrantenselbstorganisationen insbesondere in der Anfangsphase der Migration durchaus funktional sein kann. Denn die Einbindung in ethnische *Communities* kann – jenseits von Spekulationen, sie würden der Separation Vorschub leisten –, gerade eine stärkere soziale Integration beflügeln. Die Vergewisserung der individuellen Identität, das Gefühl der Zugehörigkeit, unter anderem durch einen gemeinsamen, Sicherheit verleihenden Sprachgebrauch, festigt den eigenen Standpunkt und gibt den notwendigen Rückhalt, um sich den neuen Herausforderungen und Anforderungen zu stellen, sich mit diesen reflektiv auseinanderzusetzen"[126]. Unter diesem Aspekt können Communitys förderlich für die Teilhabe am gesamtgesellschaftlichen Leben und unproblematische Akkulturationsprozesse sein.

Die Milieuabhängigkeit der vorhandenen Problematiken dieser Familien wäre somit zu verneinen, und es stellt sich die Frage: Warum sind die Familien so, wie und wo sie heute sind? Dann müsste man nämlich weg von dem Integrationsaspekt und somit vom Migrationshintergrund und müsste andere Erklärungen für die Lage dieser

---

[123] Tepecik hat im Jahre vier Interviews zum Thema geführt und hat festgestellt, dass „[...] aus der Türkei stammende Eltern besonders hohe Bildungserwartungen haben und akademische Berufe erwarten" (S. 258).

[124] Der Begriff der ethnic communitys ist u. a. von den Amerikanern Thompson 1989 und Jobes/Stinner/Wardel 1992 geprägt (vgl. Ingenhoven 2003, S. 60ff.)

[125] Ingenhoven, K. (2002): „Ghetto" oder gelungene Integration? Untersuchung sozialräumlicher Entwicklungsprozesse in der bedeutendsten Siedlungskonzentration von Aussiedlern aus Rumänien, Siebenbürger-Sachsen-Siedlungen in Weil-Drabenderhöhe (NRW). Bd.13. LIT-Verlag Münster, S. 60

[126] Uslucan, H.H. (2011): Dabei und doch nicht mittendrin. Die Integration türkeistämmiger Zuwanderer. Verlag Klaus Wagenbach, Berlin, S. 29

Menschen finden. In ihrem Abschlussbericht empfehlen Otremba und andere, „[...]
Kinder- und Jugendliche als individuelle Persönlichkeiten zu betrachten, die viele Eigenschaften und verschiedene Zugehörigkeiten haben. Kinder und Jugendliche sollen nicht über die Herkunft ihrer Eltern als Italienerin, als Türkin oder Türke etc. eth-
nisiert werden, sondern in ihrem Selbstverständnis mit einer Migrationsgeschichte
als Teil der deutschen Gesellschaft wahrgenommen werden. Integration besteht darin, dass diese Zu- und Einordnungen in den Hintergrund treten und jede Person auf
der Grundlage von Gleichberechtigung und ethnischer oder kultureller Selbstdefinition anerkannt ist. [...] Zu verändern hat sich also die Haltung, mit der man sich in
Alltagssituationen begegnet, insbesondere aber in konflikthaften Auseinanderset-
zungen. Dies gilt insbesondere für die öffentlichen Institutionen, d. h. für Kinderta-
geseinrichtungen, für Schulen, für die Kinder- und Jugendarbeit und die Ausbildungs-
stätten"[127].

Der Aspekt von Welsch, der den Begriff des „Transkulturalität" geprägt hat, scheint
ergiebiger zu sein und die Realität eher wiederzugeben. Es passiert im Einwanderungsland bei Menschen mit ausländischen Wurzeln im Laufe der Zeit „[...] dass neue
Kultur- und Lebensformen durch alte Formationen wie selbstverständlich hindurch-
gehen, sodass es zu einer Hybridisierung der Kulturen kommt [...]. Transkulturalität
impliziert [...] die Aufhebung der Kongruenz von Territorium und Kultur [...]"[128]. Weiterhin führt Schmiz aus, dass eine Kultur ein kollektiv geteiltes aber nicht an ein de-
finierbares Kollektiv gebundenes, vielfach differenziertes und konstruiertes Deu-
tungsschema verstanden werden muss, durch das sich Akteurinnen und Akteure
sinnhaft die Welt erschließen und erschaffen[129].

2.7.1.1   Exkurs: Ethnische Herkunft und Identitäten

Um die Tatsache zu verstehen, warum die ehemaligen Landsleute nicht die Kinder
und Kindeskinder ihrer Emigrantinnen und Emigranten wiedererkennen und warum

---

[127] Aus dem Abschlussbericht des BJK zum Forschungsprojekt „Interkulturelle Öffnung in der verband-
lichen Jugendarbeit – Stand, Möglichkeiten und Hindernisse der Realisierung" 2008
[128] Schmiz, A. (2011): Transnationalität als Ressource? Netzwerke vietnamesischer MigrantInnen zwischen Berlin und Vietnam. Transkript Verlag Berlin, S. 66
[129] Vgl. Schmiz, A. 2011, S. 66ff.

die Aufnahmegesellschaft diese Menschen als nicht integriert oder integrationsun-willig betitelt oder nach Maalouf[130] die Ursprungsgesellschaft und die Adoptivgesell-schaft sich über diese Menschentypen wundern, ist es angebracht diese Ergebnisse im Rahmen eines Exkurs zu beleuchten.

Nach Mecheril gilt für den Immigrationsnachkommen ebenso wie für binational Er-zeugte, dass „[...] ihre Bezogenheit auf zwei soziale Räume bedeutsamer Teil ihrer Identität, verstanden als individuelle Kreation und soziale Zuschreibung, ist. Migra-tion erzeugt Mehrfachverbundenheit"[131]. Weg von der klassischen Lehre der Identi-tät, sie sei einwertig und linear, ist die moderne und auch wirklichkeitsnahe Version der Identitäten auch für die in Deutschland lebenden Gruppen mit nicht deutschen Wurzeln annehmbar. Die Antwort auf die Frage dieser Menschen auf ihre Identität hin, ist nie eindeutig, und deshalb sind sie jahrelang irritiert gewesen. Fühlt ihr euch deutsch oder türkisch? Träumt ihr auf Deutsch oder Türkisch? Unterhaltet ihr euch auf Deutsch oder Türkisch? Auf alle diesen Fragen konnten die 2. und die 3. Genera-tion der Migranten nie eine eindeutige Antwort geben, sie hatten dabei immer ein ungutes Gefühl (zumindest die meisten von ihnen). Einerseits standen diese Men-schen in dem Dilemma des *Kulturenkonfliktes*, welchen sie ab dem Alter begonnen haben zu erfahren, ab dem sie in Kontakt mit der Mehrheitskultur getreten sind. Und das ist bei den meisten der Zeitpunkt des Kindergarteneintritts, wenn nicht dann spätestens im Grundschuleintritt. Die Kinder und Jugendliche erlebten zu Hause und in den Bildungseinrichtungen zwei verschiedene Welten, ohne dass das aufgefangen wurde, da weder die eine Welt noch die andere von ihrer differenten Existenz wusste. Beide agierten mehr oder weniger unbewusst gegeneinander, so dass die Kinder und Jugendlichen „[...] in der einen Situation die Werte der ethnischen Gruppe (z. B. in der Familie) und in der anderen Situation die Werte einer Mehrheits-gesellschaft akzeptieren, z. B. in der Schule"[132]. Des Weiteren befanden sich (befin-den sich immer noch) die 2. und 3. Generation im Spannungsfeld widersprüchlicher und miteinander unvereinbar scheinender Erwartungen und Anforderungen aus dem Herkunftsmilieu einerseits und aus der Aufnahmegesellschaft andererseits.

---

[130] Vgl. Maalouf, A. (2000): Mörderische Identitäten. Übersetzt von Hansen, C. Suhrkamp Verlag Frankfurt/Main

[131] Frieben-Blum, E./Jacobs, K. (Hrsg.)(2000): Wer ist fremd? Ethnische Herkunft, Familie und Gesell-schaft. Leske & Budrich, Opladen, S. 231-232

[132] Merkens, H./Wessel, A. (Hrsg.) (2003): Zwischen Anpassung und Widerstand. Zur Herausbildung der sozialen Identität türkischer und deutscher Jugendlicher. Bd. 8. Schneider Verlag Hohengehren, S. 15

Dies führte bei vielen Kinder und Jugendlichen dazu, dass sie sehr problematische Sichtweisen entwickelt haben und Identitätskrisen erlebten (und weiterhin erleben). Somit kamen die fast zu 100% betroffenen Kinder und Jugendlichen nicht um einen *Loyalitätskonflikt*[133] herum, da ihre Situation bis Anfang der neunziger Jahre nie normalisiert wurde.

Ab den 90er- Jahren kamen in den deutschsprachigen Medien die ersten Diskussionen um Mehrfachidentität (Hybridität), Bikulturalität und kulturelle Pluralität auf. Für die Nachkommen der Immigranten in Deutschland war diese Diskussion erleichternd, sie wurden mit diesen Erkenntnissen der Wissenschaft normalisiert. Ihnen wurde zum ersten Mal verdeutlicht, dass ihre Probleme nicht persönlicher Natur sind, sondern dass es sich hierbei um komplexe Lebensmuster und Bewältigungsstrategien handelt, bei der die Kinder und Jugendlichen Unterstützung informeller Art von ihren Familien und nahem Lebensumfeld erhalten müssen und formelle Hilfen von staatlichen Einrichtungen, um diesen Spagat relativ gesund und entspannt zu meistern. Das heißt, sie konnten authentisch sein und mussten und müssen sich nicht (mehr) entscheiden. Denn, „dieser Ansatz geht davon aus, daß (sic!) es jenseits von Kontexten und Situiertheit eine personale Eigentlichkeit gibt, ein Wesen, eine Essenz, einen Kern, der die Mitte der Identität auszeichnet. Hybridität steht zu dieser Position in einer Spannung. Denn Hybridität ist ein Phänomen der Pluralität, die in der Weise radikal ist, daß (sic!) sie selbst auf der Ebene der sie nährenden Wurzeln, Vielfalt, Widerspruch, Mehrstimmigkeit kennt. Mischungen und Verdopplungen, die nicht bloß fassadär, sondern essentiell sind, greifen die propagierte Natürlichkeit des Einwertigen an.

Identitäre Mehrfachverbundenheiten und Neuschöpfungen chaotisieren die Übersichtlichkeit der von der einwertigen Klarheit ihrer Kategorien abhängigen Ordnung"[134]. Bei der Fußballweltmeisterschaft im Jahre 2006 als Deutschland den dritten Patz belegte, freuten sich zumindest in Dortmund die türkischstämmigen Menschen genauso wie die Deutschen und jubelten auf den Straßen und trugen ihren Teil zum „Sommermärchen" bei. Mit Fahnen und entsprechendem Outfit liefen sie zur Fanmeile (am Borsigplatz) und jubelten ihrem Team zu, als der Bus mit den Spielern ankam. Bezeichnend für dieses Beispiel ist die ausnahmslose Vereinigung fast

---

[133] Vgl. Stahl, J. (2006): Jugendliche mit Migrationshintergrund. Ansätze einer interkulturellen Sozialpädagogik. Schriftenreihe: Praxis und Theorie der Sozialen Arbeit. Edition Soziothek, Bern, S. 18ff.
[134] Frieben-Blum, E./Jacobs, K. 2000, S. 233

aller Menschen, die sich mit Deutschland identifizieren, trotz einer Migrationsgeschichte. Was in dieser Situation so einwandfrei funktioniert hat, muss sich langfristig auch auf die anderen Lebensbereiche etablieren, um ein entspanntes Miteinander aller Beteiligten zu erreichen, die eine Gesellschaft ausmachen.

Ergänzend dazu passen die Ausführungen Halls aus dem Jahre 1994, in dem er über
das entstehen kultureller Identitäten schreibt, dass sie nichts Statisches und Fixier-
tes seien, „sondern im Übergang zwischen verschiedenen Positionen schweben, die
zur gleichen Zeit auf verschiedene kulturelle Traditionen zurückgreifen und die zur
gleichen Zeit auf verschiedene kulturelle Traditionen zurückgreifen und die das Resultat komplizierter Kreuzungen und kultureller Verbindungen sind, die in wachsen-
dem Maße in einer globalisierten Welt üblich werden. [...] Menschen, die zu solchen
Kulturen der Hybridität gehören, mußten (sic!) den Traum oder die Ambitionen aufgeben, irgendeine *verlorene* kulturelle Reinheit, einen ethnischen Absolutismus,
wiederentdecken zu können. [...] Sie sind die Produkte der neuen Diaspora, die durch
die postkoloniale Migration geschaffen wurde. Sie mußten (sic!) lernen, mindestens
zwei Identitäten anzunehmen, zwei kulturelle Sprachen zu sprechen, um zwischen
ihnen zu übersetzen und zu vermitteln. Die in der Ära der Spätmoderne geschaffenen hybriden Kulturen sind eindeutig neue Typen der Identität, und es lassen sich
mehr und mehr Beispiele für sie finden"[135]. Die *neuen Weg* vom *Entweder-Oder* zum
Sowohl-als-auch wird der Generation der Menschen mit türkischen Wurzeln einiges
erleichtern.

Schramkowski schreibt in diesem Zusammenhang, dass „in der Auseinandersetzung
mit vielfach diskrepanten Fremdzuschreibungen und subjektiven Selbstbildern [...]
die Frage der Zugehörigkeit oft eine permanente aktuelle Frage (ist), auf die Einge-
wanderte mit unterschiedlichen Selbstverständnissen antworten"[136]. Und das
Selbstverständnis dieser Menschen ist mittelbar von ihren Inklusions- und Exklusi-
onserfahrungen abhängig.

---

[135] Hall, S. (1994): Rassismus und kulturelle Identität. Ausgewählte Schriften 2. Hamburg, S. 218
[136] Schramkowski, B. (2007): Integration unter Vorbehalt. Perspektiven junger Erwachsener mit Migrationshintergrund. IKO-Verlag für interkulturelle Kommunikation Frankfurt am Main/London, S. 79-
80

Zusammenfassend ist zu sagen, dass Menschen in der Migration eine neue Form von Kultur herausbilden, die aus einer Kombination mit der Herkunftskultur und der vorgefundenen Mehrheitskultur hervorgeht und somit eine eigenständige Kultur ausmacht[137].

2.7.2 Professionelle Helferinnen und Helfer mit und ohne Migrationshintergrund

„What is the significance of the category „migration" for the connection of biography and profession?"[138]

Müller sagt, dass „die meisten Sozialpädagogen zu ihrem Beruf über eine vorangegangene ehrenamtliche Tätigkeit in sozialen Bewegungen, Wohlfahrtsverbänden und Freiwilligen-Organisationen" gekommen sind und dass sie sich irgendwann dafür entschieden haben, „[...] ihre unbezahlte Tätigkeit zu einem Beruf zu machen oder auszubauen"[139]. Ob diese These so wissenschaftlich erforscht ist, sei dahingestellt. Ein Aspekt ist, dass in der Landschaft der Sozialpädagogischen Familienhilfe sehr vielfältige Professionen angesiedelt sind, was die Arbeitsfelder und die Arbeitsweise der Fachkräfte nicht gerade überschaubar macht. Außer der klassischen Sozialarbeiterinnen/Sozialarbeiter und Sozialpädagoginnen/Sozialpädagogen befinden sich in der Praxis auch Personen, die keine Fachkräfte sind; wie z. B. Honorarkräfte, Praktikantinnen/Praktikanten oder auch fachfremdes Personal. Müller vergleicht die professionellen Fachkräfte und die ehrenamtlich Tätigen in der Landschaft der Sozialpädagoginnen/Sozialpädagogen und schreibt, dass Amateure wie *Liebhaber* sind und so wie der Adel ihren eigenen Neigungen nachgehen; ganz anders die Professionellen, sie müssen ihr Handwerk als Beruf ausüben und verdienen sich so ihren Lebensunterhalt[140]. „Es geht nicht mehr um *Liebhaben*, sondern um *Anschaffen*"[141]. Ein weiterer Aspekt ist die Tatsache, dass die Professionellen in der Kinder- und Jugendhilfe insbesondere in den Hilfen zur Ambulanten Erziehung, unabhängig von ihrer Herkunft und Fachdisziplin, alle sehr individuell sozialisiert sind. Das bedeutet in

---

[137] Vgl. AGJ (2000): Interkulturelle Jugendhilfe in Deutschland, Bonn
[138] Braun, A. (2012): Biographie, Profession und Migration: Zusammenhänge und Kontrastierungen, aus Zeitschrift für Sozialpädagogik. 10. Jg. H.3. Beltz Juventa, Weinheim
[139] Müller, W.C. (1999): Sozialpädagogisches Brevier. Briefings und Texte aus der praktischen Arbeit von 30 Jahren. Votum Verlag GmbH Münster, S. 11
[140] Vgl. Müller, W.C. 1999, S. 109
[141] Müller, W.C. 1999, S. 109

erster Linie, dass sie als Person, die sie sind, in die Familie gehen, um dann erst als Helferin oder Helfer tätig zu werden.

In einzelnen Familien sind die Fachkräfte auf sich gestellt und können einzig von ihrer eigenen Professionalität profitieren. Das heißt, unabhängig davon, ob die SPFH Familie oder die Fachkraft eine ethnische Besonderheit aufweisen oder in welchen Lebenskrisen die Familie oder die Fachkraft sich befinden, muss die Ausgangsbasis, nämlich die Hilfestellung, sein, Professionelles zu leisten, damit die Hilfe zur Selbsthilfe gelingen kann. „Die Menschenrechte und der ihnen inhärente normative Universalismus müssten gegen die Verwechselung oder Vermischung mit partikularen Wertvorstellungen immer wieder neu zur Geltung gebracht werden"[142]. Das bedeutet für die professionellen Mitarbeiterinnen und Mitarbeiter einen Spagat zwischen den universell gültigen Menschenrechten und ihren eigenen Wertesystemen, um dann die vorgefundene Situation in den Familien von diesem Fokus aus reflektiert zu betrachten. Wichtig hierbei ist für die Professionellen (gilt für alle in der SAR[143] Tätigen), […] zum Beispiel die Mitgliedschaft in Berufsverbänden, die Einhaltung von berufsethischen Standards, eine ständige aktualisierte Wissensaneignung und die Einbeziehung von wissenschaftlichen Erkenntnissen und Theorien in die Arbeit bis hin zu grundlegenden Kriterien wie dem Lesen von Fachzeitschriften oder dem Engagement in fachlichen Arbeitskreisen sind in der Praxis viel zu wenig zu beobachten. Der professionelle Wille, auf der Höhe der Zeit zu sein, ist bei vielen Praktikern und Praktikerinnen nicht ausgeprägt. Selbstkritik beziehungsweise Kritik gegenüber Kollegen und Kolleginnen ist innerhalb des Berufsfeldes nur im eingeschränkten Maße vorhanden und in deren Entwicklung betrachten sich die Fachkräfte oft als Einzelkämpfende"[144]. Diese Aspekte sind deshalb so wichtig, da der Erfolg im Gegensatz zu den Anfangszeiten der SPFH mittlerweile messbar geworden ist. „Wenn soziale und gesundheitsbezogene Dienstleistung vorrangig der Anforderung genügen will, theoretisch beziehungsweise praktisch systematisch ausgearbeitete Modelle zu entwickeln, dann wird sie zwar sehr wahrscheinlich mit Hilfe eines systematisch personenbezogenen und prozessorientierten Modells in der Tat ihre Leistungsfähigkeit unter Beweis stellen können. Ihre ethische Qualität tritt dann aber dann zutage, dass

---

[142] Migration und Soziale Arbeit: „Medien". Institut für Sozialarbeit und Sozialpädagogik e. V. (Hrgb.). 34. JG., H. 3, Aug. 2012, Beltz Juventa, S. 104
[143] SAR: Soziale Arbeit
[144] Soziale Arbeit Aug.2012, S. 285-286

sie mehrdimensionales menschliches Leben und Arbeiten jeweils in zwar komplexen, aber letztendlich eindimensional orientierten Verhältnissen einrichtet"[145].

Die Fachkräfte sind, wenn sie in die Familien gehen, erst einmal Einzelkämpferinnen
und Einzelkämpfer. Die Sozialpädagogische Familienhilfe, die eine sehr intime bzw.
„individuelle Begegnung zwischen Menschen aus unterschiedlichen ethnischen
und/oder sozialen Milieus ermöglich(t)[...]", ist ein geeignetes Setting, um „stereotype abwertende Fremdbilder aufzuweichen, weil in diesen Begegnungen die Zwi-
schenmenschlichkeit erfahren werden kann und Individualität des Anderen, die sich
vom Klischeebild abhebt"[146]. Für die Fachkräfte bedeutet das, sich stets bewusst zu
sein: Wie ich über die Klientinnen und Klienten denke – daraus entsteht ein Gefühl
in mir und dementsprechend handle ich, d. h. , die Perspektive bestimmt das Handeln der Professionellen[147]. Fieseler und Herborth schreiben über die Chancen und
Grenzen der Familienhelferinnen und Familienhelfer, indem sie Aspekte bzw. Erkenntnisse von einer Studientagung der Deutschen Vereins wiedergeben:

„Chancen

- *der Familienhelfer hat eine relativ große pädagogische und persönliche Nähe
  zu den betroffenen Familienmitgliedern*
- *er lernt deren Alltagsprobleme unmittelbar kennen*
- *er kann, von diesen Alltagserfahrungen ausgehend, Lernprozesse in Gang
  setzen*
- *er kann die Isolation der Familien aufbrechen und zum sozialen Umfeld hin
  öffnen*
- *er ist nicht ausschließlich „Profi" und Therapeut, sondern zugleich Partner
  und Lernender*
- *er kann den Familien ihre verlorene Selbstachtung wiedergeben*

Schwierigkeiten und Hindernisse

- *die Familienhilfe bedeutet einen starken Eingriff in die Intimsphäre, der bei
  den Familienmitgliedern Angst, Abwehr und Unsicherheit erzeugt*
- *der Familienhelfer übt in gewissem Umfang Kontrolle aus, was dem Prinzip
  der Partnerschaft widerspricht*

---

[145] Soziale Arbeit Aug.2012 S. 306-307
[146] Migration und Soziale Arbeit 2012, S. 111
[147] Vgl. Migration und Soziale Arbeit, 2012/Ansätze aus der Familientherapie

- *der Familienhelfer ist abhängig von den Zielvorstellungen des Antstellungs-trägers, die im Einzelfall denen der Familie bzw. des Familienhelfers wider-sprechen können*
- *der Familienhelfer begibt sich unter Umständen in Abhängigkeit von der Fa-milie (Problem Nähe/Distanz)*
- *Möglichkeiten zur Reflektion des eigenen beruflichen Handelns fehlen häu-fig*[148].

„Professionalität hat als Basis theoretisches und praktisches Wissen, das über – Alltagstheorien hinausgeht, muß (sic!) aber durch Evaluation immer wieder neu hinterfragen, d. h. sich weiterentwickeln in der reflexiven Handhabung und Ausdifferenzierung der Methoden. Dazu gehört die selbstreflexive Handhabung und Ausdifferenzierung der eigenen Deutungsmuster, Werte, Gefühle, Strategien wie auch eine systemische Reflexion der Intervention in Supervision, Praxisberatung, Teambesprechungen und Selbstevaluation [...]"[149]. Der Trend geht immer weiter in Richtung familienfreundlicheres Arbeiten, d. h. die Fachkräfte sind bemüht, die Familien zu motivieren, an ihren Problemen mitzuarbeiten und die Hilfe SPFH mitzugestalten. Redensartlich könnte gesagt werden: Die Lösung liegt im System! Deshalb haben „[...] die Hilfen in vielen Fällen nichts mehr Bedrohlicheres oder Erdrückendes [...]" [150] mehr für die Familien.

Die Frage, ob eigener Migrationshintergrund von Fachkräften eine Bedeutung für die Soziale Arbeit hat (insbesondere in der SPFH), wird anhand verschiedener Studien[151] kontrovers diskutiert. Einerseits werden Fachkräften mit Migrationshintergrund spezifische Kompetenzen zugesprochen, wie zum Beispiel Fachkenntnisse über eine bestimmte Kultur, Sprache etc. zu besitzen. Diese positive Zuschreibung von etwa interkulturellen Kompetenzen kann schnell in Richtung *Sympathisieren mit eigenen Landsleuten* oder etwa *als Distanzlosigkeit zu Klientinnen und Klienten* gedeutet werden. Andererseits können diese Zuschreibungen auch schnell zu einer Ghettoisierung führen, dass etwa nur türkische Fachkräfte auch türkischstämmige

---

[148] Fieseler, G./Herborth, R. 2010, S. 345ff. (zitiert nach NDV 1981, S. 241ff.)
[149] Blüml, H./Helming, E. u. a. 1999, S. 96
[150] Krause, H.U. 2007, S. 234
[151] Vgl. Daigler, C. (2008): Biographie und sozialpädagogische Profession. Eine Studie zur Entwicklung beruflicher Selbstverständnisse am Beispiel der Arbeit mit Mädchen und jungen Frauen. Weinheim und München.

Familien betreuen können, weil sie angeblich über interkulturelle Kompetenzen verfügen und deutsche Fachkräfte nur deutsche Familien, da sie scheinbar keine interkulturellen Kompetenzen besitzen o.ä. Somit laufen die Jugendämter und freie Träger Gefahr, im Zuge der passgenauen Hilfen, deutschstämmige Fachkräfte in deutsche Familien zu schicken und Fachkräfte mit türkischen, russischen oder arabischen
Wurzeln ebenfalls in Familien mit diesen erwähnten Wurzeln zu schicken. Die Zuschreibungen *anderer Kulturkreis* oder *Herkunft* sind sehr schwammig definiert und
die Tatsache, „[...] dass es sich bei der damit beschriebenen Bevölkerungsgruppe der
sogenannten Personen mit Migrationshintergrund in der Regel selbst um höchst he-
terogenes Konstrukt handelt, wird ignoriert"[152]. Dabei ist die Kategorie Migration
nach Aussage von Braun, „[...] ein potentieller Anschlusspunkt für die Herstellung
von Zugehörigkeit zur Profession. ‚Migration' und die damit verbundene Kategorie
bzw. die Konzepte können dazu dienen, eine Verknüpfung zwischen Lebensge-
schichte und dem Zugehörigkeitskontext der Sozialen Arbeit herzustellen"[153]. Dabei
gehören zu den interkulturellen Kompetenzen von Menschen unter anderem die
Fertigkeiten, wie das Reflektiertsein, über andere Kulturen informiert sein, neugie-
rig, offen und für andere kulturelle Prägungen Verständnis haben und am wichtigsten: das Anderssein anderer respektieren. Schulte sagt, dass interkulturelle Kompetenzen zu den Schlüsselqualifikationen gehören, die für alle Individuen gültig sind.
„Von daher sind zu den Adressaten entsprechender Lernprozesse nicht nur die Angehörigen der zugewanderten, sondern auch die der einheimischen Bevölkerungs-
gruppen zu zählen"[154].

Luft[155] stellt fest, dass zumindest die Fachkräfte mit Migrationshintergrund sich den
Werten und Normen der Mehrheitsgesellschaft gut angenähert bzw. in sie integriert
haben, sodass sie die Normen und Werte in ihrer Arbeit transportieren können. „Um
sich in der Aufnahmegesellschaft etablieren und erfolgreich Positionen besetzen zu
können („Platzierung"), sind Wissen, Kompetenzen und Fertigkeiten („Kulturation")

---

[152] Migration und Soziale Arbeit (2012): Menschenrechte. Institut für Sozialarbeit und Sozialpädagogik e.V. 34 Jg. Heft 2, Beltz Juventa, S. 216
[153] Braun, A. 2012, S. 300
[154] Schmals, K.M. (Hrgb.) (2000): Migration und Stadt. Entwicklungen, Defizite, Potentiale. Leske +
Budrich, Opladen, S. 72ff. (Schulte)
[155] Schomaker, R./Müller, C. (Hrgb.) (2012): Migration und Integration als wirtschaftliche und gesellschaftliche Ordnungsprobleme. Schriften zu Ordnungsfrage der Wirtschaft. Band 95 Lucius & Lucius
Stuttgart Luft, S. 124ff.

vonnöten. [...]Sie werden auch im Zuge der Interaktion mit Mitgliedern der Aufnahmegesellschaft am Arbeitsplatz, in der Nachbarschaft, in Kindergarten und Schule erworben. [...]Hierzu gehören auch Netzwerke, die über die eigene ethnische Gruppe hinaus reichen"[156]. Die studierten Pädagoginnen und Pädagogen mit Migrationshintergrund haben sich also eine gewisse Bildung angeeignet und sind in Kontakt mit den Einheimischen, so dass davon auszugehen ist, dass sie zumindest, nach Luft, integriert sind. Diese These würden die Professionellen auch unterstreichen, indem sie sagen, dass sie sowohl die Herkunftskultur der betroffenen Familien kennen, als auch die Kultur der hiesigen Aufnahmegesellschaft und fühlen sich als Vermittlerinnen und Vermittler zwischen den Menschen und Kulturen. Nichts desto trotz bleibt die SPFH eine besondere Herausforderung für alle Fachkräfte. Insbesondere „[...] aufgrund des pädagogischen Settings das Nähe-Distanz-Problem sowie die Frage nach dem doppelten Mandat zwischen einer Hilfe für die Familie und der Wahrnehmung staatlicher Kontrollinteressen im besonderen Maße"[157].

Die sogenannte *reflexive Interkulturalität* könnte eine Form darstellen, den oben aufgeführten gesellschaftlichen Herausforderungen gerecht zu werden. Sie beinhaltet sowohl die *multiperspektivische Sichtweise*, die die Familien aus verschiedener Sicht betrachtet, als auch die interkulturelle Haltung sowie die transkulturellen Handlungskompetenzen. Hierbei wird mit kulturellen Werten der Familien offen und respektvoll umgegangen und versucht eine gemeinsame Sprache zu finden, um die wünschenswerten Veränderungsprozesse in Gang zu setzen (evtl. auch aus Erfahrungswelten der Ratsuchenden)[158]. In diesem Zusammenhang ist von großer Bedeutung, dass die professionellen Helferinnen und Helfer mit und ohne Migrationshintergrund Fortbildungen und Förderung auf diesem Gebiet erfahren. Interkulturelle Kompetenz, nach Handschuck/Schröer[159] auch *Fremdheitskompetenz* genannt, beinhaltet unter anderem eine professionelle Haltung und Handlung auf zwei Ebenen. Zum einen die personale Ebene und zum anderen die strukturelle Ebene. Ein weiterer wichtiger Aspekt, den Handschuck/Schröer aufführen, ist die Signalsetzung im Rahmen der öffentlichen Sichtbarmachung der interkulturellen Orientierung der

---

[156] Schomaker, R./Müller, C. 2012, S. 125
[157] Beckmann, C. (2009): Qualitätsmanagement und Soziale Arbeit. VS Verlag für Sozialwissenschaften. GWV Fachverlage GmbH, Wiesbaden, S. 138
[158] Vgl. AGJ 2000: Arbeitsgemeinschaft für Jugendhilfe, S. 75ff. (Pavkovic, G.)
[159] Vgl. Handschuck, S./Schröer, H. (2000): Interkulturelle Öffnung Sozialer Dienste. Ein Strategievorschlag, aus Migration und Soziale Arbeit, Heft 3/4, S. 86-95. 2000, S. 77ff.

Einrichtungen, damit in einer multikulturellen[160] Gesellschaft Vielfalt zur Normalität werden kann.

Zusammenfassend kann gesagt werden, dass die Professionellen zunächst ihren eigenen Kontext reflektieren müssten in ihrer fachlichen Arbeit, mit ihren kulturellen Hintergründen und biographischen Mitbringseln. Weg von der Mentalität, dass sie nicht Expertinnen und Experten von vielen unterschiedlichen Kulturen seien können, sondern den Fokus dahingehend zu richten, dass jeder Hilfesuchende seine eigene Expertin bzw. sein eigener Experte in Sachen Kultur ist und dieses auch den Menschen zuzugestehen und mit ihnen zu kooperieren[161].

2.8   Fazit

Nach einstigen Forderungen an die SPFH Familien, sich an die Werte und Normen der restlichen Gesellschaft anzupassen, wird seit Anfang der 90er-Jahre mit verschiedenerlei Maßstäben gemessen. Es wird vielmehr von der Herkunftskultur der Familien gesprochen und von individueller Sozialisation und familienfreundlicher Pädagogik. Nach den gesetzlichen Erneuerungen und Sensibilisierungen in der Kinder- und Jugendhilfe lässt sich festhalten, dass, solange die Adressatinnen und Adressaten dieser Hilfen so unterschiedlich und individuell, wie sie sind, und weiterhin bleiben werden, der Prozess der Erneuerungen weitergehen wird. Die herkömmliche *institutionelle Deutungshaltung* des JA und der freien Träger gegenüber den Familien mit nicht deutschen Wurzeln, aber auch gegenüber alleinerziehenden Menschen u. a. ist vorbei. Die vermeintlichen sozialen und/oder kulturellen Faktoren (Kulturalisierung des abweichenden Verhaltens) greifen pauschal nicht mehr. Die Situationen sind viel komplexer und bedürfen mehr Interpretation als in früheren Zeiten[162]. Denn Fakt ist, dass die Vielfalt, bedingt durch Zuwanderung, aber auch durch

---

[160] „Das Wort *multikulturell* wird verwendet, wenn es um die Beschreibung der Vielfalt unterschiedlicher Kulturen im Sinne von Nationalitäten oder ethnischen Gruppen geht (vgl. BMFSFJ 1998, S. 98) Wittmann, S./Rauschenbach, T. u. a. (Hrgb.) (2011): Kinder in Deutschland. Eine Bilanz empirischer Studie. Juventa Verlag Weinheim und München, S. 248

[161] Vgl. Interkulturelle Jugendhilfe in Deutschland 2000

[162] Beispiel: "In Gesellschaften, die sich selbst als "multikulturell" beschreiben, kommt für alle pädagogischen Instanzen bei der Interpretation des Bildungs- und Sozialverhaltens von Migrantenkindern eine weitere Option hinzu: Der Verweis auf *Kulturdifferenz* und einen unvermeidlichen *Kulturkonflikt*

die Globalisierung, zunehmend ist und somit auch Fachkräfte im Bereich der aufsu-chenden Hilfen vielmehr über interkulturelles Kapital verfügen müssen, als sie das bis vor ein paar Jahren tun mussten. Das wird ihnen die Arbeit mit ihren Hilfeemp-fängerinnen und Hilfeempfängern erleichtern, verlangt ihnen aber immer mehr Kompetenzen ab. Die Sozialpädagogische Familienhilfe, das niedrigschwelligste Hil-feangebot der Kinder- und Jugendhilfe, ist adressiert an eine Gruppe von Hilfeemp-fängerinnen und Hilfeempfängern, die sich in prekären Lebenslagen befinden als Personen und Familien in manchen anderen Hilfeformen. Primär vorzufinden sind dort Familien mit Multiproblemlagen und auch in sehr speziellen Lebensabschnitten, in denen es oftmals, im wahrsten Sinne des Wortes, ums nackte Überleben geht. Darum ist es eine große Chance für beide Parteien, nämlich sowohl für die gutaus-gebildeten und mit vielen Kompetenzen ausgestatteten Fachkräfte als auch für die betroffenen Familien, sich auf diesem Arbeitsfeld auf Augenhöhe zu begegnen und gemeinsam für die Kinder und Eltern eine sichere und gesunde Lebensperspektiven zu schaffen.

---

scheint den gleichen Vorzug der Selbstverständlichkeit zu haben wie „alleinerziehend" bei „einheimi-schen" Kindern" (Diehm, I./Radtke, O. 1999, S. 55).

3 Eigene Voruntersuchung zum Arbeitsfeld

3.1 Das Forschungsdesign und Details zur Untersuchung

„Ask a question – and you'll get an answer"[163]

Bei der Erhebung für diese Arbeit handelt es sich um eine Befragung von Fachkräften, die in der Sozialpädagogischen Familienhilfe tätig sind. Der standardisierte Fragebogen (siehe: Anhang) wurde im Jahre 2009 an 21 Fachkräfte eines Teams der Ambulanten Erzieherischen Hilfen einer ausgesuchten Einrichtung mit der Bitte, diesen anonym[164] und vollständig auszufüllen und in ein dafür vorgesehenes Postfach innerhalb einer Woche einzuwerfen, verteilt. Der Fragebogen erlaubt nach Kallus „in ökonomischer Form große Gruppen von Personen zu untersuchen und auch systematische Wiederholungen von Befragungen vorzunehmen. Die zahlenmäßige Repräsentation von Merkmalsausprägungen ermöglicht dann die statistischen Vergleiche"[165]. Sicherlich ist die Erfassung von komplexen Besonderheiten, wie sie hier abgefragt wurden, z. B. inwieweit Unterschiede zwischen Familien von den Fachkräften wahrgenommen werden, durch Interviews ebenfalls möglich.

Der Fragebogen stellt nur eine von zwei zueinander komplementären Methoden dar, die zweite ist das Interview. Der Fragebogen wurde zuerst eingesetzt, um eine Tendenz zu der Ausgangsfragestellung, ob es Unterschiede unter den deutsch- und türkischstämmigen SPFH Familien gibt, zu ermitteln. Der Fragebogen enthält zum einen Optionen zur Auswahl und zum anderen bietet er auch offene Fragen mit Antwortoptionen[166]. Der standardisierte Fragebogen, der als Einstieg in das Promotionsvorhaben angedacht ist, besteht aus insgesamt zwei Fragen. Bei standardisierten Fragebogenkonstruktionen ist zu beachten, dass durchaus Gefahren bestehen: Die Fragestellungen bei der Fragebogenkonstruktion sind sehr wichtig. Offene Fragen können bei Befragten als lästig empfunden werden und das eigene Formulieren der Antworten kann unter Umständen zu einer Antwortverweigerung führen, da die Be-

---

[163] Coltart, N. (1991): The Silent Patient In: Psychoanalytic Dialogues I, 4: 439-453

[164] Eine Regel des standardisierten Fragebogens ist, dass die Befragung anonym erfolgt (vgl. Böhm-Kasper, O./Schuchart, C. u. a. (2009): Qualitative Methoden in der Erziehungswissenschaft. Wigger, L./Vogel, P.(Hrsg.) Universität Dortmund, S. 78)

[165] Kallus, K.W. (2010): Erstellung von Fragebogen. Böhlau Verlag, Köln/Weimar/Wien, S. 127

[166] Vgl. Kallus, K.W. 2010, S. 128ff.

fragten eventuell Probleme mit dem Ausdrücken ihrer Gedanken in freier Form besitzen o.ä.. Des Weiteren resultiert aus diesem Antwortverfahren mehr Aufwand für
die Forscherin bei der Auswertung, da jede Antwort anders formuliert ist. Bei ge-
schlossenen Fragen wiederum läuft die Forscherin Gefahr, dass durch die vorgegebenen Kategorien die Befragten indirekt beeinflusst werden könnten. Zum Beispiel
wenn sie eine Kategorie vorfinden, an die sie vorher nicht gedacht hatten. Dafür
können aber geschlossene Fragen sehr gut verglichen werden und der Zeitaufwand
für die Auswertung ist geringer. Unter dem Aspekt, dass zum einen eine Hypothese
getestet werden sollte und zum anderen auch ein *heuristischer Erkenntnisgewinn*
erzielt werden sollte, bot sich für die vorliegende Untersuchung eine Zwischenlö-
sung an, nämlich die der halboffenen Fragen[167]. Zum Formulieren der Fragen sind
drei Kriterien wichtig. Zum einen ist die Verständlichkeit der Fragen, zum anderen
ist die Eindeutigkeit der Fragen und zuletzt ist die Balance der gestellten Fragen von
großer Bedeutung[168]. Diese drei Kriterien wurden mit den befragten Fachkräften unter anderem auch besprochen.

Die erste Frage lautete: Gibt es Unterschiede zwischen deutschen und türkischstämmigen Familien in den Ambulanten Hilfen zur Erziehung (SPFH)? Wenn ja, wie nehmen Sie diese wahr? Hierbei hatten die befragten Fachkräfte sechs Kategorien zur
Auswahl. Unter den vorgegebenen Kategorien Sprache, Kultur, Religion, Wirtschaft,
Familie und Bildung konnten die befragten Fachkräfte ihre Erfahrungen und Beobachtungen eintragen oder die Möglichkeit unter *Sonstiges* in Anspruch nehmen
und ausführlicher ihre individuellen Wahrnehmungen notieren.

Die zweite Frage stellte einen Übergang zur freien Antwortoption im Fragebogen
dar[169]. Diese lautete: Welche anderen Problemlagen haben Familien mit türkischen
Wurzeln im Gegensatz zu den deutschen Familien in der SPFH? Diese offen gehal-
tene Frage gab viel Raum für individuelle Antwortmöglichkeiten. So konnten die befragten Fachkräfte ihre „Antworten [...] innerhalb des eigenen Referenzsystems [...]
geben" und sie hatten keine Möglichkeiten, um sich durch vorgegebene Antworten
leiten zu lassen. Durch den Fragebogen wurde erhofft, dass eine „[...] zahlenmäßige

---

[167] Vgl. Raithel, J. (2006): Quantitative Forschung. Ein Praxiskurs. VS Verlag für Sozialwissenschaften.
GWV Fachverlage GmbH, Wiesbaden, S. 67ff.
[168] Vgl. Wellenreuther, M. (2000): Quantitative Forschungsmethoden in der Erziehungswissenschaft.
Eine Einführung. Juventa Verlag Weinheim und München, S. 328ff.
[169] Vgl. Kallus, K.W. 2010, S. 128

Repräsentation von Merkmalsausprägungen [...]" bzw. Unterschiede zwischen türkischen-und deutschen SPFH Familien, einen statistischen Vergleich ermöglichen würden[170]. Zumindest sollten die Ergebnisse der Forscherin in erster Linie eine eventuelle Tendenz[171] vorgeben, um das eigentliche Forschungsvorhaben anzugehen, nämlich die Frage, ob sich Familien mit türkischen Wurzeln in der SPFH von deutschen SPFH Familien unterscheiden, und falls ja, in welchen Bereichen und in welchem Ausmaß. Beide Fragen des Erhebungsbogens wurden die Fachkräfte auf Verständlichkeit befragt und den Teilnehmerinnen und Teilnehmer der Datenschutz zugesichert. Da es für Personen schwieriger ist, sich an etwas zu erinnern als etwas wiederzugeben, wurde die erste Frage in dem Fragebogen so formuliert, dass die Befragten aus den oben genannten Kategorien wählen konnten. Es war wichtig, die Befragten für das Thema zu sensibilisieren. Aus diesem Grund mussten die Kategorien zunächst so einfach wie möglich gestaltet werden, damit die Teilnehmerinnen und Teilnehmer ihre Antworten in die Kategorien einordnen konnten und mit der Kategorie *Sonstiges* eine weitere individuelle Möglichkeit zur freien inhaltlichen Gestaltung zur Verfügung hatten. Da „bei offenen Fragen [...] der Befragte seine Antwort, Einstellung oder Überzeugung frei formulieren konnte und [...] nicht durch vorgegebene Antwortmöglichkeiten in ein Raster gezwungen" wurde, erlaubte die zweite Frage eine sehr offene Antwortmöglichkeit. „Diese Frageform traut dem Befragten eine differenzierte Selbstwahrnehmung, Ausdrucksfähigkeit, Motivation und Ehrlichkeit zu"[172].

Die befragte Gruppe bestand aus unterschiedlichen Fachdisziplinen, unter anderem aus Sozialarbeiterinnen und Sozialarbeitern, Sozialpädagoginnen und Sozialpädagogen sowie Erzieherinnen und Erziehern, die alle gemeinsam in der Familienhilfe arbeiten. Sowohl Fachkräfte mit als auch ohne Migrationshintergrund nahmen an der Untersuchung teil. Die einzige Bedingung hierbei war, dass alle an der Untersuchung teilnehmenden Fachkräfte berufliche Erfahrungen mit türkischstämmigen Familien gemacht hatten. Das Zeitfenster für den Rücklauf war auf eine Woche gesetzt. Die

---

[170] Vgl. Kallus, K.W. 2010, S. 128

[171] „Dividiert man diese Summe durch die Zahl der Probanden, ergibt sich die durchschnittliche Häufigkeit der jeweiligen Verhaltensweise. Dieser Durchschnittswert beschreibt die Gruppe insgesamt, nicht mehr eine einzelne Person. Man spricht von einer zentralen Tendenz" (Eid, M./Gollwitzer, M. u. a. (2010): Statistik und Forschungsmethoden. Lehrbuch. Beltz Verlag, Weinheim/Basel, S. 16).

[172] Gerl, W. (1983): Klientenzentrierte Psychotherapie. In: Kraiker, C. & Peter, B. (Hrsg.). Psychotherapieführer. München: Beck, S. 65

Rücklaufquote der verteilten Fragebögen war 100%, alle Fragebögen wurden abgegeben. Die Auswertung des Fragebogens gestaltete sich relativ einfach. Da es ohne Probleme nur abzählbare Häufigkeitsinformationen waren und ein ähnlicher Sprachgebrauch der Fachkräfte bei bestimmten Ausdrücken und für Sachverhalte herrschte, mussten keine Abstrahierungsprozesse vorgenommen werden[173]. Somit konnten die Antworten, die von den Befragten zumeist stichpunktartig formuliert worden waren, in einer Strichliste festgehalten werden[174].

Diese Umfrage aus dem Jahr 2010 die im Vorfeld der Aktenrecherche für Kapitel fünf und sechs vorgenommen werden sollte, wurde mit den Fachkräften einer ausgesuchten Einrichtung geführt und sie lieferte die folgenden zwölf häufigsten Antworten:

Die Familien mit türkischen Wurzeln unterscheiden sich von den deutschstämmigen Familien wie folgt:

1. Im sprachlichen Bereich
2. Sie haben mehr Angst vor dem Jugendamt
3. Sie verstehen die Aufträge des Jugendamtes nicht und haben ein anderes Verständnis von „Hilfe"
4. Die Familien haben mehr Probleme bei Behörden, Ämtern und Schulen
5. Sie fühlen sich nicht anerkannt und benachteiligt
6. Die Familien brauchen mehr Statussymbole, wie zum Beispiel Autos, Markenkleidung oder technische Geräte (PCs, Smartphones, Flachbild TVs etc.)
7. Viele von ihnen sind ohne Beschäftigung (nicht erwerbstätig)
8. Sie haben wenig Distanz zu den professionellen Helferinnen und Helfern, die Fachkräfte müssen sich noch stärker distanzieren
9. Sie sind sehr „gastfreundlich" und somit wird die Distanzierung der Helferinnen und Helfer erschwert
10. Die Familien haben sehr viele Kinder
11. Die „türkische Community" hat viel Einfluss. Alle dürfen miterziehen und sie leben in „Großfamilien"
12. Sie sind in einem „Identitätskonflikt": türkisch, deutsch oder beides?

---

[173] Vgl. Raithel, J. 2006, S. 67ff.
[174] Vgl. Kallus, K.W. 2010, S. 134

Einige der oben aufgeführten Unterschiede, die von den Fachkräften genannt wurden, weisen Gemeinsamkeiten mit dem Inhalt der während der Recherche zum Stand der Forschung entdeckten Arbeit *Sozialpädagogische Familienhilfe für Familien aus islamischen Kulturkreisen* von Baban auf. Baban schreibt in seiner Dissertation (2011) unter anderem über die Kinderanzahl, die Großfamilie, Probleme bei Behördengängen sowie in Schulen, als auch über die Bildung der Eltern und ihre Erziehungsmethoden. Außerdem erwähnt er „[...] Verständigungsschwierigkeiten aufgrund von Sprache und Sprachbarrieren" und zum Schluss die elektronischen Medien als Ressource (hier insbesondere den TV Konsum)[175].

Zu den in Punkt sechs erwähnten *Statussymbolen* schreibt Funke in seinem Artikel *Marken und Milieuzugehörigkeit*, dass „Produkte, Kommunikationsmittel und ganz besonders Marken [...] als Zeichen einer attraktiven [...]Lebensweise gedeutet, sich selbst und den anderen gegenüber", werden. „Sie befestigen oder erschüttern die eigene soziale Identität. Sie sind Projektionsflächen für Gemeinsamkeit und ermöglichen sehr oft überhaupt erst die Ausgestaltung von Beziehungen zwischen Menschen, in der Regel streng nach der Zugehörigkeit zu Milieugruppen unterschieden".[176]

Das Thema des Identitätskonfliktes, welches in Punkt 12 aufgeführt wird, wird von Foroutan[177] in ihrem Text: „Hybridität als Gleichzeitigkeit von Differenz" bearbeitet. Neuerdings wird nicht mehr von „Identitätskonflikten" gesprochen, vielmehr „[...] werden Identitäten heute mehrfach, multipel und in einem Patchwork gedacht [...] und trotz oder gerade aufgrund ihrer situativen Wandelbarkeit als stabil gesehen"[178]. Trotzdem fand sich in der Liste der häufigsten Antworten der *Identitätskonflikt* wieder.

---

[175] Baban, A. 2011, S. 132
[176] Rainer Funke schreibt in seinem Artikel *Design und Milieus* in der Zeitschrift für Semiotik (2011), dass im „Besitzen-Wollen, Besitzen oder Nutzen spezieller Konsumgegenstände" Menschen aus den unterschiedlichen Milieus bestimmte Lebensstile zum Ausdruck bringen wollen (S. 119).
[177] Foroutan, N.: Überlegungen zu Identitätsbildungsstrategien zwischen Abgrenzung, Akkulturation und Assimilation. In: David/Borde 2011, S. 39-45
[178] David/Borde 2011, S. 39

3.2   Vorläufige Tendenz der Umfrage

Auch ohne die Tatsache, dass die Umfrage eine repräsentative Tendenz darstellt, obwohl die Anzahl der befragten Personen relativ klein war, ist sie ein wichtiger Ausgangspunkt für das weitere Forschungsvorhaben. Die Tendenz der Antworten von den 21 befragten Fachkräften, die sie über die scheinbar vielen Unterschiede zwischen deutschen SPFH Familien und SPFH Familien mit türkischen Wurzeln gaben, machte es attraktiv, dieses Feld noch detaillierter zu erforschen (siehe: Kap.5) und im optimalen Fall eine in dieser Richtung weisende Aussage zu formulieren.

Zu erwähnen wäre hier, dass das die befragten Fachkräften von ihrer Herkunft her zu knapp 40% deutschstämmig, 30% türkischstämmig, zu 15% osteuropäisch und zu 15% Personen afrikanischer Abstammung waren, ungeachtet der Nationalität. Dass die Fachkräfte in den Häufigkeiten ihrer Antworten überwiegend konform waren, legte die Vermutung nahe, dass es sich hierbei nicht um „Vorannahmen bzw. Vorurteile" einzelner Fachkräfte handelt. Aber die Tatsache, dass es keine Vergleichsgruppe gab, bedeutete auch in erster Linie, dass die Ergebnisse „[...] jeweils nur im Hinblick auf die Gesamtgruppe der jeweiligen Studie [...] interpretierbar"[179], sind.

3.3   Fazit

Im beruflichen Alltag stellt sich oft die Frage, ob und worin sich Familien mit türkischen Wurzeln von den deutschen SPFH Familien unterscheiden: Erkenntnisse, aus deren Beantwortung für die Ambulanten Erzieherischen Hilfen, wie für andere Bereiche des Lebens auch, konkrete Verbesserungsmöglichkeiten entstehen könnten. So könnte einerseits die Wirksamkeit der Hilfen gewährleistet werden und andererseits, in Zeiten von Haushaltssperren und Sparmaßnahmen der Städte, im Bereich der Kinder- und Jugendhilfe wirtschaftlich effizienter gearbeitet werden. Der Aspekt der Wirtschaftlichkeit, die sicherlich für die Jugendämter der einzelnen Städte und der Stadt Dortmund eine große Rolle spielt, wird aber in der vorliegenden Dissertation keinen gesonderten Platz einnehmen.

---

[179] Kallus, K.W. 2010, S. 107

Fortan gilt es, hier die folgende Hypothese zu überprüfen und diskutieren: Unterscheiden sich Familien mit türkischen Wurzeln von den deutschen Familien in der Sozialpädagogischen Familienhilfe? Wenn ja, in welcher Art und Weise? Durch die quantitative Datenvollerhebung im fünften Kapitel werden sowohl die Gemeinsamkeiten, als auch die Unterschiede aller SPFH Familien zuerst erfasst und näher beleuchtet werden. Darauf folgt im Kapitel sechs der gesonderte Vergleich der möglichen Gemeinsamkeiten und Unterschiede von Deutschen und türkischstämmigen SPFH Familien.

„Der Anfang ist die Hälfte des Ganzen"[180]

---

[180] Aristoteles

4 Methodologisches Design

Jedes Forschungsprojekt beginnt mit einer Fragestellung, gefolgt von der Überlegung, welche Forschungsmethode für die jeweilige Fragestellung geeignet ist. Auch für die Fragen: „Wie sieht es aktuell in der Jugendhilfelandschaft aus?" und „Gibt es Unterschiede zwischen deutschen Familien und Familien mit türkischen Wurzeln in der Sozialpädagogische Familienhilfe?" primär in dem Forschungsfeld Dortmund. Im Fokus dieser Forschung steht dabei das Klientel der Sozialpädagogischen Familienhilfe. Unabdingbar war es hier abzuwägen, welche Methoden eingesetzt werden konnten. Die quantitative Datenerhebung kann hier „als ein nonreaktives Verfahren, bei deren Durchführung kein Einfluss auf die untersuchten Personen, Ereignisse oder Prozesse ausgeübt"[181] wird, beschrieben werden. Hinzu kommt eine qualitative Inhaltsanalyse[182], die in einigen Bereichen der Aktenanalyse durchzuführen ist.

Das folgende Kapitel beschäftigt sich mit der quantitative Aktenanalyse. Das nonreaktive Verfahren, hier die Quantitative Forschung, bedeutet „[...] in den meisten Fällen eine Forschung mit standardisierter Datenerhebung und Datenauswertung mit Hilfe (unterschiedlich weit genutzter) statistischer Verfahren, deren Ergebnisse für eine möglichst große Zahl an Fällen [...] repräsentativ sind" [183]und ist zudem ein Verfahren, mit dem die Forscherin keine störenden Reaktionen hervorrufen kann. Für die Aktenrecherche wurde als Erhebungsinstrument ein Erhebungsbogen entworfen, der standardisiert wurde. Mittels des standardisierten Erhebungsbogens wurden alle ausgesuchten Akten betreffend die SPFH Familien im Betreuungszeitraum 2006-2011, insgesamt 200 an der Zahl, erfasst. Am Ende der Erfassung wurden alle gesammelten Daten aus den Akten mit dem sozialstatistischen Programm SPSS weiterverarbeitet, um alle Daten aufzubereiten und auch für den späteren Vergleich (Kapitel 6) zu verwenden. Ziel der Erhebungen ist ausgehend von einer geringen An-

---

[181]Nonreaktives Verfahren werden zum Beispiel bei Archiveinsichten durchgeführt. http://psychologie.univie.ac.at/fileadmin/user_upload/inst_psy_grundlagen/files/methodenlehre/qualitativ e_meth/SS11/QualMeth_4.pdf (13.11.2012)

[182] Die Inhaltsanalyse ist „eine empirische Methode zur systematischen, intersubjektiven nachvollziehbaren Beschreibung inhaltlicher und formaler Merkmale von Mitteilungen" (Früh, W. (1991): Inhaltsanalyse. Theorie und Praxis. 3. überarb. Aufl. München: Ölschläger, S. 24)

[183] Burzan, N. (2008): Quantitative Forschung in der Sozialstrukturenanalyse. Anwendungsbeispiele aus methodischer Perspektive. Lehrbuch. VS Verlag Sozialwissenschaften, GWV Fachverlage GmbH, Wiesbaden, S. 11

zahl von Personen Aussagen zu erhalten, die eine Repräsentativität über eine größere Anzahl von Personen, über ihre Verhaltensweisen oder aber auch über andere Eigenarten und Merkmale zu erhalten. Da die Anzahl der Akten nicht übermäßig groß war, besitzen die Ergebnisse keinen repräsentativen Charakter[184], zumal laut dem Statistischen Bundesamt[185] die SPFH Zahlen bundesweit im Jahre 2010 42.329 betrugen. In einem Teilbereich des Erhebungsbogens kommt die qualitative Inhaltsanalyse zum Tragen, nämlich bei der Kategorie *Bekanntwerden* und bei den *Hilfeplänen*. Die „Inhaltsanalyse bedeutet, dass Inhalte von Kommunikation (also Texte, zunehmend auch Multimedia-Inhalte) wissenschaftlich systematisch ausgewertet werden", um „die vorhandene Komplexität des Untersuchungsmaterials (der Texte) zu reduzieren". Also „das entsprechende Material wird nach einem (wissenschaftlich) begründbaren Schema codiert und offen gelegt"[186]. In diesem Fall sind sowohl die qualitativen als auch die quantitativen Aspekte enthalten. Nämlich „jedes Aufspüren einer relevanten Textstelle gilt zunächst als qualitativ und erst durch das Zählen kommt der quantitative Aspekt hinzu"[187]. Durch den Tatbestand, dass die Informationen aus den Akten zum Gebrauch einer Inhaltsanalyse nicht mehr veränderbar sind, zählt diese Methode auch zu den non-reaktiven Methoden. Die Techniken, hierbei zuerst die Kategorien herauszuarbeiten, um danach die Häufigkeiten festzustellen, sind zwei von sechs verschiedenen Inhaltsanalysetechniken nach Mayring (2005). Zum einen die hermeneutische Textinterpretation und zum anderen die Häufigkeitenanalyse. Die Häufigkeitenanalyse[188] ist die am weitverbreitetste Technik in der Forschung. In den Bereichen der Inhaltsanalyse wurden in der vorliegenden Studie die Kodebegriffe sehr stark Kontextbezogen betrachtet.

---

[184] „ Laut der strengen, mathematisch-statistischen Definition ist unter dem Begriff der Repräsentativität zu verstehen, dass die Stichprobe als Auswahl der Grundgesamtheit alle für diese typischen und charakteristischen Merkmale und Merkmalskombinationen getreu deren relativer Häufigkeit in der Grundgesamtheit aufweist und damit ein exaktes Abbild der Grundgesamtheit darstellt – auch bezüglich solcher Merkmale, die bei Ziehung der Stichprobe unbekannt sind" (Koch, J. (Hrgb.)(1997): Handbuch Direct Marketing, S. 36)

[185] Statistiken zur Kinder- und Jugendhilfe (http://www.destatis.de/jetspeed/portal/cms/Sites/destatis/Internet/DE/Content/Publikationen/Fachveroeffentlichungen/Sozialleistungen/KinderJugendhilfe/HeimerziehungBetreuteWohnform5225113097004,property=file.pdf (24.12.2011))

[186] Grundlagen der empirischen Sozialforschung (Methoden 2 (1)) 17.Folie

[187] Lissmann, U. (2001): Inhaltsanalyse von Texten. Ein Lehrbuch zur computerunterstützten und konventionellen Inhaltsanalyse. 2. erw. Aufl. Landau: Verlag Empirische Pädagogik, S. 16

[188] „Häufigkeit- bzw. Frequenzanalysen beruhen hauptsächlich auf dem Auszählen von Kodes" (Lissmann, U. 2001, S. 36)

Zusammenfassend ist zu sagen, dass die Kodebegriffe aus dem Text heraus im jeweiligen Kontext kodiert und nach Häufigkeiten erfasst worden sind, in Anlehnung an Lissmann: „Die Bedeutung des ganzen Textes ergibt sich aus der Bedeutung seiner Teile und die Teile erhalten ihren Sinn durch den ganzen Text"[189].

---

[189] Lissmann, U. 2001, S. 50 (genannt: hermeneutischer Zirkel)

5 Empirische Untersuchung: Die Aktenanalyse

5.1 Das Forschungsdesign

„You can`t have it all"[190]

Die Ressourcen und Zugänge der Wissenschaftlerin bestimmen unter anderem die Forschungsmethode und somit das Forschungsdesign des Vorhabens. Die Vorgehensweise, der Zugang und die Definition der Grundgesamtheit des Verfahrens der Datenerhebung gehören laut Definition nach Ilmes[191] zum Forschungsdesign. Der Zugang zu den Akten der Klientinnen und Klienten, um die retroperspektivische Aktenanalyse anzugehen, war gewährleistet und somit konnte das Forschungsthema, *Familien mit türkischen Wurzeln in der Kinder-und Jugendhilfe insbesondere in der Sozialpädagogischen Familienhilfe*, begonnen werden. Von den Rahmenbedingungen her war geplant, dass 12 Monate für die Durchsicht der Akten von 200 betreuten Familien eingeplant waren. Die Auswahl dieser 200 Akten, die zur Analyse hinzugezogen wurden, war nur einem Kriterium unterworfen; nämlich dem, dass alle dieser Hilfen zwischen den Jahren 2006 bis 2011 begonnen und in diesem Zeitraum auch beendet worden waren. Aus methodischer Sicht war es hier angebracht, eine Vollerhebung vorzunehmen (alle Daten werden in allen Akten erhoben!), da zum einen die Grundgesamtheit der Untersuchungsgruppe mit n = 200 relativ klein war und zum anderen im Vorfeld der Untersuchung nicht bekannt war, wie viele Fälle von deutschen und türkischen Familien sich in den Akten der SPFH zum späteren Vergleich befanden. Denn „mit zunehmender Größe der Stichprobe (Annährung an die Grundgesamtheit) steigt die Genauigkeit [...](der) Ergebnisse"[192]. Natürlich ist hierbei für die Rolle der Forscherin von Bedeutung, dass sie sich als aktive Sozialpädagogische Familienhelferin, losgelöst von ihren individuellen Erfahrungswerten, strikt an die Aktendaten hält und diese erfasst, da bei der Durchsicht manchmal auch Daten und Zahlen vorgefunden werden könnten, die unter Umständen nicht zu der Ausgangs-

---

[190] Lautet eine Aussage von Kirchhoff und Co aus ihrer Praxis zum Fragebogen. Dort heißt es: „Weder lässt sich alles fragen (weil man halt nicht an alles denken kann), noch lassen sich alle befragen. Selbst bei einer Volkszählung klappt das nicht." (Kirchhoff, S. 2010, S. 113)
[191] ILMES ist ein Nachschlagewerk. http://wlm.userweb.mwn.de/ueber_i.htm (13.11.2012)
[192] Koch, J. (Hrsg.) (1997): Handbuch Direct Marketing, S. 36 (16.06.2012)

hypothese passen. Die Anfangsannahme, ob und in welcher Art und Weise die Familien mit türkischen Wurzeln sich von den deutschen Familien in der Sozialpädagogischen Familienhilfe unterscheiden oder auch nicht, begleitete sie in der Zeit der Datenerfassung und natürlich war die Überlegung zu sagen: Eigentlich haben alle befragten Fachkräfte in der Voruntersuchung (siehe: Kap.3) ausgesagt, dass türkischstämmige Familien sich in vielen Punkten definitiv von deutschen zu unterscheiden scheinen. Also galt es, diese mit der Aktenrecherche zu verifizieren. Jedoch musste auch bedacht werden, dass sich die Ausgangshypothese und die subjektive Wahrnehmung der befragten Fachkräfte in Zahlen und Daten nicht bewahrheiten können (Falsifikation). Sicherlich kann in diesem vorliegenden Fall nur von einer Tendenz gesprochen werden, da in dieser vorliegenden Arbeit die quantitative Datenermittlung als eine unter den vielfältigen Forschungsmethoden in der empirischen Sozialforschung herangezogen worden ist. Denn „möglich ist aber auch, dass die soziale Wirklichkeit anders aussieht, als eine Theorie besagt. Das ist nicht nur bei der Untersuchung fremder Kulturen möglich, sondern unter Umständen auch bei Subkulturen vor der eigenen Haustür"[193].

In der Aktenrecherche wurden primär die manifesten Variablen erfasst, wie zum Beispiel das Alter, die Kinderzahl und der Betreuungszeitraum der Familien[194]. In dieser Untersuchung ging es ausschließlich um eine Sammlung von Daten, die dann zum Vergleich zur Verfügung stehen würden. In der Aktenanalyse werden Häufigkeiten, Anteile und Durchschnittswerte erfasst[195]. Insgesamt beruht das Forschungsdesign der retroperspektivischen Datenanalyse auf soziodemographischen Daten mit einer Stichprobe von n = 200, die Informationen über Geschlecht, Lebensalter, Bildungsabschluss, beruflicher Status, Familienstand, Kinder, Herkunft, Staats- u. Religionszugehörigkeit, Wohnsitz etc. beinhaltet[196]. Natürlich ist die Option zur Generalisier-

---

[193] Brüsemeister, T. (2008): Qualitative Forschung. Ein Überblick. 2.überarb.Aufl. VS Verlag für Sozialwissenschaften. GWV Fachverlage GmbH, Wiesbaden, S. 23
[194] Vgl. Micheel, H.G. (2010): Quantitative empirische Sozialforschung. Ernst Rheinhardt, GmbH & Co KG, Verlag, München
[195] Vgl. Seipel, C./Rieker, P. (2003): Integrative Sozialforschung. Konzepte und Methoden der qualitativen und quantitativen empirischen Forschung. Juventa Verlag Weinheim und München, S. 84
[196] Vgl. Schaffer, H. (2009): Empirische Sozialforschung für die Soziale Arbeit: Eine Einführung. Freiburg, S. 7

barkeit der Ergebnisse bei dieser Frage groß. Um es mit den Worten von Brüsemeis-ter[197] zu sagen: „Sie ist schicksalhaft mit dem sozialen, politischen und kulturellen Geschehen der größeren Gesamtheit verflochten, und ihre eigene Sozialstruktur ist von den Eigenschaften jenes sie einschließenden Sozialsystems mitbestimmt. Diese Eigenheit – ein relativ abgeschlossenes Ganzes und doch gleichzeitig nur ein Teil zu sein – macht die Gemeinde für bestimmte Fragestellungen zu einem besonders günstigen Forschungsgegenstand"[198]. Wie die Aktenanalyse am Ende zu deuten ist und welche generellen Schlüsse sich daraus ziehen lassen, bleibt bis zur Auswertung der letzten Daten offen. Die Erfassung der biographischen Daten, wie zum Beispiel das Geburtsdatum der Personen oder aus welchem Stadtteil sie kommen, stellte keine große Herausforderung dar. Viel wichtiger waren Bereiche wie zum Beispiel *das Bekanntwerden, der Beendigungsgrund* und besonders *der Hilfeplan*, zu denen ansatzweise eine qualitative Inhaltsanalyse[199] gemacht werden musste. Um dem An-spruch der „Intercodereliabilität und Expertenvalidität"[200] der betreffenden Berei-che des Erhebungsbogens (siehe: Kap. 5.3) bzw. der Aktenvermerke zu genügen, wurden aus den 200 Akten 20 zufällig ausgesuchte Akten zwei Kolleginnen zur Ge-genprobe überlassen. Da die Formulierungen zu den Kategorien Bekanntwerden, Beendigungsgrund und Hilfeplan in den unterschiedlichen Jugendhilfediensten rela-tiv einheitlich waren bzw. sind, gab es in den Erhebungen der Sozialpädagogischen Familienhelferinnen und Helfer keine abweichenden Kategorien zu den schon fest-stehenden.

Die weitere Vorgehensweise in den folgenden Kapiteln wird linear sein; das heißt in Kapitel 5.4 werden ohne weiteren Erklärungen ausschließlich die aus den Akten ent-nommenen Daten wiedergegeben, um soweit wie möglich die Objektivität, die Reli-abilität und ebenso die Validität zu gewährleisten. „Die Objektivität von Fragen oder Messverfahren ist gegeben, wenn die Antworten bzw. Messwerte unabhängig vom Interviewer bzw. Prüfer sind. Die Reliabilität ist die Zuverlässigkeit einer Messung,

---

[197] Brüsemeister, T. (2008) zitiert Mayntz 1958, 1 in seinem Buch: Qualitative Forschung im Rahmen der Thematik "Vom Besonderen auf das Allgemeine schließen und umgekehrt" Mayntz (1958). Inso-fern passt das gut zum vorliegenden Forschungsgegenstand, ob und wenn ja, in welchen Bereichen sich die türkischstämmigen SPFH Familien von deutschen SPFH Familien Unterscheiden.
[198] Brüsemeister, T. 2008, S. 59
[199] „[...] die Qualitative Inhaltsanalyse im Besonderen als Auswertungstechnik, als eine Form der Da-tenanalyse und Textinterpretation". Mayring, P./Brunner, E. (2009): Qualitative Inhaltsanalyse. Wein-heim: Beltz
[200] http://www.sgkm.ch/download/2012_06_SGKM_2012_book%20of%20abstracts.pdf#page=66 (04.09.2012)

d. h. die Angabe, ob ein Messergebnis bei einem erneuten Versuch bzw. einer erneuten Befragung unter den gleichen Umständen stabil ist. Die Validität gibt die Eignung eines Messverfahrens oder einer Frage bezüglich ihrer Zielsetzung an. Eine Messung oder Befragung ist valide, wenn die erhobenen Werte geeignete Kennzahlen für die zu untersuchende Fragestellung liefern"[201].

Im Kapitel 5.5 wird dann die Datenauswertung mit möglichen Erklärungsansätzen folgen und diese dann aspektorientiert betrachtet werden.

5.2 Details zur Untersuchung

Bevor die Details der Untersuchung näher erläutert werden, ist es sicherlich angebracht, ein paar Rahmendaten zur Sozialpädagogischen Familienhilfe zu nennen. Neben Trägern im Untersuchungsraum der öffentlichen Jugendhilfe gibt es viele weitere freie Träger der Jugendhilfe, die im Bereich der SPFH Dienstleistungen durchführen. Hierzu gehören die AWO, die DPWV und der Deutsche Caritasverband oder sonstige Träger. Die im Jahre 2010 begonnenen Hilfen betrafen insgesamt 42.329 Familien[202].

Die Einrichtung, in der die Untersuchung vorgenommen worden ist, ist ein freier Träger[203], der mit dem Dortmunder Jugendamt seit Jahrzehnten kooperiert und viele Mitarbeiterinnen und Mitarbeiter im sozialen Bereich, unter anderem auch in der SPFH, beschäftigt. Alle Akten, die zur Analyse herangezogen worden sind, beinhalteten abgeschlossene Fälle in der Sozialpädagogischen Familienhilfe. Ganz am Anfang der Forschung stand die Frage im Raum, welches Material steht zur Verfügung? Welche Informationen lassen sich aus den Akten entnehmen? Bekannt sind, dass sich außer den biografischen und amtlichen Angaben, die messbar sind, auch Informationen finden, die nicht die ganze Realität widerspiegeln, sondern nur ein Auszug aus

---

[201] Bredner, B. (2012): Statistische Beratung und Lösungen
http://www.bb-sbl.de/tutorial/stichproben/reliabilitaetvaliditaetobjektivitaet.html (01.09.2012)
[202] https://www.destatis.de/DE/Publikationen/Thematisch/Bevoelkerung/Bevoelkerungsbewegung/
BroschuereGeburtenDeutschland0120007129004.pdf?__blob=publicationFile (02.09.2012)
[203] Es gibt in Dortmund mehr als dreißig freie Träger, die u. a. Hilfen zur Erziehung im Auftrag des Jugendamtes leisten. „Nach § 2 Abs. 1 SGB VIII ist die Vielfalt von Trägern aus ganz unterschiedlichen Wertekontexten ebenso wie die Vielfalt von Konzepten und Methoden ein strukturelles Qualitätsmerkmal der Kinder- und Jugendhilfe"(Forum Erziehungshilfen Apr. 2012, S. 85).

Informationen sind, die die zuständige Fachkraft für sinnvoll bzw. wichtig erachtet hat zu dokumentieren. Für das Forschungsfeld heißt das also, dass in diesen Informationen immer die subjektiven Wahrnehmungen der Fachkräfte beinhaltet sind. Wie können also die entnommenen Daten aufbereitet werden, um den Forschungsgegenstand *Familien mit türkischen Wurzeln in den Ambulanten Hilfen zur Erziehung* und die weitere Vertiefung, ob es *Unterschiede unter den deutschen- und türkischstämmigen SPFH Familien* gibt, zu beleuchten?

Zum Vorgang der Aktenrecherche ist zu sagen, dass primär, um dem Datenschutz gerecht zu werden, alle Akten der Klientinnen und Klienten und die Informationen, die die Fachkräfte betreffen, codiert wurden. Die Akten wurden eine nach der anderen nach den Kriterien des Erhebungsbogens (siehe: Kapitel 5.3) durchgesehen. Die retroperspektivische Analyse der 200 Akten aus den Jahren 2006-2011 dauerte insgesamt 12 Monate. Das Erhebungsjahr ist das Jahr 2011. Ziel dieser Untersuchung sollte sein, mit Hilfe von insgesamt siebzehn Variablen eine Gesamtübersicht über alle betreuten Familien zu bekommen, um dann vorhandene Unterschiede oder auch Gemeinsamkeiten zwischen den zwei größten Gruppen, den deutschen und türkischen Familien, herauszufinden. Gemäß der Aussage von Brüsemeister, dass *die überprüfende Logik* quantitativer Forschung[...] nach signifikant messbaren Mengen, die eine zu überprüfende Hypothese widerlegen oder bestätigen können "[204]. Weiterhin war es wichtig, nicht aus den Augen zu verlieren, dass die abgeschlossenen Hilfen, die zur Erhebung dienten, nach Ablauf von drei Jahren vernichtet werden[205]; d. h. dass es, wenn eine Hilfe im Jahre 2006 angefangen und im Jahre 2007 beendet wurde, wegen der Dreijahresfrist durchaus möglich war, dass im Laufe des Erhebungsjahres 2011 die Akte vernichtet werden konnte. Also musste diese Möglichkeit mit den betreffenden Fachkräften abgesprochen werden, damit die entsprechenden Akten vorgezogen werden konnten. Die Lagerung der Ordner mit den kodierten Erhebungsbögen fand außerhalb der Örtlichkeiten statt, in denen sich die anderen Akten befanden.

---

[204] Brüsemeister, T. 2008, S. 19
[205] Gesetzliche Regelung: 3 Jahre (AMS VI 5/7273/1/03 vom 26.07.2004)

5.3   Entstehung des Erhebungsbogens

Der Erhebungsbogen zur Aktenuntersuchung wurde anfänglich anhand des Erhebungsbogens des Jugendamtes der Stadt Dortmund angelegt und im Laufe der Recherche erweitert und soweit standardisiert und vereinheitlicht, dass alle 200 Klientenakten nach bestimmten Kriterien durchgeschaut werden konnten. Je nach Infor-
mationsgehalt, der in den Akten vorzufinden war, wurden alle Informationen zusam-
mengetragen, um später zu prüfen, ob genügend Material da war, um eine Aussage
über eine bestimmte Variable treffen zu können. Der Erhebungsbogen beinhaltet
überwiegend manifeste (personale und demographische) Daten; Zahlen wie zum
Beispiel: Wie viele Kinder hat die betreffende Familie? Sind die Eltern verheiratet
oder geschieden? Von wann bis zu welchem Zeitpunkt wurde die Familie XY betreut?
Der Erhebungsbogen bestand anfänglich aus insgesamt siebzehn Kategorien, von
denen zum Schluss vierzehn in die Auswertung kamen. Der Grund für die Reduktion
der Kategorien waren ausschließlich die vielen *missing* Daten in diesen Bereichen. In
einer Reihe von Akten fehlten Informationen, aus welchen Gründen auch immer. Die
Missing-Data[206] wurden in der Datenerfassung in Form von Leerzeichen dargestellt,
damit bei der Datenauswertung diese automatisch vom Programm erkannt wurden.

Der Erhebungsbogen der Stadt Dortmund, der als Basis für die Aktenrecherche
diente, ist insgesamt in vier Bereiche (A, B, C und D) aufgeteilt. In Teil A befinden sich
Daten zur Hilfeempfängerin oder zum Hifeempfänger in Form von Personalien: zur
Familie, zur schulischen- und beruflichen Bildung, Aufenthalt und sozialen Sicherung. Weiterhin stehen hier auch die wirtschaftlichen und persönlichen Verhältnisse
der Eltern der Hilfeempfängerin bzw. des Hilfeempfängers und die weiteren zur Familie gehörenden Mitglieder (wie z. B. Halbgeschwister oder Stiefgeschwister). Teil
B beinhaltet die Problemdarstellung der betroffenen Familie. Das geht vom Bekanntwerden bis zu den Hinweisgebern, über die bisherigen Hilfeangebote bis zum aktuellen Hilfeplan. In Teil C befindet sich die kollegiale Beratung und D Teil des Erhebungsbogens stellt noch einmal die zusammenfassende Begründung der beantragten Art der Jugendhilfeleistung (SPFH/Ebei/FUD[207]) und den Hilfeplan dar. Im Falle

---

[206] Kallus, K.W. (2010) schreibt: „Eine einfache Lösung stellt die Eingabe von Leezeichen dar, da zwi-
schenzeitlich alle größeren Statistikprogrammpakete und Programmiersprachen „Blanks" als Missings kodieren" (S. 105).
[207] Sozialpädagogische Familienhilfe/Erziehungsbeistandschaft/Familienunterstützender Dienst

dieser Untersuchung waren ausschließlich die Familien mit der Hilfeform SPFH interessant.

Der Erhebungsbogen, der für die Aktenanalyse entstanden ist, wurde nach und nach aus den weiteren Informationen[208], die in den Akten zu finden waren, erweitert, bis er die endgültige Fassung (siehe: Anhang) erreicht hatte. Pro Akte wurde ein Erhebungsbogen angelegt, codiert und erfasst. Der Erhebungsbogen sah folgendermaßen aus:

1. Zuständige Fachkraft mit männlich/weiblich, Alter, Staatsangehörigkeit, Herkunft und Berufsausbildung.

Des Weiteren befinden sich im Erhebungsbogen (ausschließlich) die Daten zur Hilfeempfängerin oder zum Hilfeempfänger, der Familie und die Details zur Hilfe.

2. Um welche Familie handelt es sich?

Festgehalten werden hier Vater, Mutter und Geschwister der Hilfeempfängerin und des Hilfeempfängers mit Informationen zum Wohnsitz, Geburtsdatum, Aufenthalt und Kindschaftverhältnis. Außerdem befindet sich in dieser Kategorie ein Genogramm, aus dem die Familienkonstellation sichtbar wird. Fragen wie: Aus wie vielen Mitgliedern besteht die Familie? Welche Familienmitglieder leben zusammen? Welche leben außerhalb der Familie? können somit sehr schnell beantwortet werden. Detaillierter wird es bei den Punkten 10. Kinder und 11. Eltern; dort erfahren wir nähere Umstände über Verwandte ersten Grades der betreffenden Familie.

3. In welchem Stadtteil von Dortmund lebt die Familie?

Die in dieser Studie untersuchte Stadt Dortmund hat insgesamt 12 Stadtbezirke, die wiederum in insgesamt 62 statistische Bezirke unterteilt werden. In der Kinder– und Jugendhilfe sind die folgenden 12 Stadtbezirke: Aplerbeck, Brackel, Eving, Hombruch, Hörde, Huckarde, Innenstadt-Nord, Innenstadt-Ost, Innenstadt-West, Lütgendortmund, Mengede und Scharnhorst mit Jugendhilfediensten ausgestattet. Familien mit minderjährigen Kindern, die sich in prekären Lebenslagen befinden, können die offenen Sprechstunden der vor Ort ansässigen Jugendhilfedienste ganz nied-

---

[208] Informationen z. B.: in Form von Aktennotiz/Falldokumentationen/Berichten etc., die seitens der Familienhelferinnen und Familienhelfer festgehalten worden sind.

rigschwellig wahrnehmen und einen Antrag auf Hilfen zur Erziehung stellen. Die Hilfen zur Erziehung (HzE) wurden aufgrund von Erneuerungen beim Jugendamt Dortmund im Jahre 2011 zur *Fachstelle für erzieherische Leistungen (FEL)* umbenannt. Weiterhin wurde die ehemalige sogenannte Erziehungskonferenz, in der die Anträge der Familien zur Hilfe zur Erziehung entschieden wurden, in *Diagnoseabschlussberatung (DAB)* umbenannt; diese findet weiterhin dezentral einmal wöchentlich bei den 12 Jugendhilfediensten statt. Dem geht eine gründliche *sozialpädagogische Diagnostik* voraus, die die fallzuständigen Mitarbeiterinnen und Mitarbeiter des Jugendhilfedienstes, der dann über die Inanspruchnahme Ambulanter Erzieherischer Hilfen entscheidet, gemeinsam mit der Familie durchführen. Außerdem gibt es noch viele andere Möglichkeiten in Kontakt mit der HzE freiwillig oder auch in Zwangskontexten in Verbindung zu treten (siehe: 5.4 Abb. 10. Bekanntwerden).

Den gesamten Weg von der Beratung bis hin zur Installation der Hilfe und der Beendigung dieser beschreibt Gissel-Palkovich insgesamt in vier Verfahrensschritten. Es beginnt mit der Beratungsphase, in der auch bei Bedarfsermittlung ein Antrag auf HzE gestellt wird. Die zweite Phase ist die Entscheidungsphase, in der die kollegiale Beratung, das Hilfeplangespräch, die Hilfeplanerstellung sowie die Entscheidung zur passenden Hilfeform getroffen werden. In der dritten Phase wird die Durchführung beschrieben, in Form von Prozessbegleitung und Erfolgskontrolle. Die letzte Phase ist die Fortschreibungs- bzw. die Beendigungsphase der Hilfe. Dort werden die Auswertung, Fortschreibung oder die Beendigung dokumentiert[209].

4. Wann hat die Hilfe begonnen und wann ist sie beendet?

Die Hilfe beginnt dann, wenn die DAB sich auf Grundlage einer vorhandenen Diagnose der fallzuständigen Mitarbeiterin bzw. des fallzuständigen Mitarbeiters für Hilfe zur Erziehung entscheidet. Diese Entscheidung wird mit der Familie besprochen. Wenn die Familie der Hilfeform, in diesem Fall, der SPFH, zustimmt, landet die Akte bei der Fachstelle für Erzieherische Leistungen, die sich dann mit freien Trägern der Kinder- und Jugendhilfe in Verbindung setzt, die diesen Fall übernehmen können. Einige der Kriterien für die Auswahl der Träger sind unter anderem: Fachlichkeit, Wohnortnähe, Kosten, Wunsch und Wahlrecht der Klientinnen bzw. der Klienten. Die Hilfe beginnt mit dem gemeinsamen Erstgespräch, zu dem die Mitarbeiterin

---

[209] Vgl. Gissel-Palkovich, I. (2011): Lehrbuch Allgemeiner Sozialer Dienst – ASD. Rahmenbedingungen, Aufgaben und Professionalität. Juventa Verlag Weinheim und München

bzw. der Mitarbeiter des JHD[210], die Fachkraft von einem freien Träger und die Familie zusammenkommen und das üblicherweise im Haushalt der Familie stattfindet. Wenn die Hilfe zur Erziehung beendet wird, findet ebenso ein Abschlussgespräch in der Familie oder wahlweise beim Jugendhilfedienst bei dem Träger, bei dem die Fachkraft beschäftigt ist, statt. Am Ende einer Hilfe kann ein Evaluationsbogen gemeinsam mit der Familie ausgefüllt werden.

5. Wie viele Fachleistungsstunden in der Woche hat die zuständige Fachkraft in der Familie, um mit ihr zu arbeiten?

In Rahmenverträgen nach § 78 SGB VIII[211] sind die fallspezifischen Aktivitäten der Fachkräfte der SPFH folgendermaßen beschrieben:

-   Hilfeplankonferenzen
-   Kontakte zu Behörden und Institutionen
-   Einzelfallsupervision
-   Dokumentation und Berichtswesen
-   Fehlgeschlagene Kontakte, Wartezeiten, Überbrückungszeiten
-   Fahrt – und Wegzeiten, soweit nicht anders vereinbart

Diese Arbeitsansätze sind von Bundesland zu Bundesland unterschiedlich. Es gibt keine einheitlichen Größen, was die Fachleistungsstunden betrifft. Die Stunden können je nach Bedarf und Krise der Familie von drei Stunden pro Woche großzügig ausgeweitet werden, manchmal bis zu 20 Stunden pro Woche. Je nach Bedarf besteht die Möglichkeit einer Co-Betreuung durch eine Fachkraft aus derselben oder einer anderen Einrichtung. Die Aufgaben der Fachkraft liegen „[...] in der Hilfe bei der Alltagsbewältigung durch die Familie, in der Arbeit mit Kindern und Eltern, in der Förderung von Kontaktaufnahmen durch die Familie. [...] gemeinsame Einkäufe; Beseitigung der chaotischen und unhygienischen Wohnsituation; Begleitung zu Behörden, Schulen; Ärzten etc.; Kinderversorgung wie regelmäßiges Essen, Zur-Schule-Schicken; Freizeithilfen; Hausaufgabenhilfe. Im Mittelpunkt der Beratungsgespräche mit den Eltern stehen Erziehungsfragen und Partnerschaftsprobleme"[212]. Aber auch bei getrennt oder geschieden lebenden Eltern gehört die Regelung des Umgangs und

[210] JHD: Jugendhilfedienst
[211] Stascheit, U. (Hrsg.) (2010): Gesetze für Sozialberufe. 18. Auflage. Nomos Verlag
[212] Fieseler, G./Herborth, R. 2010, S. 344-345

die Vermittlung zwischen den Eltern zu den Aufgaben der Fachkraft. Die größte Herausforderung für die Fachkraft bleibt wohl die Ressourcensuche in der Familie. „Manchmal müssen die Familien oder einzelne Familienmitglieder erst von ihren Stärken überzeugt werden"[213]. Im Zusammenhang mit der Co-Betreuung in einer Familie lässt sich sagen, dass, wenn eine Fachkraft die Muttersprache der Familie spricht und die andere nicht, zwischen den Fachkräften ggf. übersetzt werden muss. Das heißt, die Fachkraft, die die Familie muttersprachlich versteht, wird ihrer Kollegin oder ihrem Kollegen Inhalte dolmetschen. Diese Aktion der Übersetzung kann sicherlich sehr viele Vorteile in sich bergen, wie z. B. in Form von Verlangsamung und Deeskalation der Geschehnisse. Diesen Umstand können Sozialpädagogische Familienhelferinnen und Familienhelfer sich in der Arbeit mit Familien zu Nutze machen.

6.   Ist der Hilfe ein Kontrollauftrag auferlegt oder nicht?

Die Frage heißt vor allem, ob ein Zwangskontext besteht oder nicht. Diese Erkenntnis ist für die fallzuständige Mitarbeiterin bzw. den Mitarbeiter sehr wichtig. Kähler[214] sagt, dass die „Kontaktaufnahmen [...] , die nicht von Klienten selbst initiiert[...]"worden, ein Zeichen für Zwangskontexte sind, und stellt u. a. fest, dass sich bei Klientinnen und Klientin im Zwangskontext Handlungen in Form von: „[...] (bewusstem) Missverstehen bzw. Nichteinhalten von getroffenen Vereinbarungen, Vorgeben, sprachlich nicht zu verstehen, Nichtöffnen der Haustüre, Ignorieren von Briefen und Telefonaten, Resignation, [...] über sich ergehen lassen", woraus ein „Eskalieren von Problemen in anderen Bereichen [...]"[215]resultieren kann. Deshalb sind nach Bohrhardt zwei Aspekte bei der Arbeit unter Zwangskontexten wichtig. Zum einen Transparenz zu schaffen, am besten direkt im Erstgespräch mit der Familie. Das heißt, die Gründe für die Zwangszusammenkunft erläutern und „[...]die Betonung auf den beruflichen Charakter der Beziehung, um falschen Erwartungen (Freundschaft, Loyalität ...) vorzubeugen!" setzen. Und zum zweiten Ziele auszuhandeln und Wege zu finden; das heißt im Klartext: Das Autonomiebedürfnis der Klientin bzw. des Klienten

---

[213] Blüml, H./Helming, E. 1999, S. 263

[214] Kähler, H. (2005): Soziale Arbeit in Zwangskontexten. Wie unerwünschte Hilfe erfolgreich sein kann. Ernst Reinhardt Verlag München

[215]Bohrhardt, R.: Soziale Arbeit in Zwangskontexten. Wie unerwünschte Hilfe erfolgreich sein kann. (Basierend auf der Studie: Kähler, H. 2005)

wahrzunehmen und die Frage zu stellen: *Wie kann ich Ihnen helfen, mich wieder loszuwerden?*[216] Dann ist die Wahrscheinlichkeit hoch, dass auch Hilfen in Zwangskontexten erfolgreich sein können.

7. Durch welche Personen/Institutionen ist die Familie bekannt geworden, wurde folgendermaßen abgefragt:

Bekanntwerden durch:

Anonyme Meldung	□					
Selbstmelder	□					
Großeltern/Eltern	□	Ehepartner □	Tante □	Onkel □		
Beratungsstelle	□					
Kita	□					
Schule	□					
Arzt	□					
Vermieter/Nachbarn	□					
Gesundheitsamt	□					
Polizei	□					
Familiengericht	□					
Jugendschutzstelle	□					

Sonstiges:
(Abb. 7: Auszug aus dem Erhebungsbogen)

Die Feststellung Babans betreffend den Erstkontakt der Familien zur Sozialpädagogischen Familienhilfe ist, dass neunzig Prozent seiner untersuchten Familien aus islamischen Kulturkreisen „durch öffentliche Stellen wie Schule, Gericht, Kindergarten, Krankenhaus oder kirchliche Einrichtungen erfahren, dass die Möglichkeit existiert, Sozialpädagogische Familienhilfe zu erhalten"[217]. Weiterhin fasst Baban zusammen, dass der Großteil der Familien den Zugang zur SPFH über Antragsstellung durch öffentliche Stellen bekommt. Auch im Vergleich unter Familien mit Migrationshintergrund und ohne spricht er von „anteilsmäßig ähnlicher Größenordnung" in der Vermittlung „ durch öffentliche Stellen von dem Angebot der SPFH[...]". In Bezug auf die vorliegende Untersuchung bleibt abzuwarten, welche Ergebnisse die Kategorie *Bekanntwerden* ergibt. Das kann aber erst im Spektrum aller Adressatinnen bzw. Adressaten festgestellt und danach verglichen werden. Außer den öffentlichen Stellen wie die Beratungsstelle, Kita, Ärzte u. a., gibt es auch die Option des Selbstmeldens und auch die Meldung durch Verwandte ersten und zweiten Grades.

---

[216] http://www.hs-coburg.de/fileadmin/fbs/bohrhard/krimi/14_KlientInnen_in_Zwangskontexten. pdf (28.08.2012)
[217] Baban, A. 2011, S. 255-256

8. Die Gründe des Bekanntwerdens wurden hingegen in Form eines bzw. mehrerer Sätze erfasst, weil die Gründe oftmals sehr vielfältig und komplex waren, so dass sie nicht in Form von Variablen ausgedrückt werden konnten (und zwar nicht in Form einer Frage).

9. Welche früheren Hilfen gab es schon in der Familie?

Frühere Hilfen:
Beratungsstelle ☐
SPFH ☐
Tagesmutter ☐
Gesetzliche Betreuung ☐
Formlose Betreuung JHD ☐
Inobhutnahme ☐
Pflegefamilie ☐
Heimunterbringung ☐

Sonstiges:
(Abb. 9: Auszug aus dem Erhebungsbogen)

10. Die Informationen zu dem *Kind/den Kindern* wurden anhand der unten aufgeführten Tabelle festgehalten (auch nicht in Form einer Frage). Außerdem sollte in dieser Studie geschaut werden, durch welche Auffälligkeiten der jeweilige IP[218] auf sich aufmerksam gemacht hat. Bei der Installation der Hilfeform Sozialpädagogische Familienhilfe ist der IP insofern wichtig, als das auffälligste Kind als Hilfeempfänger benannt wird bzw. bei mehreren auffälligen Kindern wird tendenziell das jüngste Kind der Familie in den Akten als Hilfeempfänger benannt. Der IP wurde im Erhebungsbogen bei dem jeweiligen Kind mit einem roten Kreis kenntlich gemacht. Hier im Beispiel wäre der IP das dritte Kind der Familie.

Kinder: **1.**   **2.**   **3**   **4.**   **5.**
Geschlecht/Alter:
Staatsangehörigkeit:
Muttersprache:
Deutschkenntnisse:
Kita:

---

[218] Index Patient: In der Systemischen Therapie wird ein Mitglied einer Gruppe, das mit seinen Symptomen einengende Wirklichkeitskonstruktionen und leiderzeugende Interaktionsmuster innerhalb der Gruppe anzeigt, ebenfalls als Indexpatient bezeichnet (vgl. Sprenger, B. 1998: Der Kranke mit somatoformer Störung-Indexpatient eines dysfunktionalen Gesundheitssystems? Springer Verlag Berlin Heidelberg, S. 95-105)

Schule:
Wohnverhältnis:
Auffälligkeiten:

Sonstiges:
(Abb. 10: Auszug aus dem Erhebungsbogen)

11. Der Erhebungsbogen enthält Informationen zu den *Eltern*, was leider nur teilweise in den Akten ausreichend dokumentiert war; sowohl bei leiblichen als
auch bei alleierziehenden Elternteilen fehlten Informationen.

Eltern:	**Mutter**				**Vater**		
Staatsangehörigkeit:							
Herkunft:							
Muttersprache:							
Deutschkenntnisse:	kaum ☐	gut ☐			kaum ☐	gut ☐	
Alter:							
Schulabschluss:							
Berufsausbildung:							
Verheiratet ☐	getrennt lebend ☐	geschieden ☐			ledig ☐		
Sorgerecht:							
Einkommen/Gehalt:							
Arbeitslosengeld ☐	Alg II ☐	Sozialhilfe ☐			Unterhalt ☐		
UV[219] ☐							

Sonstiges:
(Abb. 11: Auszug aus dem Erhebungsbogen)

Die in der obigen Tabelle vorgenommene Differenzierung in *Staatsangehörigkeit*
und in *Herkunft* ist folgendermaßen zu erklären: Die Begrifflichkeiten für Menschen,
die beispielsweise aus der Türkei oder Italien in die Bundesrepublik Deutschland gekommen waren, hießen die *Türken* bzw. die *Italiener* oder allgemeiner ausgedrückt
wurden sie als ausländische Bevölkerung bezeichnet. Doch seit den letzten Jahrzehnten gibt es für diese Gruppe von Menschen eine neue statistische Kategorie, nämlich
die sogenannten Menschen mit Migrationshintergrund. Die Definition des Statistischen Bundesamtes lautet wie folgt: Personen mit Migrationshintergrund sind alle
nach 1949 in das heutige Gebiet Bundesrepublik Deutschland Zugewanderte, alle in

---

[219] Der Unterhaltsvorschuss wird vom Jugendamt gezahlt.

Deutschland geborenen Ausländer und alle in Deutschland als Deutsche geborenen mit – zumindest einem – zugewanderten oder als Ausländer in Deutschland geborenen Elternteil.

Laut Minas[220] betrug der Anteil der in Deutschland lebenden Bevölkerung mit Migrationshintergrund im Jahr 2009 fast 20%. Das macht 15,703 Millionen Menschen und davon sind die Personen mit türkischen Wurzeln mit 15,9% die größte Gruppe der Menschen mit Migrationshintergrund. Die Zahl für Nordrhein-Westfalen betrug im selben Jahr 24,0%. Um diese Menschen in der Gesellschaft nicht mit dem neuen *Stigma* Migrationshintergrund zu etikettieren, wurde in dieser Studie sowohl die Herkunft als auch die Staatsbürgerschaft der Familien erfasst. Später wird untersucht werden, inwieweit diese Angaben in dem Untersuchungsgebiet SPFH relevant sind oder nicht.

12. Die Informationen zur *Wohnung* und zum *Umfeld* der Familie wurden ausgehend von den Beschreibungen der Fachkräfte aus den Akten folgendermaßen kategorisiert:

Wohnung/Umfeld:
Gepflegt   ☐
Möbel fehlen   ☐
Verwahrlost   ☐
Schimmel   ☐
Reparaturen Notwendig   ☐
Zu kleiner Wohnraum   ☐

Sonstiges:
(Abb. 12: Auszug aus dem Erhebungsbogen)

Die Fachkräfte sind zu Gast in der Wohnung der SPFH-Familien und trotzdem sind sie mit Aufträgen unterwegs, die ausgeführt werden müssen. Es ist sicherlich ein Spagat für die Sozialpädagogischen Familienhelferinnen und Helfer, den Familien in ihren vier Wänden wertschätzend und höflich entgegenzutreten, dabei aber zum Beispiel den Auftrag, einen Haushaltsplan aufzustellen oder die Wohnsituation klären, umsetzen zu müssen, weil die Wohnung anscheinend unbewohnbar ist. Obwohl die Settings der SPFH überwiegend in der Wohnung der Familien stattfinden, ist es auch möglich, Termine nach außen zu verlagern, um die Aufmerksamkeit der Fami-

---

[220] Bamf (Hrsg.)(2011): Minas. Atlas über Migration, Integration und Asyl. 3. Aufl.

lien zu steigern oder auch knifflige Themen außerhalb der eigenen Wohnung zu bearbeiten, damit die Familien zum Beispiel in einem Beratungsraum des Trägers eine andere Haltung einnehmen können, als es bei ihnen zu Hause der Fall wäre. Manchmal erleichtert ein Ortwechsel die Arbeit der Fachkräfte.

13. Der *Hilfeplan*[221] im Erhebungsbogen für die betroffene Familie wird, wie folgt, festgehalten.

Hilfeplan:
1. Haushaltsplan/Geldeinteilung   □
2. Erziehungsberatung (Grenzsetzung/Regeln, Stärkung d. Erziehungsfähigkeit)   □
3. Kooperation mit Kita/Schule   □
4. Kontakt zu Ärzten/Kliniken   □
5. Ämter und Behördengänge   □
6. Besuchskontakte regeln /begleiten   □
7. Krisengespräche führen   □
8. Struktur schaffen/Tagesablauf   □
9. Vermittlung zwischen d. Eltern   □
10. Freizeitgestaltung   □
11. Stabilisierung in der aktuellen Situation   □
12. Klärung d. Wohnsituation   □
13. Soziale Netzwerke schaffen   □
14. Begleitung u. Rückführung d. Kindes   □
15. Klärung d. Beziehung d. Familienmitglieder untereinander   □
16. Perspektiven entwickeln   □
17. Anleitung und Unterstützung bei der Versorgung des Kindes   □
18. Klärung der wirtschaftlichen Situation und/oder Schuldnerberatung   □
19. Klärung des Therapiebedarfs und Anbindung an eine Therapie   □

Sonstiges:
(Abb. 13: Auszug aus dem Erhebungsbogen)

Zum Hilfeplan ist zu sagen, dass zu Beginn der Hilfe die JHD-Mitarbeiterin bzw. der JHD-Mitarbeiter den pädagogischen Bedarf feststellt und bei Genehmigung der Hilfe für die Fachkraft Aufträge formuliert werden. Die Aufträge können sich im Laufe der Hilfe verändern oder auch gleichbleiben. Oftmals sind im Erhebungsbogen der Familien nicht, wie in der Abb. 6 aufgelistet, alle Bedarfe aufgeführt, sondern im Durchschnitt 3-6 Aufträge an die Fachkraft formuliert. Die Hilfeplangespräche (HPG), die

---

[221] Hilfeplan: Einerseits ist die HP die Grundlage für die Ausgestaltung der Hilfe und andererseits stellt der HP einen Vertrag zwischen den betroffene Parteien dar (Jugendamt/Familie/SPFH)

im halbjährlichen Rhythmus stattfinden, decken oftmals neue Anliegen und Bedarfe der Familien auf. Zur Vorbereitung auf diese Gespräche dienen die sogenannten Tischvorlagen[222], die ab dem 01.10.2011 einheitlich in der Trägerlandschaft in Dortmund eingeführt worden sind. Auch die Tischvorlage dient der Klärung der aktuellen Situation der Familien und sollte, wenn möglich, mit den Hilfeempfängerinnen bzw. Hilfeempfängern zusammen erstellt werden.

Die Tischvorlage ist folgendermaßen aufgebaut: Als Einstieg in die Vorlage befinden sich die Daten der Hilfeempfängerin bzw. des Hilfeempfängers mit allen Daten zu ihrer Person und zum Zeitraum der Hilfe. Außerdem beinhaltet die Tischvorlage Informationen zum Bereich der körperlichen, emotionalen, und intellektuellen Entwicklung des Hilfeadressaten. Weiterhin sind in der Vorlage die Bereiche zum Sozialverhalten, interne und externe Freizeitgestaltung aufgeführt. Auch Informationen zum vorschulischen und schulischen Leben, zur Ausbildung und Verselbstständigung der Hilfeempfängerin bzw. des Hilfeempfängers sind, ebenso wie der Bereich der Therapien und Fördermaßnahmen, Veränderungen im Familiensystem und Kontakte zu Bezugspersonen enthalten. Die Hilfeplanziele sowie ihre Umsetzung und eventuelle zusätzliche Bedarfe sind ebenfalls in der Tischvorlage vorzufinden. Dabei ist zu beachten, dass die Fachkraft die Formulierung zu den Zielen *smart* formulieren sollte. *SMART* bedeutet im Einzelnen, dass die Ziele *spezifisch, messbar, akzeptiert, realistisch und terminiert* sein müssen [223].

Auch die fachliche Sicht der Sozialpädagogischen Familienhelferin bzw. des Helfers von allen beteiligten Familienmitgliedern und die Erwartungen der Familie so wie auch ihre Sorgen und Wünsche finden Platz in der Tischvorlage. Ebenso die fachliche Einschätzung der Fachkraft, ob und in welcher Form die Hilfe fortgeführt oder aber beendet werden soll. Die Tischvorlage dient in dem Setting Hilfeplan, an dem die Familie, die JHD-Mitarbeiterin bzw. der JHD-Mitarbeiter und die pädagogische Fachkraft teilnehmen, als eine Art Handout für alle Beteiligten und sollte nach Möglichkeit 14 Tage vor dem Hilfeplangespräch im Jugendhilfedienst eingehen.

---

[222] Siehe: Anhang
[223] Fortbildung zum Hilfeplan 2011, Jugendamt Dortmund

14. Die *Zusammenarbeit* der Familien mit der jeweiligen Fachkraft wurde in Form von einem Skalierungsverfahren[224] festgehalten. Die vierstufig angesetzte Skala wurde bevorzugt eingesetzt, da eine feinere Differenzierung mit den Informationen aus den Akten, mit z. B. fünf oder sieben Stufen, nicht möglich war[225]. Die *Items* bezogen sich auf unterschiedliche zeitliche Abschnitte der Hilfe.

Kooperation der Familie mit der SPFH	sehr gut	gut	ausreichend	schlecht
Zu Beginn d. Hilfe	☐	☐	☐	☐
Im Verlauf	☐	☐	☐	☐
Gegen Ende	☐	☐	☐	☐
Abbruch	☐	☐	☐	☐

Sonstiges:
(Abb. 14: Auszug aus dem Erhebungsbogen)

Die grundlegende Voraussetzung für die Installation der SPFH in einer Familie seitens des Jugendamtes ist das Annehmen der Hilfe und die freiwillige Mitarbeit seitens der Familie (Ausnahme: Auflagen seitens des Familiengerichtes o.ä.). Die *Kooperation* der Familie mit der zuständigen Fachkraft wurde anhand der vorgefundenen Aktennotizen skaliert und auch in Bezug zum *Beendigungsgrund* gesetzt; eine Fachkraft schreibt beispielsweise: „Die Hilfe endete durch den Abbruch seitens der Familie, da von Beginn der Hilfe an die Familie nicht bereit war mitzuarbeiten. Sie lehnte jede Art von Kooperation ab und wollte, dass die Hilfe schnell wieder beendet wird". Das Gelingen der Hilfe hat sicherlich viele Facetten. Dazu gehört ganz am Anfang die Bereitschaft der Familie, zu kooperieren und die Hilfe anzunehmen, bis hin zu der Chemie zwischen ihnen und der Fachkraft, die entweder stimmt oder nicht stimmt. Aber auch die Frage nach der professionellen Nähe und Distanz in diesem Arbeitsbereich und die Gefahr der Instrumentalisierung der Fachkräfte seitens der Familien, die ganz eng im Zusammenhang mit der *Kooperation* steht, ist in diesem Zusammenhang wichtig. „Wenn Fachkräfte zu bereitwillig der Bitte nach kleinen Gefälligkeiten bis hin zu regelmäßigen Freundschaftsdiensten nachgeben, [...], sich für die Belange

---

[224] „Mit Skalierung ist der Prozess der Konstruktion einer Skala gemeint. Solche „konstruierten" Skalen ermöglichen es, Einstellungen von Menschen zu bestimmten Sachverhalten zu messen"http://www.uni-potsdam.de/u/soziologie/methoden/mitarbeiter/shk/Michael/1b/3_Zusammenfassung.pdf (07.12.2012).
[225] http://www.fragebogen.de/aufbau-der-fragen-bei-umfragen.htm (11.09.2012)

und Wünsche betreuter Familien instrumentalisieren [...] lassen" und in diesem Tenor arbeiten, wird die Kooperation der Familie eine andere sein, als wenn nur der
vorgesehen Hilfeplan abgearbeitet wird, die Familien eigentlich unter der Hilfe etwas anderes erwarten und somit die Kooperationsmotivation eine andere ist, die
sich oben in der Tabelle widerspiegelt[226].

15. Die möglichen *Ressourcen*[227] der Familien wurden nach den Aktennotizen
der Fachkräfte folgendermaßen kategorisiert:

Ressourcen:
Verwandte:
Freunde/Bekannte:
Nachbarn:
Gemeinde/Vereine:
Haustiere:

Sonstiges
(Abb. 15: Auszug aus dem Erhebungsbogen)

Das ressourcenorientierte Arbeiten zeichnet die Soziale Arbeit und somit auch die
Sozialpädagogische Familienhilfe aus. Ressourcenorientierung heißt „[...] vor allem,
den Blick auf die Verteilung, Verfügbarkeit und Beschaffenheit von personalen und
sozialen Kraftquellen des Klienten (zu)lenk(en)[...]"[228]. „Ressourcen im allgemeinen
Sinn sind Möglichkeiten und günstige Umstände der Lebensbewältigung"[229]. Für
Menschen mit Kindern sind neben den materiellen Gütern auch ihr soziales Umfeld
eine wichtige Ressource und somit von großer Bedeutung, nämlich die (Groß-)Fami-
lie, die Bekannten und die Nachbarschaft als soziales Kapital[230], auf die sie in Notfäl-
len und Überforderungssituationen zurückgreifen können. Sonja Haug schreibt zu
Ressourcen im Kontext auf Migration, dass „persönliche Kontakte zu Freunden, Verwandten und Landsleuten [...] den Migranten (helfen), Arbeitsplätze und Wohnungen zu finden, und soziale Unterstützungen geben. Insofern werden die Kosten der

---

[226] Bisarani, K. 2011, S. 284
[227] Die Ressourcen der Hilfeempfangenden Familien hier speziell als Personen/Haustiere und/oder
als Netzwerke gemeint.
[228] Kreuzer, M. (Hrsg.) (2001): Handlungsmodelle in der Familie. Zwischen Networking und Beziehungsempowerment. 1. Aufl.Neuwied; Kriftel: Luchterhand, S. 88
[229] http://www.bmfsfj.de/doku/Publikationen/spfh/10-Methoden-und-arbeitsansaetze-der-sozial-
paedagogischen-familienhilfe/10-6-ressourcen.html (12.09.2012)
[230]Haug, S. (2007): Soziales Kapital als Ressource im Kontext von Migration und Integration
http://link.springer.com/chapter/10.1007/978-3-531-90458-0_4#page-1 (12.09.2012)

Migration reduziert und der Mangel an ökonomischen Ressourcen wird durch vielfältige, nützliche, soziale Beziehungen ausgeglichen, durch den Selbstverstärkungs-
effekt der sozialen Netzwerke, die mit jedem weiteren Mitglied ausgedehnt und verstärkt werden"[231]. Bisarani jedoch schreibt über die fehlenden Ressourcen der SPFH
Familien: „Aufgrund fehlender Ressourcen, Handlungsfähigkeit und Bewältigungs-
kompetenzen geraten viele Migranten in Problemlagen, die sie ohne die Begleitung
und Unterstützung der vom Jugendamt angebotenen Hilfe zur Erziehung[...]"[232]
nicht bewältigen können.

16. Zu den *Maßnahmen* der Fachkräfte im Zeitraum der Hilfe wurden folgende
Bereiche formuliert:

Maßnahmen:
Therapien:
Sprachtherapie   ☐
Ergotherapie   ☐
Heilpädagogische Förderung   ☐
Haushaltshilfe   ☐
Eltern Stärken Kurs   ☐
Mutter-Kind Kur   ☐
Maßnahme für d. Mutter   ☐
Maßnahme für d. Vater   ☐
Intensivpädagogik   ☐
Schuldnerberatung   ☐

Gruppen:
Krabbelgruppe/Pekip   ☐
Antiaggressionstraining   ☐
Sozialkompetenztraining   ☐
Kinder- und Jugendpsychiatrie   ☐
Tagesgruppe   ☐
Pflegefamilie   ☐
Heimunterbringung   ☐
Pflegedienst   ☐

Sonstiges:
(Abb. 16: Auszug aus dem Erhebungsbogen)

---

[231] Haug, S. (2000): Arbeitspapiere – Mannheimer Zentrum für Europäische Sozialforschung Nr. 30,
S. 21
[232] Bisarani, K. 2011, S. 303

Maßnahmen sind in der Sozialpädagogischen Familienhilfe ein sehr wichtiges Instrument und gehen mittelbar mit den vorhandenen *Ressourcen* der Familien eng einher.

Wolf sagt dazu: „Das besondere Profil sozialpädagogisch legitimierter Ziele wird an der Verringerung von Not und dem Zugang zu bisher unzugänglichen Ressourcen fest gemacht und der Vorstellung von Reparatur und Normalisierung entgegengestellt", und führt weiter aus, dass die Maßnahmen sich an den Lebens- und Entwicklungsbedingungen der Familienmitglieder orientieren sollen und nicht an den *Normalitätsvorstellungen* der Fachkräfte[233].

Ausgehend davon, dass die untersuchten Akten alle abgeschlossenen Hilfen aufwiesen, war immer der Beendigungsgrund der Hilfe unter anderem in Form von Abschlussberichten oder Aktennotizen vermerkt. Deshalb war die letzte Kategorie dieser vorliegenden Untersuchung:

17. Der *Beendigungsgrund,* auch ein wichtiger Bestandteil der Erhebung:

Beendigungsgrund:

Wechsel männlicher SPFH	☐
Wechsel weibliche SPFH	☐
Wechsel anderer Träger	☐
Familie benötigt keine Hilfe mehr	☐
Wechsel der Hilfeform	
Haushaltshilfe	☐
Tagesmutter	☐
begl. Elternschaft	☐
Integrativkraft	☐
gesetzl. Betreuung	☐
Umzug d. Familie in eine andere Stadt	☐
FU	☐
Abbruch	☐

Sonstiges:
(Abb. 17: Auszug aus dem Erhebungsbogen)

---

[233] http://www.bildung.uni-siegen.de/mitarbeiter/wolf/files/download/wissveroeff/familien_als_ adressaten.pdf (02.09.2012)

5.4 Datensammlung

Die Datensammlung war durch die Tatsache, dass die Gesamtheit der erhobenen Familien 200 betrug, umfangreich. Zum Schluss gab es für alle Informationen, die die Familien betrafen, jeweils drei DIN A4 Seiten. Das erinnert an den Ausspruch:

„Ich denke mir, wieviel es nützt; Denn was man schwarz auf weiß besitzt, kann man getrost nach Hause tragen"[234]

In die für jede einzelne Familie angelegten Erhebungsbögen wurden handschriftlich die Informationen zu den einzelnen Kategorien eingetragen, um sie später in die SPSS Tabelle als Datensatz einzugeben. Bei der Datenerfassung wurden im Vorfeld insgesamt 17 Kategorien eingerichtet, die erst einmal alle, sofern sie in den Akten vorzufinden waren, festgehalten wurden. Die Idee war, so viele Informationen wie möglich zu sammeln, um später die Kategorien gut auswerten zu können. Es gab zu den Familien der SPFH eine *Zahlenkolonne*[235] mit insgesamt 7.200 Werten und 800 Werte zu den betreuenden Fachkräften. Alle untersuchten Familienakten wurden später auch elektronisch erfasst, um so einen vollständigen Datensatz zu bekommen. „Die Speicherung der kodierten Daten erfolgt [...] in elektronischen Datenbanken. Meistens werden die Daten in Matrixform angeordnet und dargestellt. [...] Eine Matrix ist die Anordnung von Zahlen in Tabellenform"[236]. Diese Tabelle beinhaltet in den Zeilen alle erfassten Familien in nummerierter Folge und in den Spalten befinden sich die jeweiligen Kategorien. Die Datenmatrix beinhaltet also die numerisch codierten Informationen zu den jeweiligen Kategorien. Zur Aktenführung ist zu sagen, dass sie alle Akten nebst Stammblatt, Genogramm, Erhebungsbogen und Betreuungsvertrag der Stadt Dortmund, Korrespondenzen sowie Briefe und Falldokumentationen, Maßnahmen (von den Fachkräften meist wöchentlich festgehalten) und viele andere Informationen berücksichtigt.

---

[234] Goethe: Faust. Der Tragödie 1. Teil, V.1966f.

[235] Vgl. Kirchhoff, S./Kuhnt, S. u. a. (2010): Der Fragebogen. Datenbasis, Konstruktion und Auswertung. 5. Aufl. VS Verlag für Sozialwissenschaften. GWV Fachverlage GmbH, Wiesbaden

[236] Eid, M./Gollwitzer, M. u. a. 2010, S. 16

Die grafische Aufbereitung der Daten erfolgt in diesem Kapitel in Form eines Kreis-diagramms[237].

1. Erfassung der Stadtteile, aus denen die 200 SPFH Familien kommen

Da der Untersuchungsort Dortmund ist, handelt es sich bei diesem Kreisdiagramm ausschließlich um Stadteile von Dortmund. Von den insgesamt 12 Stadtteilen in Dortmund sind in der vorliegenden Studie 11 Stadteile vertreten. Nämlich folgende Stadtteile: Aplerbeck, Brackel, Eving, Hombruch, Hörde, Huckarde, Innenstadt-Nord, Innenstadt-Ost, Lütgendortmund, Mengede und Scharnhorst. Kodiert wurden die Stadtteile mit Ziffern von 0-10.

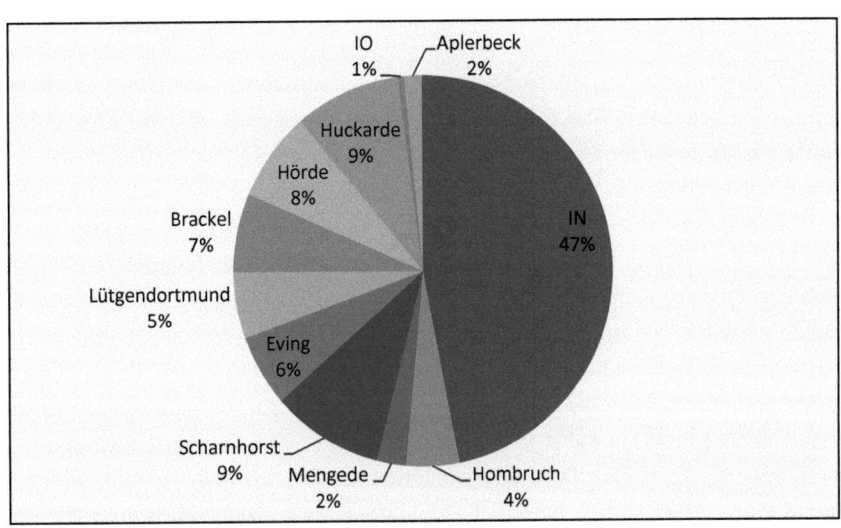

(Abb. 1: SPSS Datenansicht: Stadtteile)

Bei der Verteilung der SPFH Familien auf die Stadtteile wird deutlich, dass der Stadt-teil Innenstadt-Nord mit 47% führend ist. Dem folgen mit 9% die Stadtteile Huckarde und Scharnhorst, dicht gefolgt von Hörde mit 8%. Weitere Stadtteile folgen: 7% in

---

[237] „In einem Kreisdiagramm werden den einzelnen Häufigkeiten eines Datensatzes in einem Kreis Flächen in Form von Kreissegmenten zugeordnet, wobei die Größe der Fläche proportional zur rela-tiven Häufigkeit gewählt wird. [...] Neben oder in den Kreissegmenten (bzw. in einer Legende) wird vermerkt, auf welche Merkmalsausprägungen sich diese beziehen" Burkschat, M./Cramer, E. (2004): Beschreibende Statistik. Grundlegende Methoden. Springer-Verlag, Berlin Heidelberg New York, S. 44

Brackel und 5% in Lütgendortmund. Die Stadtteile Hombruch, Mengede, Aplerbeck und Innenstadt-Ost fallen unter die 5% Marke. Die statistische Bevölkerungsverteilung in diesen Stadtteilen sieht folgendermaßen aus: Die Gesamteinwohnerzahl Dortmunds[238] beträgt insgesamt 576.824 Personen. Somit kann gesagt werden, dass in Dortmund 200 Familien mit insgesamt 843 Personen bei den ausgesuchten Einrichtungen, die die Sozialpädagogische Familienhilfe anbietet, im Erfassungszeitraum 2006-2011 in Kontakt zu der Sozialpädagogischen Familienhilfe standen.

Die Einwohnerzahlen pro Stadtteil variieren zwischen 35.000 bis 55.000 Personen. Der Stadtteil Innenstadt-Nord zählt mit ca. 52.124 Einwohnern zu den Stadtteilen mit vielen Einwohnern und stellt mit 47% der SPFH Familien aus der Studie die größte Gruppe dar. Die vermehrte Ansammlung von 47% betreuter Familien in diesem Stadtteil kann sicherlich multikausal erklärt werden. Dieser Stadtteil ist wie oben schon erwähnt einer mit vielen Einwohnern, außerdem ist der Stadtteil von hoher Arbeitslosigkeit gekennzeichnet und auch der Anteil der Menschen, die im Zuge der Grenzöffnungen nach Deutschland kamen, insbesondere nach Dortmund und vermehrt in die Nordstadt, eine spielt erhebliche Rolle. Auch der Kinderreichtum dieser Familien wäre ein Erklärungsansatz für den gehäuften SPFH Einsatz.

Es folgt eine Tabelle zu den Dortmunder Stadtbezirken:

Stadtbezirk	Einwohnerzahl	Ausländerzahl[1]	Ausländer in %[1]
Aplerbeck	55.476	2.982	5,4
Brackel	53.897	3.280	6,1
Eving	35.953	5.753	16,0

---

[238] http://www.it.nrw.de/statistik/a/daten/amtlichebevoelkerungszahlen/index.html (02.09.2012)
Die Einwohnerzahlen beziehen sich auf den 31. Dezember 2009 (Hauptwohnsitze).
Bei Beendigung der vorliegenden Dissertation zeigten sich die Einwohnerzahlentwicklung in Dortmund nach dem Stand vom 31.12.2012 für die jeweiligen Stadtteile wie folgt: Aplerbeck: 54.902, Brackel: 54.146, Eving: 36.168, Hombruch: 56.242, Hörde: 56.242, Huckarde: 35.678, Innenstadt-Nord: 53.164, Innenstadt-Ost: 53.690, Innenstadt-West: 51.522, Lütgendortmund: 47.883, Mengede: 38.115 und Scharnhorst mit 44.208 Einwohnern. Die Gesamteinwohnerzahl Dortmunds betrug im Jahre 2012 579.012. (Ruhr-Nachrichten vom 14.05.2013)

Stadtbe-zirk	Einwohner-zahl	Ausländer-zahl[1]	Ausländer in %[1]
Hombruch	55.917	4.099	7,3
Hörde	53.029	5.377	10,1
Huckarde	36.221	4.142	11,4
Innenstadt-Nord	52.124	21.046	40,4
Innenstadt-Ost	52.882	5.776	10,9
Innenstadt-West	51.490	7.718	15,0
Lütgendort-mund	47.659	3.512	7,4
Mengede	37.549	3.968	10,6
Scharnhorst	44.627	4.396	9,9
Dortmund	**576.824**	**72.049**	**12,5**

[1] Als Ausländer gelten laut dem Amt für Statistik und Wahlen der Stadt Dortmund Personen, die unabhängig vom Migrationshintergrund nicht die deutsche Staatsbürgerschaft besitzen[239].

Aus der Tabelle ist zu entnehmen, dass der höchste Migrantenanteil mit 40,4 % in der Innenstadt-Nord, der niedrigste mit 5,4 % in Aplerbeck liegt.

---

[239] http://www.dortmund.de/media/downloads/pdf/statistik/bevoelkerung/Auslaender_n_staats-angehoerigkeit.pdf (12.11.2012)

2. Erfassung der Kinderanzahl der Familien

Die Anzahl der Kinder wurde bei einem Kind bis fünf Kindern einzeln, bei mehr als fünf Kindern (>5) zusammen erfasst. Unter den Kindern befinden sich alle zu der betreffenden Familie gehörenden Geschwisterkinder, die innerfamiliär oder außerhalb der Familie leben. Auch außereheliche Kinder und Halbgeschwister sind bei der Anzahl mitberücksichtigt, d. h. sie sind den im Haushalt lebenden Kindern zugerechnet worden. Im offiziellen Erhebungsbogen sind diese Informationen nicht immer angeführt; aber in den Akten der Familien werden sie von den jeweiligen Fachkräften in Form von Genogrammen und Falldokumentationen aufgezeichnet und festgehalten[240].

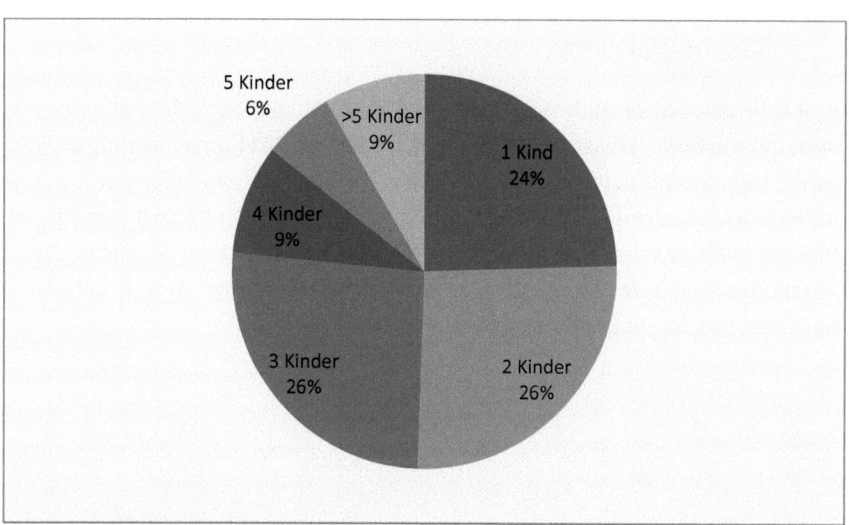

(Abb. 2: SPSS Datenansicht: Kinderanzahl)

---

[240] „Das Genogramm ist eine grafische Darstellung von biologischen und juristischen Informationen über ein Familiensystem:
1. Grundlegende Fakten, z. B. Zugehörigkeit, Geburtsdaten, Vermählungen, Todesfälle
2. Tot geborene und abgetriebene Kinder gehören unbedingt in ein Genogramm, ebenso ausgestossene (sic!)/abgeschobene Personen, schwere Krankheiten,
3. Kinder aus früheren Beziehungen (inklusive tot geborene oder abgetriebene)
4. Weitere Infos über einzelne Familienmitglieder und deren Beziehungsmuster" http://www.2hintermann.ch/dokus/genogramm2008.pdf (15.12.2012)

Das Kreisdiagramm zeigt eine gleichmäßige Verteilung der Familien mit einem, zwei und drei Kindern. Fünf Kinder haben 6% der Familien und je 9% machen die Familien mit vier- und mehr als fünf Kindern aus. Bei den in dieser Studie untersuchten Familien liegt die durchschnittliche Kinderanzahl bei 2,77 Kindern pro Familie (Standardabweichung[241]: 1,635). Bundesweit liegt „die durchschnittliche Zahl der Kinder unter 18 Jahren (je Familie mit mindestens einem minderjährigen Kind) [...] bei Ehepaaren 1,69, bei Lebensgemeinschaften 1,41 und bei den Alleinerziehenden 1,39"[242]. Die Familien in dieser Studie haben mehr Kinder als der bundesdeutsche Durchschnitt und sind mit Aussagen in Fachbüchern über die Sozialpädagogische Familienhilfe konform; nämlich die, dass die Ambulante Erzieherische Hilfe die SPFH überwiegend in kinderreichen Familien tätig ist.

3. Index Patient (IP[243])

Bei der Installation der Hilfe richtet sich der Hauptfokus auf den *Index Patienten bzw. die Index Patientin*. Dieser ist im Erhebungs- oder seit 2011 umbenannt in DAB-Bogen[244] separat und ausführlich beschrieben. Die einzelnen Auffälligkeiten und die Hilfebedarfe werden im Erhebungsbogen dargestellt und die Maßnahmen, die seitens der SPFH eingeleitet werden, gehen mit der Entwicklung des IPs einher. Da die Anzahl der IPs mit der Anzahl der 200 Familien übereinstimmt, war es aufschlussreich, das Geschlecht der IPs zu erfassen.

---

[241] Standardabweichung: „Die Standardabweichung ist ein Maß für die Streubreite der Werte eines Merkmals rund um dessen Mittelwert (arithmetisches Mittel). Vereinfacht gesagt, ist die Standardabweichung die durchschnittliche Entfernung aller gemessenen Ausprägungen eines Merkmals vom Durchschnitt"
http://de.statista.com/statistik/lexikon/definition/126/standardabweichung/ (15.12.2012)
[242] http://www.bpb.de/nachschlagen/zahlen-und-fakten/soziale-situation-in-deutschland/61597/ haushalte-nach-zahl-der-kinder (02.09.2012)
[243] Index Patient: Symptomträger, das Kind, welches aufgrund seiner Auffälligkeit als Hilfeempfänger vom Jugendhilfedienst gesehen wird.
[244] DAB: Diagnoseabschlussbogen

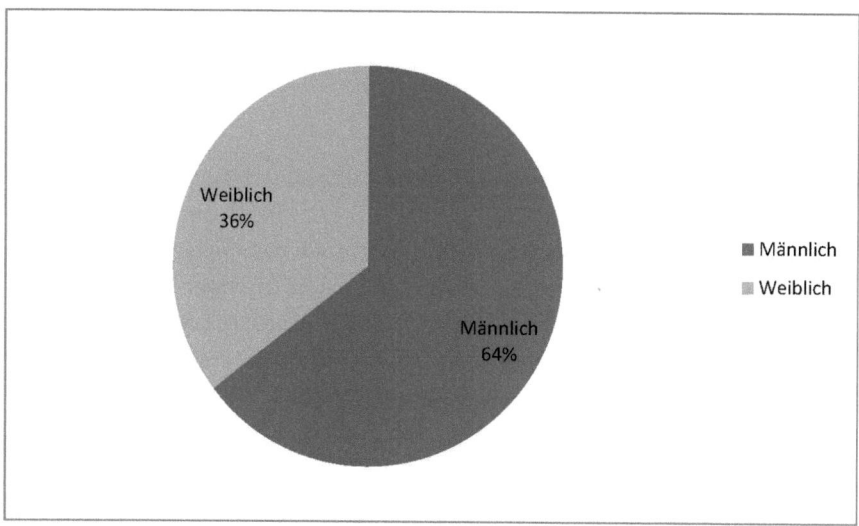

(Abb. 3: SPSS Datenansicht: Index Patient)

Das Schaubild zeigt ein eindeutiges Ergebnis. Die männlichen IPs treten fast doppelt so häufig in Erscheinung, als die weiblichen IPs. Das heißt, dass in allen untersuchten 200 Familien Söhne von 0-18 Jahren doppelt so häufig auffällig werden (64%) wie die gleichaltrigen Töchter in den Familien (36%). Die Bereiche der Auffälligkeiten wurden ebenfalls festgehalten. Hierzu ist zu sagen, dass aufgrund der häufig fehlenden Ausführungen über die Auffälligkeiten nur eine Tendenz der erfassten Fälle gegeben werden kann. Mehrheitlich zeigt sich bei den erfassten Kindern eine Entwicklungsverzögerung; das heißt, sie sind nicht altersadäquat entwickelt und werden somit beim Kinderarzt, im Kindergarten oder in der Grundschule auffällig. Weiterhin hat eine große Mehrheit der Kinder- und Jugendlichen psychische Probleme und zeigt diese in ihrem sozialen Umfeld in Form einer Verhaltensauffälligkeit. Bei etwas älteren Jugendlichen sind diese vor allem im Bereich der Gewalt und des Schulverweigerns vorzufinden. Hierbei ist es wichtig zu erwähnen, dass das *Bekanntwerden* der Familien beim Jugendamt in erster Linie mittelbar mit dem auffälligen Verhalten des IPs oder manchmal auch der anderen Familienmitglieder zu tun hat. Die Maßnahmen, die während des Hilfeverlaufs ergriffen werden, passen unter Umständen scheinbar nicht zu der anfangs gestellten Diagnose. Dies beruht auf der Tatsache, dass sich die eigentlichen Ursachen, die hinter den Verhaltensauffälligkeiten der IPs beim Bekanntwerden stecken, erst in der Zusammenarbeit der Fachkräfte mit den Familien an anderen Stellen bemerkbar machen.

4. Herkunft der Familien

Die vielfältigsten Antworten wurden in dieser Kategorie erfasst. Das *Sozialmagazin* titelt in seiner April-Ausgabe (2012) „Vielfalt – ist das wirklich der Normalfall?" Das hört sich fast so an, als würde diese erfasste Kategorie beschrieben. Es wird festgestellt, dass Vielfalt zu modernen Einwanderungsgesellschaften gehöre. Aus einer anderen Kultur zu kommen, anders auszusehen und eine andere Sprache zu sprechen als andere Menschen gehöre zur Normalität. Auch sei dies alles kennzeichnend für moderne Gesellschaften[245]. Diese Aussage erleichtert der Wissenschaftlerin die Arbeit erheblich. In der vorliegenden Untersuchung tauchen in der Kategorie Herkunft insgesamt 24 verschiedene Herkunftsländer auf, unabhängig welchen Pass die Familien besitzen. Manchmal stimmt die Herkunft mit der offiziellen Staatsbürgerschaft überein, aber oftmals auch nicht, da die in Deutschland geborenen oder aufgewachsenen Menschen die deutsche Staatsbürgerschaft[246] besitzen und somit auf den ersten Blick nicht ersichtlich ist, aus welchem Kulturkreis sie oder ihre Vorfahren stammen. Somit wird diese Kategorie offiziell nirgendwo genau erfasst. Sie wurde von den Fachkräften in Gesprächen mit den Familien erfahren und verschriftlicht. Eine Familie mit offiziell deutscher Nationalität war zum Beispiel für die SozialarbeiterIn türkisch, aber im gemeinsamen Gespräch (in der Akte in Form von Notizen der Fachkraft) wurde deutlich, dass die Familie aus der Osttürkei kam und kurdischer Herkunft war und möglicherweise kein Wort Türkisch und/oder Deutsch spricht.

Die Kodierung der Herkunftsländer wurde mit folgenden Ziffern festgelegt: 0-23.

Herkunft	Anzahl
Deutsch	39,5
Türkisch	27
Marokkanisch	10,5

---

[245] Sozialmagazin April 2012, S. 3

[246] „Das Staatsangehörigkeitsrecht bis 2000 galt in Deutschland ausschließlich das Abstammungsprinzip. Ein Kind wurde mit Geburt deutsch, wenn mindestens ein Elternteil deutsch war. Seit dem 1. Januar 2000 erwerben unter bestimmten Voraussetzungen auch Kinder, die nicht deutscher Abstammung (sic!) sind die deutsche Staatsangehörigkeit mit Geburt. Für Ausländer, die dauerhaft in Deutschland leben, besteht in vielen Fällen die Möglichkeit, sich einbürgern zu lassen" http://www.bundesregierung.de/Content/DE/StatischeSeiten/Breg/IB/das-staatsbuergerschafts-recht.html (06.10.2012)

Kurdisch	unter 5%
Russisch	"
Arabisch	"
Ghanaisch	"
Syrisch	"
Polnisch	"
Albanisch	"
Tschechisch	"
Jordanisch	"
Italienisch	"
Mazedonisch	"
Nigerianisch	"
Afghanisch	"
Tunesisch	"
Indisch	"
Kroatisch	"
Libanesisch	"
Iranisch	"
Afrikanisch	"
Algerisch	"
Englisch	"

(Abb. 4: SPSS Datenansicht: Herkunft)

Um dem Datenschutz gerecht zu werden, wurden alle sich in der Studie befindenden Familien mit einer Nationalität unter 5% nicht mit Zahlen aufgeführt. Die Zeitung Fast ein Drittel aller Kinder in Deutschland (31%) hat einen Migrationshintergrund. Das geht aus einer Statistik des Mikrozensus hervor, die das Statistische Bundesamt (Destatis) zum Weltkindertag vorgestellt hat. In Großstädten mit mindestens 500.000 Einwohnern kommt sogar fast jedes zweite Kind (46%) aus einer Familie mit nicht-deutschen Wurzeln. In Kommunen mit weniger als 5000 Einwohnern liegt der Anteil nur bei knapp 13 Prozent. Zwei Drittel der betroffenen Personen sind aktiv zugewandert, ein Drittel von ihnen ist in Deutschland geboren. Die Mehrheit der Menschen mit nicht-deutschen Wurzeln hat einen deutschen Pass (8,6 Millionen). Nur 7,1 Millionen sind nicht gebürtig deutsch. Diese Studie zeigt deutlich, dass Deutschland ist ein Einwanderungsland ist.

Statistisch gesehen ist Deutschland schon lange ein Einwanderungsland. Die Annahme dieser Tatsache und der adäquate Umgang damit wird wahrscheinlich noch einige Zeit in Anspruch nehmen. Auch in der Dissertationsstudie macht sich diese Vielfalt der ursprünglichen Herkunft der Familien bemerkbar. Etwa 60% der SPFH Familien weisen einen Migrationshintergrund auf. Den größten Teil der berücksichtigten Familien in dieser Studie macht die Gruppe der Deutschen mit 39,5% aus, gefolgt von 27% türkischstämmigen Familien und mit 10,5% marokkanischstämmigen Familien. Die kurdischstämmigen Familien sind gemeinsam mit den russischen Familien mit 3,5% vertreten. Die Herkunftsländer der restlichen 20 Familien sind mit einem Prozent oder noch weniger vertreten. Angesichts der Tatsache, dass so viele Ethnien in der aktuellen Studie vertreten sind, ist die Befürchtung, dass sich die Arbeit der SPFH schwierig gestaltet, nicht fern. Gaitanides schreibt, dass „[...] durch Zuwanderung [...] die Diversifizierung moralischer Milieus noch einmal verstärkt und in ihrer Komplexität gesteigert (wird). Die normativen Aspekte unterschiedlicher Lebensführungsmodelle tangieren die öffentlich finanzierten und beauftragten pädagogischen und sozialen Einrichtungen [...], da es bei personenbezogenen sozialen Dienstleistungen immer auch um wertgebunden Wahrnehmungs-, Deutungs- und Verhaltensmuster geht"[247]. Er verweist in seiner weiteren Abhandlung auf die „weltweite Verbreitung der „Goldenen Regel" und die Ethik des Mitgefühls, dass es so etwas wie ein „Weltethos[248]" gibt, und zitiert: „Dieses Universalprinzip der Normfindung existiert in den meisten Religionen (u. a. Konfuzius: „Was du selbst nicht wünschst, das tue auch nicht anderen Menschen an." Gespräche 15, 23/Jesus: „Alles, was ihr wollt, dass euch die Menschen tun, das tut auch ihr ihnen ebenso." Mat. 7, 12/Islam: „Keiner von euch ist ein Gläubiger, solange er nicht seinem Bruder wünscht, was er sich selbst wünscht"[249]. Vor allem im Rahmen der interkulturellen Öffnung und der kultursensiblen Sozialarbeit scheinen diese ethischen Postulate von großer Bedeutung.

---

[247] Gaitanides, S. 2012, In: Migration und soziale Arbeit , S. 109
[248] Vgl. Küng, H. 1993
[249] Gaitanides: zitiert nach Küng/Kuschel 1993, S. 82 (40 Hadithe von an-Nawawi: 13)

5. Die Gruppierung der Herkunftsländer

Die ursprüngliche Herkunft der Familien wurde in Gruppen zusammengefasst, außer der von deutschstämmigen Familien und türkisch-[250]bzw. kurdischstämmigen Familien[251]. Eingeteilt wurden die anderen Herkunftsländer in die Gruppen: Osteuropa, Asien, Afrika und Sonstige. Unter Osteuropa wurden die Länder Polen, Tschechien und Russland zusammengefasst. Unter Asien wurden die Länder Afghanistan, Indien, Iran, Jordanien, Syrien, Arabien und Libanon gefasst. Unter die afrikanischen Länder wurden Ghana, Marokko, Nigeria, Tunesien und Algerien zusammengefasst. Aufgrund ihres geringen Auftretens wurden Länder wie Albanien, Mazedonien, Kroatien, Italien oder England, unter der Kategorie *Sonstige* erfasst. Diese Gruppierungen waren im Rahmen des Datenschutzes notwendig, da es zum Beispiel aus der Grundgesamtheit der Familien immer wieder Fälle gab, die über den Untersuchungszeitraum von fünf Jahren, in einem bestimmten Stadtteil, aus einem bestimmten Land vertreten waren. Um diese Familien unkenntlich zu machen, war die Gruppierung in verschiedene Kategorien notwendig.

Die Zusammenfassung der Länder in Gruppen ist folgendermaßen:

A=Deutschland, B=Türkei, C=Osteuropa, D=Asien, E=Afrika und F=Sonstige

---

[250] Diese zwei Herkunftsländer werden im 6. Kapitel detailliert verglichen, deshalb werden sie nicht in andere Gruppen eingebettet.

[251] Die kurdischen Familien mit türkischem Pass wurden in dieser Studie mit den türkischen Familien zusammenerfasst, da es keine kurdische Staatsangehörigkeit gibt und die meisten Kurden türkischer, iranischer, irakischer, syrischer oder auch mittlerweile deutscher Staatsangehörige sind.

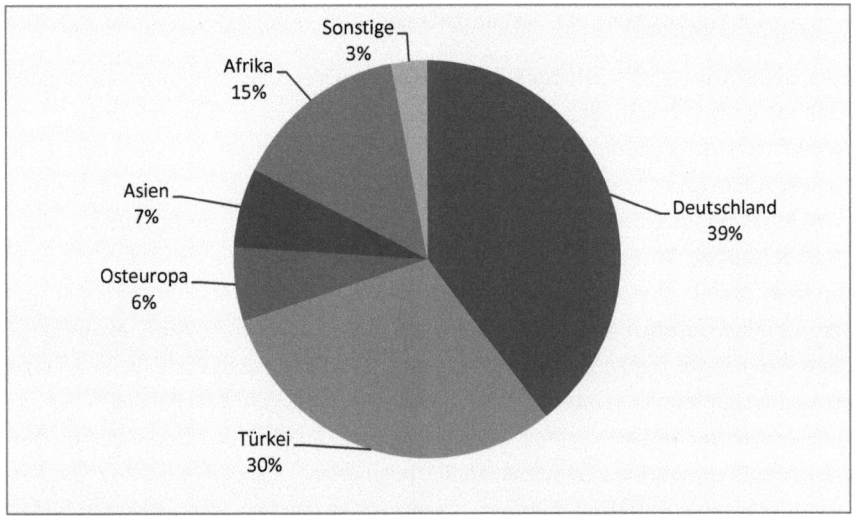

(Abb. 5: SPSS Datenansicht: Gruppierung der Herkunftsländer)

So folgt ein Ergebnis, dass in der SPFH ca. 40% der Familien aus Deutschland und 30% aus der Türkei stammen. Die Kontinente Afrika sind mit 15%, Asien mit 7% vertreten und Osteuropa mit 6% vertreten. Sonstige Länder sind mit 3% vertreten. Außergewöhnlich ist die Anzahl afrikanischer Menschen. Sie sind mit 15% die größte Gruppe, die nach den zwei großen Gruppen aus Deutschland und der Türkei vertreten sind. Erwähnenswert ist mit 6% die kleinste Gruppe der SPFH Familien, nämlich die, die aus Osteuropa stammen.

6. Staatsbürgerschaft der Familien

Die Kategorie *Staatsbürgerschaft* ist insofern beachtenswert, als dass sie diesen Menschen ermöglicht, neben dem Zugang zu allen sozialen Leistungen des deutschen Staates auch das Recht gibt, am politischen Leben (sowohl zu wählen als auch gewählt werden zu können) mitzuwirken. Es ist eine Frage der „Gewährung bzw. Verwehrung von Rechten, der Besitz von Staatsbürgerschaft wird zum Privileg"[252]. Da in Deutschland der Zugang zur Einbürgerung sehr erschwert ist und eine doppelte Staatsbürgerschaft bei der überwiegenden Mehrheit der Migranten in Deutschland nicht möglich ist, finden viele Menschen den Weg zur deutschen Staatsbürgerschaft

---

[252] Migration und Soziale Arbeit, Mai 2012, S. 130

nicht. Wahrscheinlich wäre es aber im Interesse der Bundesrepublik Deutschland, wenn die betroffenen Menschen, die ihren Lebensmittelpunkt in Deutschland haben, hinsichtlich der politischen und sozialen Belange im Aufnahmeland auch zur Verantwortung gezogen würden und im Gegenzug auch alle Rechte eines vollwertigen Mitgliedes der Gesellschaft bekämen. Laut Aussage des Minas Atlas[253] belegen die ehemaligen türkischen Staatsangehörigen in den letzten zehn Jahren bei den Einbürgerungen den ersten Platz. Denn im Jahre 2009 hatte bundesweit jeder dritte Eingebürgerte (468.780 Personen; 35,2 %) zuvor den türkischen Pass. In der vorliegenden Studie ist die Staatsbürgerschaft der einzelnen Familien im Erhebungsbogen festgehalten, und zwar in „Teil A- Erhebungsbogen" des offiziellen Erhebungsbogens[254] der Stadt Dortmund unter der Formulierung:

-       Daten zur Person des/der Minderjährigen (IP)

-       Angaben zur rechtlichen Stellung und Familie des/der Minderjährigen.

Staatsbürgerschaft	*Anzahl*
Deutsch	*64,5*
Türkisch	*23*
Marokkanisch	*8*
Algerisch	*>5*
Ghanaisch	*"*
Albanisch	*"*
Mazedonisch	*"*
Polnisch	*"*
Syrisch	*"*
Tschechisch	*"*

(Abb. 6: SPSS Datenansicht: Staatsbürgerschaft)

Die Feststellung der Staatsbürgerschaft der Familien zeigt, dass die Anzahl der ursprünglichen Herkunft der Familien (siehe: 3.) um einiges geringer geworden ist. Die Anzahl der Immigranten aus den 24 Herkunftsländern hat sich im Rahmen der Staatsbürgerschaft halbiert. Bei der Erfassung der Nationalitäten stehen Deutsch-

---

[253] http://www.bamf.de/SharedDocs/Anlagen/DE/Publikationen/Migrationsatlas/migrationsatlas-2011-05.pdf?__blob=publicationFile (10.12.2012)
[254] Der Erhebungsbogen der Stadt Dortmund: siehe Anhang

land, die Türkei und Marokko an der Spitze. Diese Zahlen untermauern die oben aufgeführten Daten, dass die größte eingebürgerte Gruppe die türkischstämmigen Menschen sind.

7. Familienstand

Der Familienstand ist ausgehend von Eltern- und Einelternteilfamilie[255] in drei mögliche Kategorien eingeteilt. Zum einen „Mutter"; das heißt die betreute SPFH Familie besteht aus einer alleinerziehenden Mutter mit Kind/Kindern. Zum anderen „Vater"; das bedeutet, dass die Familie aus einem alleinerziehenden Vater mit Kind/Kindern besteht. Oder aber „beide"; das heißt, Mutter und Vater leben zusammen mit Kind/den Kindern. Kodiert wurden die Ergebnisse in Form von Ziffern 0-2.

Für Mutter = 0, für Vater = 1 und für beide = 2

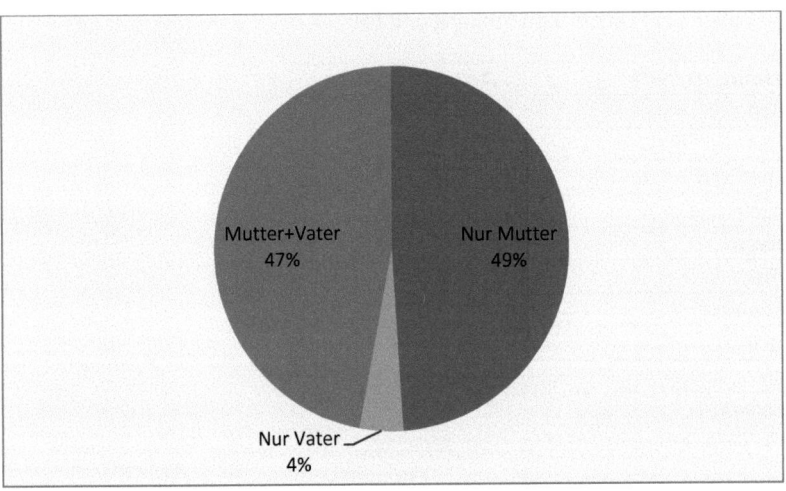

(Abb. 7: SPSS Datenansicht: Familienstand)

---

[255] Alleinerziehende Eltern: „Diese Familienform wurde lange Zeit in der Familiensoziologie mit „unvollständiger Familie" bezeichnet. Gegen den Begriff „unvollständige Familie" wird in der Literatur eingewendet, dass hiermit eine normative Sichtweise verbunden wäre. Denn die Differenzierung von Familie in „vollständige" und „unvollständige" Familie lässt nur die vollständige Familienform als das „Normalitätsmuster" erscheinen"(Nave-Herz, R. 2007, S. 94).

Das Kreisdiagramm zeigt eine gleichmäßige Verteilung von zwei der anhand von den 200 Akten erfassten drei familialen Lebensformen: Die mit Mutter und Vater lebenden Kind/Kinder und alleinerziehenden[256] Mütter mit Kind/Kinder machen zu gleichen Teilen jeweils die Hälfte der untersuchten Familien aus. Einen geringen Anteil von 4% belegen die alleinerziehenden Väter. Der Vergleich mit den Zahlen vom Statistischen Bundesamt zeigt deutliche Parallelen zu der vorliegenden Studie. „Inzwischen ist jede fünfte Familie in Deutschland alleinerziehend. [...]Neun von zehn Alleinerziehenden sind Frauen (1,4 Millionen Mütter, 154. 000 Väter)[257]". Die Frage nach gleichgeschlechtlichen Paaren mit Kindern erübrigt sich in diesem Fall, da sich in den Akten diese familiale Form nicht vorfand.

8. Der Betreuungszeitraum in Monaten

Der Zeitraum der Betreuung ist in Monaten (von 1-40 Monate) erfasst worden und zum Schluss in Zeiträume eingeteilt. Diese Einteilung sieht folgendermaßen aus:

0-6 Monate, 7-12 Monate, 13-18 Monate, 19-24 Monate, 25-30 Monate und >30 Monate

---

[256] Die Alleinerziehenden werden in dieser Studie genauso definiert, wie im Mikrozensus (2009): „Zu den Alleinerziehenden zählen in der vorliegenden Publikation alle Mütter und Väter, die ohne Ehe oder Lebenspartner mit mindestens einem ledigen Kind unter 18 Jahren in einem Haushalt zusammen leben. Unerheblich ist dabei, wer im juristischen Sinn für das Kind sorgeberechtigt ist. Im Vordergrund steht im Mikrozensus vielmehr der aktuelle und alltägliche Lebens- und Haushaltszusammenhang. Aus diesem Grund wird auch nicht zwischen leiblichen, Stief-, Pflege- und Adoptivkindern unterschieden".

[257] https://www.destatis.de/DE/PresseService/Presse/Pressekonferenzen/2010/Alleinerziehende/ pressebroschuere_Alleinerziehende2009.pdf?__blob=publicationFile (06.10.2012)

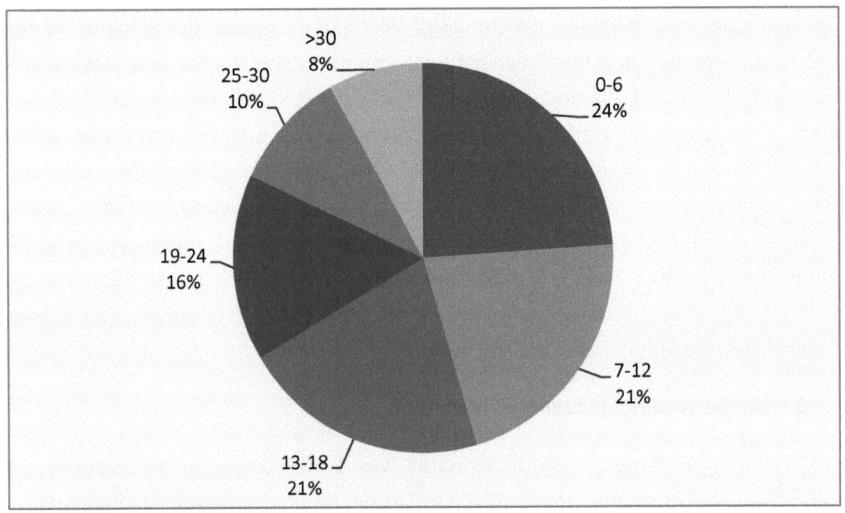

(Abb. 8: SPSS Datenansicht: Betreuungszeitraum)

„Die meisten Familienhilfen (aus dem Jahre 1994), etwa die Hälfte, dauern ein bis zwei Jahre lang (54,4%); insgesamt sind 72,4% der Familien mit nur einem Jahr Dauer angegeben"[258]. Familienhilfen, die bis drei Jahre dauern, sind mit 7,2% erfasst und länger als drei Jahre mit 1,4%. Zur Betreuungsdauer der Familien in der SPFH aus dem Jahre 2007 gibt es Erhebungen, die besagen, dass die durchschnittliche Betreuungsdauer der Sozialpädagogischen Familienhilfe in Deutschland insgesamt 15 Monate betrug[259]. Die Dissertationsstudie zeigt ähnliche Zeiten zu den Hilfeverläufen. Die durchschnittliche Betreuungsdauer in Monaten beträgt in dieser Studie 15,78 Monate und liegt etwa im bundesdeutschen Durchschnitt. Die Zeitverläufe sagen aber nichts über die Wirksamkeit der Hilfe aus.

---

[258] Blüml/Helming 1999, S. 310
[259] https://www.destatis.de/DE/PresseService/Presse/Pressekonferenzen/2010/Alleinerziehende/
pressebroschuere_Alleinerziehende2009.pdf?__blob=publicationFile (06.10.2012)

9. Fachleistungsstunden in der Woche

Die Fachkräfte bekommen mit dem Auftrag und somit dem Beginn der Familienhilfe zunächst eine auf eine bestimmte Anzahl von Stunden[260] begrenzte Zeit in der Woche. Diese sind je nach Familie und Hilfebedarf sehr unterschiedlich, sie können von 2 Stunden pro Woche bis zu 20 Stunden betragen. In der vorliegenden Untersuchung wurden die Stunden als tatsächliche Zahlen, die bewilligt worden sind, erfasst. Der Begriff der Fachleistungsstunde ist bundeseinheitlich nicht verbindlich definiert. So werden je nach Stadt Vereinbarungen mit dem dortigen Jugendamt getroffen. Generell wird unter Fachleistungsstunden in der Regel die Zeiteinheit verstanden, die direkt mit den Klientinnen und Klienten verbracht wird, d. h. der face-to-face Kontakt. Alle anderen die Familien betreffenden Zeiten werden je nach Jugendamt unterschiedlich gehandhabt, wie zum Beispiel die Fahrtzeiten und Falldokumentationen, Hilfeplangespräche oder Fehlkontakte[261].

Mittelwert	n	Standardabweichung
5,94	200	1,8

(Abb. 9: SPSS Datenansicht: Fachleistungsstunden)

Die 200 untersuchten Familien wurden im Durchschnitt des Betreuungszeitraumes 5,94 Stunden in der Woche von den Fachkräften betreut. In der Praxis sind 6 Stunden pro Woche pro-Familien üblich, darum stellt dieser Durchschnittswert, der aus der

---

[260] Fachleistungsstunden: „Flexible Erziehungshilfe als sozialpädagogische Fachleistungsstunden, ambulante, familienergänzende Hilfen für junge Menschen und / oder Familien in besonderen Problemlagen" http://www.neukirchener.de/Material/Ambulante_Hilfe/Leistungsbeschreibungen/A.1.SozialpdagogischeFLST.pdf (02.09.2012)

[261] Generell gelten für die Fachleistungsstundensätze folgendes: „Als fachspezifische Aktivitäten gelten: Praxisberatung und -anleitung, Supervision , Teamsitzungen, Pädagogische (Gesamt)Konferenzen, Planungs- und Grundsatzarbeiten für die Einrichtung oder das Unternehmen, Arbeitsgemeinschaften und Facharbeitskreise .Als fallspezifische Aktivitäten gelten: Hilfeplankonferenzen, Kontakte zu Behörden und Institutionen, Einzelfallsupervision, Dokumentation und Berichtswesen, fehlgeschlagene Kontakte, Wartezeiten, Überbrückungszeiten, Fahrt- und Wegzeiten, soweit nicht anders vereinbart" http://www.menteo.de/page2/page7/page7.html (16.12.2012).

Studie hervorgeht, keine Überraschung dar. Die durchschnittlichen Leistungsstunden pro Fall liegen im bundesdeutschen Durchschnitt ebenfalls bei 6 Stunden[262].

10. Kontrollauftrag

Der Kontrollauftrag als solcher, wie er in der Praxis umgesetzt wird, wird immer wieder kritisiert. Da „[...] der strukturelle Widerspruch zwischen Kontroll- und Hilfeauftrag [...]zu groß" ist. „Die Notwendigkeit, zwischen dem Wächteramt des Staates und der Hilfeleistung eine Grenze zu ziehen, bildet wohl die größte Trennlinie zwischen ASD und SPFH"[263]. Das bedeutet aber auch „[...] z. B., daß (sic!) FamilienhelferInnen noch leichter den offenen oder latenten Druck des Jugendamtes an die Familien weitergeben, unreflektiert Kontrollaufträge des Jugendamtes übernehmen, Datenschutz nicht einhalten usw."[264]. Für die Fachkräfte in der SPFH ist „der Aspekt des Datenschutzes [...] deshalb von zentraler Bedeutung, weil die sozialpädagogische Familienhilfe so dicht wie kaum ein anderer sozialer Dienst in den Intimbereich der Familie hineindringt"[265]. Auch der Achte Jugendbericht stellt fest, so Jordan: „ Angesichts der Intimität von Familie ist elementare Voraussetzung für die Arbeit die Trennung gegenüber allen hoheitlichen Aufgaben und damit gegebenen Kontrollmöglichkeiten. Auch da, wo Familienhilfe nicht (wie es vielfältig unterstützt wird) in eigenen Vereinen angesiedelt ist, sind Pflicht und Recht zur Verschwiegenheit der Familienhelferin dem Amt gegenüber unverzichtbar. Berichtspflicht an das Amt ist mit dem Arbeitsarrangement von Familienhilfe nicht vereinbar"[266]. Und trotzdem arbeiten Sozialpädagogische Familienhelferinnen und Helfer alltäglich mit diesem Dilemma bzw. der Ambivalenz weiter. Der Punkt des Kontrollauftrags scheint immer noch Klärungsbedarf zu haben.

---

[262] http://www.destatis.de/jetspeed/portal/cms/Sites/destatis/Internet/DE/Content/Publikationen/ Querschnittsveroeffentlichungen/WirtschaftStatistik/Sozialleistungen/Erzieherisch-eHilfe042010,property=file.pdf (24.12.2011)

[263] Blüml, H./Helming, E. 1999, S. 43

[264] http://www.bmfsfj.de/doku/Publikationen/spfh/5-Arbeitsbereiche-und-fragen-der-qualifikation/ 5-4-professionalisierung-der-spfh-entwicklungen,seite%3D3.html (03.09.2012)

[265] Jordan, E. 2005, S. 180

[266] Jordan, E. 2005, S. 181 (zitiert aus BMJFG 1990, S. 140)

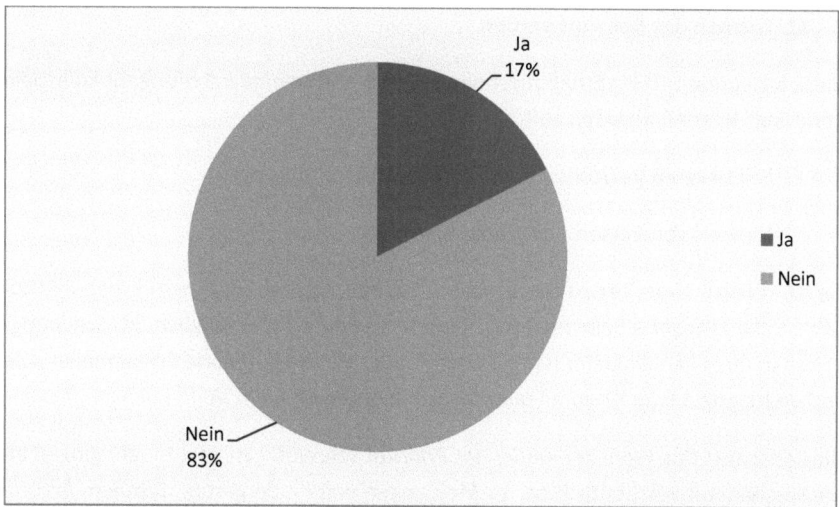

(Abb.10: SPSS Datenansicht: Kontrollauftrag)

Etwa 17% der Fälle aus der Untersuchungsgruppe hatten den Vermerk *Kontrollauftrag*. Dieser wurde vermehrt den Familien mit Babys und Kleinkindern auferlegt, in Kombination mit Gewalt-, Missbrauchs- und Suchtproblematik und/oder psychischer Erkrankung eines oder beider Elternteile. „Nicht selten hat erst ein mehr oder minder deutlicher Druck von außen (drohende Eingriffe, Fremdplatzierungen oder anderweitig nicht erfüllter Wunsch nach Rückführung von Kindern) die Familien zur Akzeptanz dieses Angebots veranlasst"[267]. Der größte Teil der Familien (83%) sind scheinbar auf freiwilliger Basis und nicht unter Zwangskontexten in Kontakt zur SPFH. Das Arbeiten in Zwangskontexten ist für beide Seiten sowohl für die Familien als auch für die Fachkräfte extrem schwierig und bedarf seitens der Fachkräfte sehr viel Professionalität und Einfühlungsvermögen. Seitens der Adressatinnen bzw. Adressaten und da speziell bei den Eltern kann, bei hoher Motivation die Minderjährige/n im Haushalt zu behalten, durchaus ein gutes Arbeitsfundament geschaffen werden. Hierbei ist viel Transparenz und Klarheit wichtig. Der berühmte Satz von Conen „Wie können wir Ihnen helfen, uns wieder loszuwerden?[268]" ist eine Möglichkeit mit der Familie ehrlich umzugehen.

---

[267] Jordan, E. 2005, S. 179
[268] Zeitschrift für systemische Therapie (1996): Conen, S. 178

11. Formen des Bekanntwerden

Diese Kategorie tritt im Erhebungsbogen „Teil B – Problemdarstellung für kollegiale Beratung" folgendermaßen auf:

- Fall bekannt geworden durch (Problembeschreibung)

- Hinweis von Person und / oder Institution

Sie ist in Form eines Textes nachzulesen. Ein Beispielzitat aus einem Erhebungsbogen für die Kategorie Selbstmelder: „Frau XY meldete sich bezüglich der Schwierigkeiten in ihrer Familie beim Jugendamt[269]" oder für die Kategorie Frauenhaus: „Die Sozialpädagogin Frau XY vom Frauenhaus meldete sich beim JA"[270].

Die Zeitschrift *Das Wohl der Kinder hat Priorität* schreibt: „Im letzten Jahr gingen im Kreisjugendamt wöchentlich ca. 15 Meldungen von Kindergärten, Schulen, Ärzten, Polizei, Nachbarn und Familienmitgliedern ein, die auf eine Gefährdung eines Kindes hindeuteten"[271]. Der Zugang zum Jugendamt und die Wege sind sehr vielfältig. Die untersuchten Akten lieferten insgesamt 17 Wege bzw. Möglichkeiten[272], durch welche Personen, Familien und/oder Institutionen den Weg zum Jugendamt[273] und somit zu der ihnen geeigneten Hilfeform SPFH finden oder sie durch das Jugendamt gefunden werden. Es reicht, wie oben im Zitat erwähnt, von Selbstmeldern, über die Verwandtschaft und Nachbarschaft bis hin zu Vereinen und städtischen Einrichtungen, wie Beratungsstellen, Schulen und Krankenhäusern. Die Stufen der Freiwilligkeit oder Unfreiwilligkeit in Bezug auf den Erstkontakt zum Jugendamt werden folgendermaßen differenziert: Während bei Selbstmeldern und von Familienmitgliedern, die Meldung machen, von primärer Freiwilligkeit die Rede ist, handelt es sich bei Meldungen von Nachbarn und Institutionen wie Kindergarten oder Schule um eine sekundäre Freiwilligkeit. Die tertiäre Freiwilligkeit ist gegeben, wenn gänzlich

---

[269] Originalzitat aus dem Erhebungsbogen Nummer 11
[270] Originalzitat aus dem Erhebungsbogen Nummer 74
[271] http://home.arcor.de/trennungseltern/Medienberichte/LK_Regensburg_070508.pdf (02.09.2012)
[272] Sicherlich gibt es viel mehr Zugänge als die 17 hier vorgefundenen Möglichkeiten, mit dem Jugendamt in Kontakt zu kommen.
[273] Für jede Straße in Dortmund gibt im Jugendhilfedienst eine Ansprechpartnerin oder einen Ansprechpartner. Notdienst des Dortmunder Jugendamtes (Telefon 50-12345) http://www.jugendamt.dortmund.de/(02.09.2012)

Fremdmelder in Aktion treten, wie zum Beispiel das Krankenhaus oder das Jugendamt selbst. Von quartärer Freiwilligkeit wird gesprochen, wenn Einrichtungen wie das Frauenhaus oder das Familiengericht die Meldung beim Jugendamt macht[274]. Es wird in vier Stufen unterschieden, und dieser Tatbestand sagt etwas über die Selbst- oder Fremdbestimmung und die Grade der Fremdbestimmung aus. Es sagt aber auch etwas über die Freiwilligkeit oder über einen Zwangskontext aus. Trotzdem kann „eine konstruktive Fremdbestimmung als Grenzziehung [...] sinnvoll sein, wenn dadurch die Betroffenen ihre Verantwortung tatsächlich einlösen können bzw. es lernen"[275].

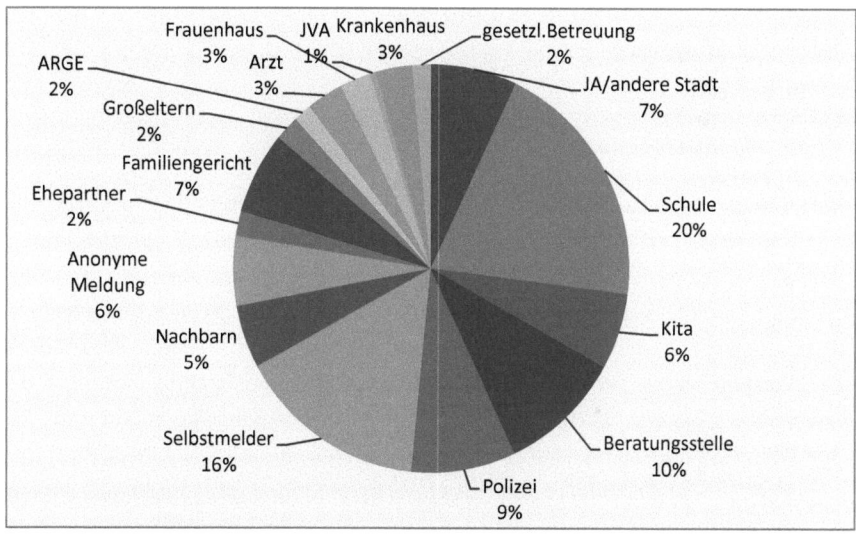

(Abb. 11: SPSS Datenansicht: Formen des Bekanntwerden)

Auch in diesem Diagramm sind die Gewichtungen sehr unterschiedlich. Die Schulen sind mit 20% Vorreiter bei den Meldungen im Jugendamt. Zu den Schulen gehören die Grundschule und die weiterführenden Schulen wie z. B. die Hauptschule, Realschule und das Gymnasium. Die oben genannten regulären Schulen tauchen prozen-

---

[274] Vgl. Blüml, H./Helming, E. u. a. 1999
[275] Blüml, H./Helming, E. u. a. 1999, S. 34

tual weit weniger in der Studie auf, als die Förderschulen mit dem Förderschwerpunkt für *Lernen und Geistige Entwicklung* (mit und ohne körperliche Behinderungen) und die Förderschulen für *Emotionale und soziale Entwicklung* und mit Förderschwerpunkt *Körperliche und Motorische Entwicklung*[276]. Die Schulen werden gefolgt von 16% Selbstmeldern. Die Beratungsstellen sind mit 10% und die Polizei mit 9% unter den Meldern, die den Erstkontakt der Familien zum Jugendamt herstellen. Da die Jugendämter untereinander im Austausch stehen, geben sie z. B. bei Umzügen innerhalb Deutschlands gegebenenfalls die Akten der Familien weiter und informieren sich somit untereinander. Interessant ist auch die Quote der anonymen Melder von 6%. Zusammengefasst lässt sich sagen, dass Meldungen von Ämtern und Behörden insgesamt 25% ausmachen. Meldungen von Privatpersonen machen insgesamt 15% aus. Das ist fast genauso hoch wie die Selbstmelderquote mit 16%. Aus dem Gesundheitswesen gibt es 6% Meldungen, aus Bildungs- und Betreuungseinrichtungen 28%.

12. Beendigungsgrund

Nachdem die Sozialpädagogische Familienhilfe begonnen hat, finden im Halbjahresrhythmus die Hilfeplangespräche (HPG) statt. Im Vorfeld dieser Gespräche werden die Tischvorlagen (siehe: Anhang) seitens der Fachkräfte geschrieben und in den Gesprächen wird dann gemeinsam mit der Familie entschieden, ob die Hilfe fortgeführt wird oder nicht. Zu den Gründen der Beendigung der Hilfe ist zu sagen, dass diese in der Aktenrecherche sehr überschaubar sind. Außer dem Beendigungsgrund der *Fremdunterbringung*, welcher immer noch eine radikale Beendigung und somit immer noch eine Ausnahme darstellt, sind die weiteren Gründe, wie zum *Beispiel Umzug der Familie in eine andere Stadt, Wechsel der Hilfeform* oder *die Familie braucht*

---

[276] Seit dem 16.03.2005 ist das Schulgesetz in NRW (SchulG) unter anderem mit dem folgenden Punkt verändert: „1.Neuordnung der sonderpädagogischen Förderung bzw. Förderschulen (§§ 19, 20 SchulG). Die Sonderschulen werden in Förderschulen umbenannt und nach Förderschwerpunkten gegliedert. Die Förderschwerpunkte entsprechen den alten Typenbezeichnungen wie folgt:

Schule für Sprachbehinderte	Förderschwerpunkt Sprache
Schule für Hörgeschädigte	Förderschwerpunkt Hören und Kommunikation
Schule für Sehbehinderte	Schule für Blinde Förderschwerpunkt Sehen
Schule für Körperbehinderte	Förderschwerpunkt Körperliche u. Motorische Entwicklung
Schule für Erziehungshilfe	Förderschwerpunkt Emotionale und Soziale Entwicklung"

https://dom.lvr.de/lvis/lvr...nsf/.../$file/schulgesetz%20nrw.doc (16.12.2012)

keine Hilfe mehr, eher milderer Natur. Insgesamt finden sich in dieser Studie sechs *Beendigungsgründe.*

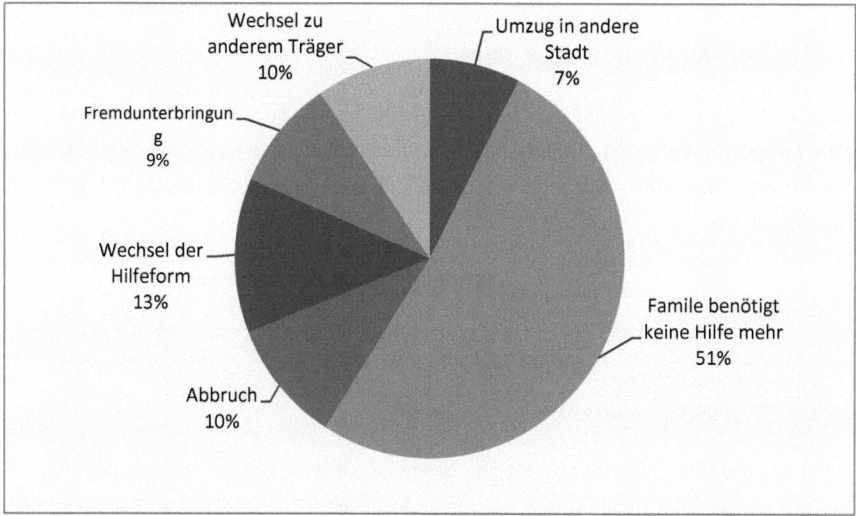

(Abb. 12: SPSS Datenansicht: Beendigungsgrund)

Das Diagramm zeigt, dass knapp mehr als die Hälfte der Familien nach einer bestimmten Betreuungsdauer keine Hilfe mehr benötigte. Die Ursachen für die Beendigung der Hilfe bei den restlichen 49% der Familien sind in etwa gleichmäßig auf die anderen Möglichkeiten verteilt. Aus einer aktuellen Studie des Bmfsfj[277] zu der Fragestellung Beendigungsgrund geht hervor, „in insgesamt 52% der abgeschlossenen SPFHs konnten die Ziele oder Teilziele der SPFH erreicht werden. Ebenso wie beim oben aufgeführten Wirkungsgrad liegt hierbei der Schwerpunkt beim Teilerfolg". Auch die Zahlen zu den Beendigungsgründen der Bmfsfj Studie zeigen Ähnlichkeiten zu der aktuellen Dissertationsstudie. Der Wechsel zu einem anderen Träger ist mit 10% erfasst. Meistens geschieht ein Trägerwechsel, wenn die Familie lange von einem Träger betreut worden, um jemand Neuen in die Familie zu schicken (um die Balance Nähe und Distanz zwischen der Fachkraft und der Familie zu wahren), oder wenn die Familie aus unterschiedlichen Gründen sich einen anderen Träger

---

[277] Bundesministerium für Familie, Senioren, Frauen und Jugend, Studie mit 277 SPFH Familien (http://www.bmfsfj.de/doku/Publikationen/spfh/1-Sozialpaedagogische-familienhilfe-spfh-begriff-und-forschungsueberblick/1-1-was-ist-sozialpaedagogische-familienhilfe-.html (31.05.2012))

wünscht[278]. Aber auch in Situationen, wenn Veränderungen im Familiensystem auftreten, die eine Fachkraftwechsel in Richtung männlich oder weiblich erfordert und/oder eine Fachkraft benötigt mit oder ohne Migrationshintergrund.

13. Alter Mutter bzw. Alter Vater

Diese Kategorie war für die Studie insofern wichtig, um zu schauen, in welchem Alter die Eltern sich befinden, die die Hilfe SPFH beziehen. Diese Kategorie zeigt, mit welchem Alter die Eltern zum ersten Mal oder erneut in Kontakt mit dem Jugendamt kommen.

	Mittelwert Mutter	*Mittelwert Vater*
Mittelwert	*1974*	*1969*
N	*197*	*148*
Standardabweichung	*8,01*	*10,56*

(Abb. 13: SPSS Datenansicht: Alter der Eltern)

Wie aus der obigen Datenansicht abzulesen ist, sind die Mütter, die Sozialpädagogische Familienhilfe in Anspruch nehmen, durchschnittlich 37 Jahre[279] alt mit einer Abweichung von acht Jahren (sowohl nach unten als auch nach oben). Die Väter zeigen ein Durchschnittsalter von 42 Jahren mit einer Abweichung von jeweils 10 Jahren. Zu erwähnen ist hier, dass die Altersangaben von Vätern und Müttern nicht in den Akten vorzufinden waren („missings").

14. Wirtschaftliche Situation der Familien

Die Kategorien für die wirtschaftliche Situation der SPFH Familien sind mit insgesamt vier Bereichen sehr überschaubar: Einmal das Erwerbseinkommen, zum anderen der Bezug von Alg. II, Sozialhilfe und Rente. Genau die Hälfte der untersuchten Gruppe

---

[278] SGB VIII: §5 Wunsch- und Wahlrecht (1) „Die Leistungsberechtigten haben das Recht, zwischen Einrichtungen und Diensten verschiedener Träger zu wählen und Wünsche hinsichtlich der Gestaltung der Hilfe zu äußern. Sie sind auf dieses Recht hinzuweisen. [...]" (http://www.gesetze-im-internet.de/sgb_8/__5.html)

[279] Ausgehend der Beendigungszeit der vorliegenden Dissertationsstudie 2011

finanziert ihren Lebensunterhalt über das Arbeitslosengeld II[280]. Sozialhilfe[281] bekommen laut dem Kreisdiagramm 36% der untersuchten Familien. Die 2% der Familien, die Rente erhalten, bekommen Erwerbsunfähigkeitsrente wegen psychischer und/oder körperlicher Erkrankungen.

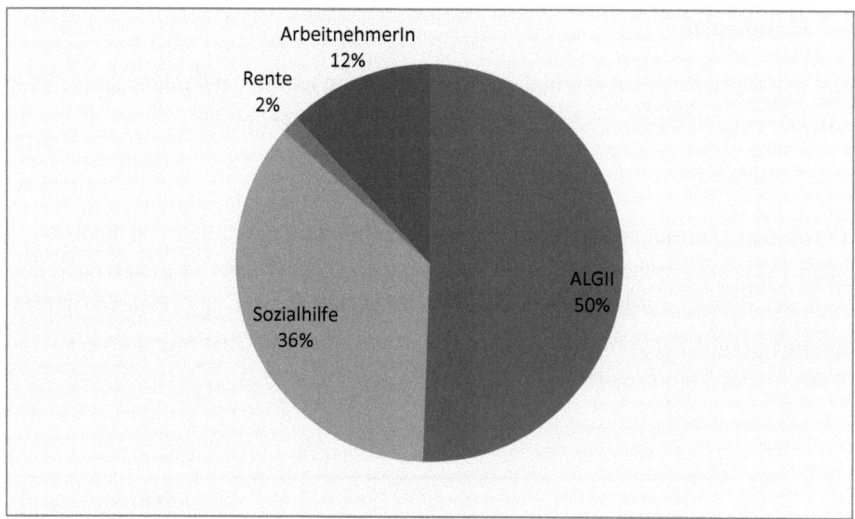

(Abb. 14: SPSS Datenansicht: Wirtschaftliche Situation)

Die meisten Familien, abgesehen von einigen wenigen Frührentnerinnen/Frührentnern (2%), finanzieren ihren Lebensunterhalt zu 86% über Sozialleistungen und nur zu 12% über Erwerbstätigkeit. Frindt[282] schreibt in ihrer Expertise zu der wirtschaftlichen Situation der SPFH Familien: „Hinsichtlich des Transfergeldbezuges belegen die aktuellen Daten, dass von allen 2007 erfassten Familien 67 % ganz oder teilweise

---

[280] „Anspruch auf Alg. II hat grundsätzlich jeder zwischen 18 und 65 Jahren (teilweise schon ab 15), der bedürftig ist. Er muss sich weder arbeitslos gemeldet haben noch vorher versicherungspflichtig beschäftigt gewesen sein. Einzige Bedingung ist – neben der Bedürftigkeit – die Erwerbsfähigkeit" http://www.arbeitsagentur.de/Navigation/zentral/Buerger/Arbeitslos/Grundsicherung/Alg-II-Sozialgeld/Alg-II-Sozialgeld-Nav.html (19.10.2012)

[281] „Bedürftige Personen, die nicht erwerbsfähig sind, also keine 3 Stunden am Tag arbeiten können, haben Anspruch auf Sozialhilfe" http://www.arbeitsagentur.de/Navigation/zentral/Buerger/Arbeitslos/Grundsicherung/Alg-II-Sozialgeld/Alg-II-Sozialgeld-Nav.html (19.10.2012)

[282] Frindt, A. (2010): Entwicklungen in den ambulanten Hilfen zur Erziehung. Aktueller Forschungsstand und strukturelle Aspekte am Beispiel der Sozialpädagogischen Familienhilfe. Deutsches Jugend Institut e.V., S. 8 www.dji.de/jhsw (07.10.2012)

von ALG II, bedarfsorientierter Grundsicherung oder Sozialhilfe leben". Sie stellt weiterhin fest, dass Alleinerziehende häufiger von staatlicher Unterstützung abhängig sind. In diversen Studien ist ebenso festgestellt, dass Familien mit der Hilfeform SPFH zum größten Teil von staatlicher Unterstützung leben.

15. Hilfeplan

Die umfangreichste Kategorie dieser Untersuchung war der Hilfeplan. Dieser ist in „Teil D" des Erhebungsbogens der Stadt Dortmund festgehalten.

- Hilfeplan

Die dortigen Formulierungen wurden weitestgehend für die statistische Auswertung Wort für Wort übernommen (entweder in ganzen Sätzen oder stichpunktartig formuliert). Hierbei wurden die Hilfepläne nach Themen sortiert. Beim Erfassen der insgesamt 19 Hilfeplanpunkte[283] wurde das Ja-Nein-Antwort-Schema ganz klassisch mit 0 (Nein) und 1 (ja) kodiert[284].

Hilfeplan	Prozent der Fälle
1. Haushaltsplan/Geldeinteilung	18,5%
2.Erziehungsberatung (Grenzsetzung/Regeln, Stärkung der Erziehungsfähigkeit)	77,5%
3. Kooperation mit Kita/Schule	61,5%
4. Kontakt zu Ärzten/Kliniken	60,0%
5. Ämter und Behördengänge	35,5%
6.Besuchskontakte zum getrenntlebenden Elternteil regeln/begleiten	17,5%
7. Krisengespräche führen	18,5%
8. Struktur schaffen/Tagesablauf	21,5%
9. Vermittlung zwischen den Eltern	13,0%
10. Freizeitgestaltung	30,0%

---

[283] Die Bereiche, in denen Familien Unterstützung brauchen, werden von den JHD Mitarbeiterinnen und Mitarbeitern sehr ausführlich und auch KlientInnen verständlich und konkret formuliert. Wie zum Beispiel: „Unterstützung der Kindesmutter in Erziehungsfragen" (Erhebungsbogen Nummer 11) oder „Frau XY zur Schuldnerberatung begleiten"(Erhebungsbogen Nummer 43). Deshalb wurde die Kategorie Hilfeplan fast eins zu eins, themenorientiert, aus den Erhebungsbögen übernommen.
[284] Vgl. Kirchhoff, S./Kuhnt, S. u. a. 2010

11. Stabilisierung in der aktuellen Situation	*6,5%*
12. Klärung der Wohnsituation	*16,5%*
13. Soziale Netzwerke schaffen	*31,0%*
14. Begleitung und Rückführung des Kindes	*7,0%*
15. Klärung der Beziehung der Familienmitglieder untereinander	*11,5%*
16. Perspektiven entwickeln	*8,0%*
17. Anleitung und Unterstützung bei der Versorgung des Kindes	*6,5%*
18.Klärung der wirtschaftlichen Situation und/oder Schuldnerberatung	*2,0%*
19.Klärung des Therapiebedarfes und Anbindung an eine Therapie	*17,5%*

(Abb. 15: SPSS Datenansicht: Hilfeplan)

„Wie bei allen Hilfen zur Erziehung fungiert der Hilfeplan als ein Instrument, die Hilfe zur Selbsthilfe methodisch zu planen. Er ist auch für die Familie ein Instrument, um die Maßnahme zu kontrollieren und gezielt Einfluss zu nehmen"[285]. Unter den 19 Aufträgen aus den 200 Hilfeplänen für die Fachkräfte führt eindeutig der Bereich der *Erziehungsberatung* mit 77,5%, gefolgt von zwei weiteren großen Bereichen der *Kooperation mit Kita und Schule* mit 61,5% und *Kontakt zu Ärzten und Kliniken* mit 60%. Die *Schuldnerberatung* in SPFH Familien liegt mit 2% am Ende der Auftragskette.

„Als häufigster Grund für die Gewährung von SPFH wird mit 63 % die eingeschränkte Erziehungskompetenz der Eltern angegeben, gefolgt von einer unzureichenden Förderung/Betreuung/Versorgung des jungen Menschen mit 35 % und Belastungen des jungen Menschen durch familiäre Konflikte (28 %)"[286].

Verglichen mit einer bundesweiten Studie des Statistischen Bundesamtes aus dem Jahre 2006 wurden als „[...] Anlass für die Hilfen am häufigsten Erziehungsschwierigkeiten genannt (71%), gefolgt von Entwicklungsauffälligkeiten (40%), Beziehungsproblemen (29%) sowie Schul-und Ausbildungsproblemen (21%)[287]". Der am häufigsten genannte Grund, Erziehungsschwierigkeiten (71%), deckt sich in der aktuellen Studie mit dem ersten Hilfeplanpunkt Erziehungsberatung (77,5%). Die Entwicklungsauffälligkeiten aus der Studie von 2006 decken sich mit Kooperation mit Kita/Schule und Kontakt zu Ärzten/Kliniken, da sich die Entwicklungsauffälligkeiten

---

[285] Thesing, H./Geiger, B. u. a. 2008, S. 90ff.
[286] Frindt, A. 2010, S. 8
[287] Statistische Bundesamt, Pressemitteilung vom 29.08.2007(zitiert aus Fieseler, G./Herborth, R. 2010, S. 347)

der Kinder und Jugendliche zum einen in ihrer physischen Entwicklung, aber zum anderen in ihrer psychischen Entwicklung zeigen. Beide Bereiche wirken sich auf den medizinischen, aber auch auf den schulischen Bereich aus.

Da die Informationen zu den fünf hier folgenden Kategorien nicht in allen Akten eindeutig zu entnehmen waren, kamen sie am Ende der Erhebung nicht in die genauere Auswertung, da das Ausmaß fehlender Daten (*missings*) so hoch war, dass diese als nicht komplett erfasst behandelt wurden und somit nur in der Tendenz der erhaltenen Informationen Beachtung fanden.
Es handelt sich hierbei um die folgenden Kategorien:

1. Frühere Hilfen:
Beratungsstelle ☐
SPFH ☐
Tagesmutter ☐
Gesetzliche Betreuung ☐
Formlose Betreuung JHD ☐
Inobhutnahme ☐
Pflegefamilie ☐
Heimunterbringung ☐
Sonstiges:
(siehe: Erhebungsbogen)

Die früheren Hilfen, in die die Familien vor der SPFH involviert waren, wurden anhand der vorliegenden Akten ermittelt. Unter der Rubrik *bisherige Angebote* ist vermerkt, in welchem Hilfebezug die Familie war, wie z. B. Unterbringung im Frauenhaus oder seit sechs Monaten an die Beratungsstelle XY angebunden. Hierbei wird deutlich, dass fast alle früheren Hilfen mittelbar mit dem Jugendamt zu tun haben; das heißt, die Familien sind schon vor dem meist erneuten Bekanntwerden beim Jugendamt und der Gewährung der Hilfeform SPFH in irgendeiner Weise mit dem Jugendamt in Kontakt gewesen. Auch taucht auf, dass einige junge Familien schon selbst als Kinder und Jugendliche mit dem Jugendamt in Verbindung gestanden haben; dass sie zum Beispiel als Kind in ihrer Familie eine SPFH hatten oder im Jugendalter einen Erziehungsbeistand oder aber auch Pflegeeltern und Heimerfahrung.

2. Wohnung/Umfeld:
Gepflegt ☐
Möbel fehlen ☐
Verwahrlost ☐
Schimmel ☐
Reparaturen notwendig ☐
Zu kleiner Wohnraum ☐

Sonstiges:
(siehe: Erhebungsbogen)

Da die Kategorie Wohnung/Umfeld nicht in allen Akten beschrieben war, konnte hier keine konkrete Aussage darüber gemacht werden. Tatsache ist aber, dass aus der Praxis bekannt ist, dass viele der Familien, die im Rahmen der SPFH betreut werden, (siehe: Abb.12) in zu kleinen und schlecht ausgestatteten Wohnräumen, und auch meist in vernachlässigten Gebieten ihrer Stadtteile (Milieus) leben. Fieseler und Herborth sprechen von *Dauerbelastungen* dieser Familien, unter anderem, weil sie in schlechten Wohnverhältnissen leben und dass „[...] strukturelle Defizite [...] Einfluss auf die familiale Organisation im Sinne einer soziökonomischen Benachteiligung"[288] nehmen. Auch haben viele dieser Menschen, resultierend aus Wohnungen in einem schlechten Zustand, beispielsweise mit Schimmel, fehlendem Warmwasser und Heizung, Lärm und Emissionsbelastungen (da viele Familien an großen Kreuzungen und Hauptstraßen wohnen), dauerhaften Nachbarschaftsstreitigkeiten und anderem, mehr psychische und physische Probleme. Die beengten Räumlichkeiten in den Wohnungen einiger dieser Familien lassen für die einzelnen Familienmitglieder keine Privatsphäre, somit können sie sich schlecht abgrenzen und kommen zeitweise miteinander in Konflikt. Die zumeist dürftige Einrichtung der Wohnungen zeugt von wenigen finanziellen Ressourcen, aber auch die vielen kaputten Möbel, die laut Aussagen von Klientinnen und Klienten in konflikthaften Situationen leiden mussten, zeugen von schwachem Konflikt-Management und von wenig Wertschätzung der Gebrauchsgegenstände in diesen Familien.

3. Kooperation der Familie mit der SPFH

	sehr gut	gut	ausreichend	schlecht
Zu Beginn d. Hilfe	☐	☐	☐	☐
Im Verlauf	☐	☐	☐	☐
Gegen Ende	☐	☐	☐	☐
Abbruch	☐	☐	☐	☐

Sonstiges:
(siehe: Erhebungsbogen)

Trotz fehlender Angaben zur Kooperation der Familien während der Hilfe kann im Hinblick auf die Tatsache, dass bei Beendigungen (siehe: Abb. 10) 51% aller untersuchten Familien keine Hilfe mehr benötigten, gesagt werden, dass mindestens

---

[288] Fieseler, G./Herborth, R. 2010, S. 343

ebenso viele in einer guten bzw. sehr guten Kooperation mit der Fachkraft standen. Bei Familien mit Abbrüchen (10%) und Fremdunterbringungen (9%) kann ohne den Anspruch auf Allgemeingültigkeit gesagt werden, dass die Kooperation vielleicht nicht ganz so wünschenswert gewesen ist. Abbrüche können natürlich aufgrund von Fremdunterbringungen und Inobhutnahmen passieren, aber oft gehen Abbrüche mit der Erkenntnis einher, dass entweder die Hilfe nicht die richtige ist, dass zum Beispiel nach Beginn der Hilfe festgestellt wird, dass die Klientinnen oder Klienten eine andere Form der Hilfe benötigen, oder aber eine bzw. beide Akteure der Sozialpädagogischen Familienhilfe feststellen, dass sie miteinander nicht arbeiten können. In solchen Situationen wird die Hilfe abgebrochen und je nach Gegebenheit die Fachkraft gewechselt. Das kann innerhalb der gleichen Einrichtung passieren oder es kann durchaus ein Trägerwechsel stattfinden. Der Umstand, dass in Familien mit ausländischen Wurzeln versucht wird, adäquate Fachkräfte einzusetzen, kann sowohl positiv aber auch negativ ausgehen. Die Meinungen gehen in der Hinsicht auseinander. Im Rahmen der interkulturellen Öffnung und des kultursensiblen Arbeitens können Fachkräfte, die speziell für diese Themen geschult sind, eingesetzt werden oder aber die Einrichtungen bedienen sich der Fachkräfte mit entsprechendem ethnisch-religiösem Hintergrund. Die Gefahr hierbei ist, dass Fachkräfte leicht instrumentalisiert werden können, sowohl von den Einrichtungen her als auch seitens der Adressatinnen und Adressaten.

4. Ressourcen:
Verwandte:
Freunde/Bekannte:
Nachbarn:
Gemeinde/Vereine:
Haustiere:
Sonstiges
(siehe: Erhebungsbogen)

Da die SPFH mitunter den Auftrag hat, die soziale Isolation der betroffenen Familien zu durchbrechen, soll der Aspekt der *Ressourcen* in der Erhebung den Punkt der Eingebundenheit der Familien in soziale Netzwerke[289] erfassen. Bekannt ist, dass „[...]

---

[289] In der Sozialen Arbeit sind die sozialen Netzwerke in Deutschland erst seit den 80er Jahren populär geworden. „Das Individuum ist heute in vielen familiärverwandtschaftlichen, nachbarschaftlichen, beruflichen, gesellschaftlichen und Freizeitbeziehungen mit unterschiedlicher Intensität, Dauer, Häufigkeit und Wechselseitigkeit eingebunden. S. N. beschreiben die tatsächlichen sozialen Beziehungen zwischen Personen, wie sie sich gegen- und miteinander verhalten und handeln"(Kreft, D./Mielenz,

individuelle bzw. kollektive Ressourcen [...] Qualifikationen, Netzwerke und ökonomisches Kapital[...]²⁹⁰" in sich bergen. Durch soziale Einbettung der einzelnen Akteure kann viel individuelles Leid aufgefangen werden. Es sind die „[...] zahlreichen Interpretationen und Anwendungsmöglichkeiten des Begriffs s. N. in verschiedenen Wissenschaften, um sich wandelnde Lebenszusammenhänge zu untersuchen und neue Bewältigungsstrategien zu entwickeln" interessant geworden. Hinter der Idee zur Erfassung der Ressourcen stand die Annahme, dass „S. N. [...] als Analyseinstrument eine präzise Methode zur Untersuchung sozialer Beziehungen von *Klienten* und als Strategie ein Ansatz zur Mobilisierung sozialer Unterstützung für sie"²⁹¹ ist. Leider stand in den Falldokumentationen nicht ausreichend Material zu Verfügung, so dass keine konkrete Aussage formuliert werden konnte. Was aber gesagt werden kann, ist, dass viele der Familien in der SPFH wenige Kontakte zur Herkunftsfamilie pflegen. Dies wird aus den Genogrammen ersichtlich. Durch die Beziehungslinien zwischen den Personen und stichpunktartig vermerkt finden sich in vielen Klientenakten Formulierungen wie z. B.: „[...] habe seit 10 Jahren kein Kontakt zu meinen Eltern" oder „[...] die Beziehung zu meiner Mutter und zu meiner Schwester war so schlecht, dass wir nicht mehr miteinander reden". Kontakte zu Bekannten und Freunden werden fast in keiner der Akten vermerkt bis auf einige wenige Fälle, in denen über eine *Bekannte* Frau XY steht, dass sie auch SPFH bekommt und über sie die betreffende Familie auch zur SPFH gekommen ist oder umgekehrt. Einige der Bekanntschaften sind aus dem gleichen Milieu. Über die Anbindung der SPFH Familien an Vereine ist wenig bekannt. Während allgemein gesagt wird, dass „viele Deutsche [...] gleichzeitig in zwei oder mehreren Vereinen²⁹² sind, in einem Sportverein zum Beispiel und zugleich in einem (Kneipen-) Kegelverein"²⁹³, ist bis auf Turn- oder

---

I. (Hrsg.) (1980): Wörterbuch Soziale Arbeit. Aufgaben, Praxisfelder, Begriffe und Methoden der Sozialarbeit und Sozialpädagogik. 4.Aufl. Beltz Verlag. Weinheim und Basel, S. 409). Die vielen virtuellen sozialen Netzwerke (Facebook, Twitter u. a.) dürfen natürlich nicht außer Acht gelassen werden.

²⁹⁰ Schmiz, A. 2011, S. 67

²⁹¹ Kreft, D./Mielenz, I. 1980, S. 409

²⁹² "Die Vereine als sozialen Reichtum einer Gesellschaft, wird auf verschiedene positive Wirkungen zurückgeführt. [...] Die positiven Wirkungen lassen sich zu drei Theoremen bündeln:
- Vereine erzeugen kostengünstig Güter und Leistungen (Produktionstheorem)
- Vereine leisten einen wichtigen Beitrag zur sozialen Integration der Gesellschaftsmitglieder (Integrationstheorem)
- Vereine sind institutioneller Ausdruck einer aktiven demokratischen Zivilgesellschaft (Demokratietheorem)" (Jütting, H.D./van Bentem, N. u. a. 2003: Vereine als sozialer Reichtum. Empirische Studien zu lokalen freiwilligen Vereinigungen. Bd. 9, Waxmann Münster/New York/München/Berlin, S. 13ff.)

²⁹³Jütting, H.D./van Bentem, N. u. a. 2003, S. 12

Fußballverein bezüglich der Kinder in allen, unabhängig der ethnischen Herkunft, SPFH Familien nichts bekannt. Selbst in diese Vereine wurden die Kinder häufig im Rahmen der Maßnahmen angemeldet. Auch die Kontakte zu religiösen Einrichtungen wie Kirchen, Gemeinden oder Moscheevereine sind relativ selten. Vielmehr werden, wenn überhaupt, Kneipen und Teehäuser sowie Spielhallen, in denen sich die erwachsenen Adressatinnen und Adressaten der SPFH bewegen, dokumentiert. Trotzdem waren in dieser Kategorie die Informationen nicht ausreichend, um eine konkrete Aussage zu formulieren. Immerhin kann auch hier eine etwaige Tendenz erkannt werden. Die vorgefundenen Informationen zeigen in die Richtung, dass viele SPFH Familien eher wenige soziale Kontakte pflegen und Gefahr laufen in die Isolation zu gehen. Die angenommene Großfamilie bei den Migranten taucht in den Akten nicht auf, zumindest nicht in den 200 untersuchten Akten. Bei den *Haustieren* ist die Tendenz eindeutig: Die Familien, bei denen Haustiere erwähnt werden, haben im Durchschnitt zwei Tiere an der Zahl. Die Möglichkeiten der Kombinationen sind vielfältig. Unter den Haustieren befinden sich Hunde, Katzen, Meerschweinchen, Frettchen, Ratten und Vögel unterschiedlicher Gattungen bis hin zu Fischen und Schildkröten.

5. Maßnahmen:
Therapien:
Sprachtherapie   □
Ergotherapie   □
Heilpädagogische Förderung   □
Haushaltshilfe   □
Eltern Stärken Kurs   □
Mutter-Kind Kur   □
Maßnahme für d. Mutter   □
Maßnahme für d. Vater   □
Intensivpädagogik   □
Schuldnerberatung   □

Gruppen:
Krabbelgruppe/PEKIP[294]   □
Sozialkompetenztraining   □
Anbindung an einen Verein   □
Kinder und Jugendpsychiatrie   □

---

[294] „Das Prager-Eltern-Kind-Programm (PEKIP) ist ein Konzept für die Gruppenarbeit mit Eltern und ihren Kindern, das das erste Lebensjahr des Babies (sic!) begleitet. Das Ziel ist, Eltern und Babys beim Zusammenfinden als Familie zu begleiten und Anregungen für den Beziehungsaufbau zu geben" http://www.muetterzentrum-dortmund.de/Kinder/PEKIP/139935,1031,139579,-1.aspx (06.10.2012)

Tagesgruppe   ☐
Pflegefamilie   ☐
Heimunterbringung   ☐
Pflegedienst   ☐
Sonstiges:
(siehe: Erhebungsbogen)

Es werden Maßnahmen angeboten, bei denen die Mitglieder der SPFH Familien selbstbestimmt und selbsthandelnd aktiv werden. Der Maßnahmenkatalog unter dem Punkt *Maßnahmen* ist anhand der recherchierten Akten zusammengestellt worden. Sicherlich gibt es weitere Ansätze in Richtung Anbindung von Klientinnen und Klienten. Eine Gesamterhebung war in diesem Falle nicht möglich, da aus den Aktendokumentationen nicht immer die Art der Maßnahmen ersichtlich war, zumal auch pro Familie und Hilfezeitraum mehrere Maßnahmen vorgenommen wurden. Favoriten waren in der Erhebung zum einen bei Familien mit jüngeren Kindern[295] die Maßnahmen: Der Eltern-Stärken-Kurs, die Krabbelgruppe, die Sprachtherapie, die Ergotherapie, die Heilpädagogische Förderung und die Tagesgruppe. In Familien mit älteren Kindern und Jugendlichen[296] waren folgende Maßnahmen favorisiert: Die Anbindung an einen Verein[297], Kinder und Jugendpsychiatrie und das Sozialkompetenztraining. Sicherlich sind die Altersübergänge, was die Maßnahmen betrifft, fließend. Die sogenannten Maßnahmen sollen unter anderem dazu dienen, dass

* „die familiären Ressourcen [...] soweit wie möglich und notwendig unterstützt, gefördert und stabilisiert werden,
* lebenspraktische Aufgaben [...] soweit begleitet werden, dass Kinder, Jugendliche und Personensorgeberechtigte ihren Lebensalltag angemessen, selbständig und eigenverantwortlich gestalten können,
* die Erziehung der Kinder/Jugendlichen [...] sowohl im innerfamiliären als auch im außerfamiliären Bereich in geeigneter Form unterstützt und begleitet werden, um eine positive Entwicklung der Kinder zu fördern,

---

[295] Etwa von 0-10 Jahren
[296] Etwa 10-18 Jahren
[297] Die Anbindung an einen Verein sieht in der Praxis so aus: Die Jugendlichen werden im Rahmen ihrer Interessen und Kompetenzen in wohnortnahe Sportvereine, wie z. B. Fußball-, Schwimm-, Turnverein u. ä. angebunden.

- das soziale Umfeld […] einbezogen wird und die vorhandenen örtlichen Ressourcen sollen für die Familie sichtbar und nutzbar gemacht werden"[298].

Der Weg zu diesen Maßnahmen ist insofern sehr wichtig, als dass die Fachkräfte sich im Vorfeld anschauen, mit welchen Maßnahmen welche Ziele in welchem Zeitraum erreicht werden können, und somit den Familienmitgliedern adäquat geholfen werden kann.

5.5 Datenauswertung

Zunächst wurde die Auswertung der Grundgesamtheit der aus den insgesamt 200 Akten erhobenen Daten vorgenommen. Das erhobene Material wurde in das *SPSS Statistics Programm* (ein modular aufgebautes Programmpaket zur statistischen Analyse von Daten[299]) eingefügt. Die untersuchten Familien kommen alle aus dem Dortmunder[300] Raum. Bis auf den Stadtteil Innenstadt-West, in dem interessanterweise keine der Familien wohnhaft ist, sind alle Räume/Stadtteile der Stadt Dortmund vertreten.

Außergewöhnlich hierbei ist, dass der Stadtteil *Innenstadt-Nord* mit fast der Hälfte aller durch die Einrichtung betreuten Familien vertreten ist. Folglich wird in der Datenauswertung dieser Stadtteil besonders berücksichtigt, da die restlichen Stadtteile mit jeweils unter 10% der untersuchten Familien relativ gering vertreten sind. Wie der Name schon verrät, liegt die Nordstadt nördlich des Dortmunder Stadtkerns. Die Menschen, die dort leben, würden ganz salopp sagen: „Hinterm Bahnhof!" Winter beschreibt die Lage der Nordstadt folgendermaßen: „Im Westen befindet sich der Dortmunder Hafen und der Freizeitpark Fredenbaum, und im Norden stößt sie an das Burgholz, ein Waldgebiet im benachbarten Stadtteil Eving. Im Osten schließlich werden riesige Flächen von dem einst zum Hoesch-Konzern, jetzt zur Thyssen Krupp

---

[298] Fachliche Empfehlung des Landesjugendhilfeausschusses Bayern vom 01.07.1997 http://www.blja.bayern.de/themen/erziehung/familienhilfe/TextOffice_Empfehlungen31.html (06.10.2012)
[299] Vgl. Bühl, A. (2012): SPSS 20 Einführungen in die modern Datenanalyse. Pearson Deutschland GmbH, 13. akt. Auflage
[300] Dortmund ist mit ca. 578.126 Einwohnern die drittgrößte Stadt NRWs (WAZ, 09.09.2012)

Stahl AG gehörenden Eisen- und Stahlwerk „Westfalenhütte" genutzt – […]"[301], mittlerweile auch nicht mehr.

Der *Stadtteil* Innenstadt-Nord hat aktuell eine Einwohnerzahl von 52.124 und weist somit weder eine überdurchschnittliche Anzahl noch eine unterdurchschnittliche Anzahl an Einwohnern im Vergleich zu den anderen Stadtteilen auf. Beispielsweise liegen Aplerbeck, Hörde oder Hombruch von den Einwohnerzahlen her darüber und Stadtteile wie Mengede oder Huckarde deutlich darunter. Das bedeutet, die Ursache für die so hohe Anzahl der Familien, die in der Recherche vorkommen, muss unabhängig von der Einwohnerzahl zu finden sein, vor allem die Menge von Familien mit türkischen Wurzeln. Dazu schreibt Siebel, dass „[…] die durchschnittliche Wohnfläche pro Kopf bei den von uns befragten Migranten mit 20m² deutlich unter dem Durchschnitt Hannovers von 40m² (lag). Zudem wohnen Migranten häufig in Stadtteilen, die von deutschen Haushalten wegen Umweltbelastungen, schlechter Bausubstanz und schlechtem Image gemieden werden"[302]. Die meisten der Familien mit türkischen Wurzeln leben tatsächlich in dem Stadtteil Innenstadt-Nord. Auch ist richtig, dass die meisten Häuser in der *Nordstadt* renovierungsbedürftig sind und diese meistens von Menschen mit wenig Mitteln bewohnt werden, unabhängig von der Nationalität. Der Bedarf der Hilfeform SPFH scheint hier besonders gegeben zu sein. Die im Jahre 2010 begonnenen Sozialpädagogischen Familienhilfen deutschlandweit betreffen 42.329 Familien, und NRW ist mit 8.733 begonnenen Hilfen führend in Deutschland. Danach folgt Niedersachsen mit 5.033 Familien in der SPFH[303]. Dortmund ist mit 841 Familien mit 1.877 minderjährigen Kindern und Jugendlichen dabei[304]. Die vorliegende Dissertationsstudie hat so gesehen fast ein Viertel dieser Familien untersucht.

Die *Zahlen zu den Kindern* zeigen, dass jeweils ein Viertel aller betreuten SPFH Familien eins, zwei oder drei Kinder haben. Die Familien mit vier Kindern sind zu 9% vertreten, Familien mit fünf Kindern mit 6% und Familien mit mehr als fünf Kindern sind zu 9% vertreten. Das bedeutet, die anfangs erwähnte Feststellung aus den 70er-Jahren, dass die SPFH ein Angebot für kinderreiche Familien ist, scheint in dieser Studie

---

[301] Winter, K. (2000): Dortmund. Die Nordstadt – wie sie früher war. 1. Aufl. Wartberg Verlag, S. 3

[302] EINBLICKE Nr. 40 / Herbst 2004, S. 11

[303] Destatis: Kinder- und Jugendhilfe in Deutschland (Spalte 1: 2010, Spalte 2: 2011)

[304] Vgl. Geschäftsbericht des Jugendamtes 2010 http://www.jugendamt.dortmund.de/upload/binarydata_do4ud4cms/87/22/21/00/00/00/212287/Geschaeftsbericht_2010.pdf (16.12.2012)

nur teilweise zuzutreffen. Auch deutschlandweit haben sich die Kinderzahlen im Vergleich zu den 70er-Jahren sehr verringert. Während die durchschnittliche Geburtenziffer im Jahre 1970 in der BRD bei 2,51 Kindern und 2,48 Kindern in der DDR[305] lag, zeigt die aktuelle bundesweite Statistik über die durchschnittliche Anzahl von in Deutschland geborenen Kindern, dass „[...]die zusammen-gefasste Geburtenziffer[306] geringfügig zwischen 1,35 und 1,45 Kinder [seit den 80er-Jahren] je Frau lag, im Jahr 2010 bei 1,39" und wiederum seit „Anfang der 1990er-Jahre lag die zusammengefasste Geburtenziffer ausländischer Frauen bei 2,0 Kinder je Frau"[307]. In der vorliegenden Studie für den Zeitraum von 2006 bis 2011 beträgt die durchschnittliche Kinderanzahl 2,77 Kinder pro SPFH Familie und zeigt somit eine Abweichung vom bundesdeutschen Durchschnitt. Die Aussage über kinderreiche Familien in der SPFH würde jedoch zutreffen, wenn davon auszugehen ist, dass 2,77 Kinder pro Familie als kinderreich definiert werden würde. Trotzdem kann aber davon gesprochen werden, dass die SPFH Familien doch kinderreicher sind als andere Familien.

Zu der *Herkunft aller erfassten Familien* ist zu sagen, dass neben Deutschen insgesamt Familien aus weiteren 23 Ländern vertreten sind. Allein diese Studie zeigt, dass Deutschland ein Einwanderungsland ist. Den größten Teil machen die deutschen Familien mit ca. 40% aus, gefolgt von den türkischen Familien mit 27% und mit ca. 10% sind die marokkanischen Familien vertreten. Weitere 21 Länder folgen in der Erfassung mit unter 5%. Das Amt für Statistik hat bundesweit Familien mit ausländischer Herkunft erhoben (2009); von den in der SPFH betreuten Familien hatte ca. ein Drittel ausländische Herkunft. Die Fachkräfte der SPFH sind für Menschen großer kultureller Vielfalt verantwortlich. „Gegenwärtig besteht demnach eine der zentralen Herausforderungen der Gesellschaftsanalyse in der Klärung der ordnungsstiftenden Faktoren, die trotz der in den Prozessen von Individualisierung, Pluralisierung und

---

[305] http://www.sozialpolitik-aktuell.de/tl_files/sozialpolitik-aktuell/_Politikfelder/Familienpolitik/ Datensammlung/PDF-Dateien/abbVII1b.pdf (20.09.2012)

[306] Das statistische Bundesamt definiert die durchschnittliche Kinderzahl so: „Bei der Berechnung der durchschnittlichen Kinderzahl je Frau werden alle Kinder berücksichtigt, die im Laufe eines Jahres geboren werden. Diese durchschnittliche Kinderzahl je Frau, die auch als zusammengefasste Geburtenziffer bezeichnet wird, wird zur Beschreibung des aktuellen Geburtenverhaltens herangezogen. Sie gibt an, wie viele Kinder eine Frau im Laufe ihres Lebens bekommen würde, wenn ihr Geburtenverhalten so wäre wie das aller Frauen zwischen 15 und 49 Jahren im jeweils betrachteten Jahr" (FAZ.NET.20.09.2012).

[307] Statistisches Bundesamt, Geburten in Deutschland 2012, S. 15

Temporalisierung der Lebensverläufe inhärenten anomischen Tendenzen ein spezifisches gesellschaftliches Gefüge gewährleisten"[308]. Denn die Frage nach der ursprünglichen Herkunft der Familien ist nicht unüblich, nur „[...] wir müssen abklären, was uns denn eigentlich an unserem Gegenüber interessiert. Wir landen, von einer zuvor angenommenen Differenz aufgrund unterschiedlicher nationaler oder kultureller Zugehörigkeiten, auf einem Tableau der Gleichrangigkeit.[...] Sofern tatsächlich Interesse an der anderen Person existiert, müssen neue Fragen gestellt werden, Fragen, die sich an ein unbekanntes Individuum richten, Fragen, die tatsächlich offen sind, die Gemeinsamkeit schaffen oder Verschiedenheit feststellen können, ohne diese zu werten"[309]. Hier ist der Perspektivwechsel vom Migrationshintergrund zum Lebenshintergrund von Nöten. Was aber nicht bedeutet, dass bei den Klientinnen und Klienten „[...] mögliche kollektive Aspekte der Zugehörigkeit zu einem Geschlecht, einer sozialen Schicht, einer ethnischen Commmunity keine Rolle mehr spielen. Sie werden aber zugunsten der Offenheit gegenüber dem Individuum in den Hintergrund gedrängt"[310]. Wenngleich eine eigene, aktive Migrationserfahrung bei den untersuchten Familien fehlt, da viele von ihnen in Deutschland geboren sind, ist die Frage nach der Herkunft im Hinblick auf die unterschiedlichen Sozialisationsaspekte (Weitergabe der Migrationserfahrung innerhalb der Familie) für die Fachkräfte sehr wichtig. Bei der Arbeit der Sozialpädagogischen Familienhilfe ist von den Fachkräften bei der Identitätsentwicklung von Kindern und Jugendlichen ein Spagat zwischen ethnischer Identität und der Anerkennung und Zugehörigkeit in der Mehrheitsgesellschaft zu leisten. „Diese Zugehörigkeiten dürfen nicht länger von Dritten aufgrund der von ihnen herangezogenen Merkmale (Sprache, Namen, Kleidung, Körpermerkmale wie Hautfarbe oder Augenform) in Zweifel gezogen werden. Denn die Frage nach der Herkunft selbst verhindert oder erschwert eben jene Zugehörigkeitsgefühle, die an anderer Stelle als Indikator herangezogen werden, um den Stand der Integration von Menschen mit Migrationshintergrund zu bewerten"[311].

Als Fazit zum Thema Herkunft ist zu sagen, dass trotz guter Absichten seitens der Fachkräfte, wenn sie die Frage nach der Herkunft oder nach der ursprünglichen Herkunft der Familien stellen, es wichtig ist, dabei kritisch zu reflektieren, wofür sie die Antwort dieser Frage benötigen. Die gestellte Frage nach der Herkunft sollte nicht

---

[308] Flösser, G./Oechler, M. (2010): Einführung in die Theorie sozialpädagogischer Dienste. WGB Darmstadt, S. 18

[309] Sozialmagazin: Die Zeitschrift für Soziale Arbeit. 37. Jg., Heft 4, Apr. 2012, Beltz Juventa, S. 15

[310] Sozialmagazin Apr.2012, S. 17

[311] Die Zeitschrift für Soziale Arbeit. Apr.2012, S. 26

die Bestätigung der eigenen Vermutung darstellen, sondern vielmehr eine Orientierung, zum Beispiel in puncto pädagogisches Arbeiten, Bikulturalität, hybride Identitätskonstruktionen u. ä. bieten. Es zeigt sich, dass alleine die vielfältigen Herkunftsländer eine große Herausforderung für die Sozialpädagogischen Familienhelferinnen und Helfer darstellen.

Allein die Frage nach der Sozialisation der Kinder und Jugendlichen in einem Milieu von so vielen verschiedenen Kulturen und dazu mit einer Mehrheitskultur ist wichtig. Wie stemmen die Eltern diese Erziehungsaufgabe in einer modernen Einwanderungsgesellschaft? Ist das zu leisten, wenn die eigenen Werte und Normen schon vor der Haustür infrage gestellt werden? Und die Frage: „Was bedeutet es für das Erleben, für die Erfahrungswelt – und folglich für die Identitätsentwicklung von Kindern und Jugendlichen, wenn die Mehrheitsgesellschaft ihnen ansieht, dass ihre Herkunft nicht „typisch deutsch" ist? Und es sie spüren lässt?"[312]. Wittmann schreibt, dass „erste vorsichtige Aussagen zur Heterogenität der Lebensverhältnisse von Kindern [...] anhand jüngster Kinderbefragungen möglich [seien]. Die Befunde legen nahe, das Konstrukt „multikulturelle Kindheit" auszudifferenzieren. Zum einen ist bei vielen Merkmalen der Lebenssituationen von Kindern nachweisbar, dass Grenzen nicht nur entlang der ethnischen, sondern auch entlang der sozialen Zugehörigkeit verlaufen, sodass eine Kategorisierung, die einzig das Differenzierungskriterium (nationale) Kultur oder Ethnie berücksichtigt (multikulturell), zu kurz greift [...]. Zum anderen gibt es Differenzierungen, die nur an der Oberfläche ethnisch strukturiert sind. Bei genauerer Betrachtung aber sind sie nahezu unabhängig von der ethnischen Zugehörigkeit, dafür aber primär sozial bedingt und damit milieu- oder schichtspezifisch strukturiert [...]"[313]. Das heißt also, dass die im Rahmen der SPFH betreuten Kinder der Familien in ihrem alltäglichen Handeln sowohl milieuspezifische als auch ethnisch bedingte Muster aufzeigen.

Im Hinblick auf die kulturelle und sprachliche Vielfalt in der Sozialpädagogischen Familienhilfe stellt sich meist die Frage der Verständigung zwischen Familien und Fachkräften. Schmidt führt betreffend der deutschen Sprache auf, dass es eine Grundvoraussetzung der Integration sei, die Sprache des Landes zu beherrschen, in dem die Menschen leben[314]. Ausgehend von den Informationen aus den Akten ist zu sagen, dass lediglich 5% der betreuten türkischstämmigen Mütter und Väter kein Deutsch

---

[312] Die Zeitschrift für Soziale Arbeit. Apr.2012, S. 13
[313] Wittmann, S./Rauschenbach, T. u. a. 2011, S. 258
[314] Vgl. Schmidt, R. 2004

konnten und alle anderen zumindest im Alltagsgebrauch der deutschen Sprache mächtig waren. Hinzu kommen die Kinder der Familien, die gut deutsch sprechen. Dieser Zustand, auch durch die Erkenntnis Schusters[315], dass auch deutsche Familien innerhalb Deutschlands nicht alle die gleiche Sprache sprechen und auch die unterschiedliche Schichtzugehörigkeit die Sprachen unterschiedlich machen können, relativiert das Sprachproblem. Sicherlich lässt sich nicht für jede Familie eine muttersprachliche Fachkraft finden, aber dies dürfte kein Hinderungsgrund für eine Beratung darstellen. Vielmehr Gewicht haben, außer der sprachlichen Kommunikation, die Interventionen für die Familien. Würde beispielsweise die Frage gestellt, ob sie die Beratungsgespräche oder die Begleitung zum Amt als Hilfe empfinden, würde die Mehrheit der Familien den Gang zum Amt als eine größere Hilfe benennen.

Die *Gruppierung der Herkunftsländer* war insofern wichtig, um einerseits der Schweigepflicht zu genügen und andererseits Gesamtzahlen zu präsentieren. Es wurde wissentlich Abstand von Gruppierungen mit religiösen Zugehörigkeiten genommen, da diese für die vorliegende Studie erst einmal nicht relevant sind, sondern vielmehr das Herkunftsmilieu der Ursprungsländer. Unter den SPFH Familien sind nicht unbedingt die Klischeebilder, wie z. B. christliche Deutsche, muslimische Türken oder katholische Polen, sondern die Familien sind auch in ihrem Religionsverständnis untereinander sehr unterschiedlich geprägt. In vielen Fällen ist die Religionszugehörigkeit der Familien in den Akten nicht dokumentiert. Des Weiteren sagt die Religionszugehörigkeit eines Menschen ganz oft nichts über seine tatsächliche Lebenskultur bzw. seinen Lebensrhythmus oder seine Überzeugung aus, so dass diese Option keine wirklich wichtige Kategorie war, um sie zu untersuchen. Die Frage nach der Herkunftskultur bzw. Lebenskultur ist eine wichtigere. Selbst in sogenannten muslimischen Ländern gibt es eine breite kulturelle Vielfalt als nur die islamische Kultur. Dasselbe gilt auch für andere Glaubensrichtungen. Das Ergebnis zu den Herkunftsländern sieht also wie folgt aus: Fast 40% der Familien haben deutsche Wurzeln, ca. 30% türkische, etwa 15% haben afrikanische, sowie ca. 7% asiatische und 6% osteuropäische Wurzeln. Sonstige Länder sind mit 3% vertreten. Die relativ hohe Anzahl der afrikanischstämmigen SPFH Familien zeigt erst einmal, dass die meisten, obwohl viele von ihnen noch nicht lange in Deutschland leben, eine Ressource, der sie sich bedienen, um an adäquate Hilfen zu kommen (ausgehend davon, dass die Hilfe nicht

---

[315] Vgl. Schuster, E. M. (1997): Sozialpädagogische Familienhilfe (SPFH). Aspekte eines mehrdimensionalen Handlungsansatzes für Multiproblemfamilien. Peter Lang GmbH. Europäischer Verlag der Wissenschaften Frankfurt am Main

im Zwangskontext installiert worden ist), gefunden haben. Weiterhin zeugt diese hohe Anzahl, dass die afrikanischstämmigen Familien in ihrem Umfeld im Bereich der Erziehungshilfen Bedarf haben. Im Gegensatz dazu steht die relativ geringe Anzahl der Osteuropäerinnen und Osteuropäer in den Ambulanten Hilfen zur Erziehung. Dieser Tatbestand ließe sich möglicherweise damit erklären, dass die Familien aus Osteuropa von ihrer Lebensweise her ziemlich nah an der Mehrheitskultur des Aufnahmelandes sind, und außerdem zeigen sie allgemein weniger Anpassungs- und Sprachschwierigkeiten und scheinen sich somit besser einzuleben und zu verständigen.

Die *Staatsbürgerschaft* ist im Gegensatz zu den Herkunftsländern sehr überschaubar. Die überwiegende Mehrheit der Familien in der Studie sind zu 64,5% deutsche, 23% türkische und 8% marokkanische Staatsbürgerinnen und Staatsbürger. Die Staatsbürgerschaft[316] in Deutschland für Nichtdeutsche beinhaltet das Verfahren der Einbürgerung. Das deutsche Einbürgerungsrecht ist relativ kompliziert und zudem auch mit Kosten verbunden. Einige dieser Einbürgerungsverfahren, die für die SPFH Familien in Frage kommen, sind: Einbürgerung nach dem Abstammungsprinzip, das Geburtsortprinzip, das Prinzip der besonderen Personengruppen. Ohne näher in die unterschiedlichen Einbürgerungswege einzutauchen, ist festzustellen, dass dieser äußerst bürokratische Weg Menschen schnell in Überforderungssituationen bringen kann. Bekannt ist, dass es besonders für die benachteiligten Gruppen der Migrantinnen und Migranten, zu denen auch die SPFH Familien gehören, die sowieso erschwerte Zugangsmöglichkeiten haben, sich unterschiedlicher Angebote der Mehrheitsgesellschaft zu bedienen, schwierig ist, von ihnen zu erwarten, dass sie sich um die Einbürgerung selbständig kümmern. Es fehlt diesen Menschen an Kompetenz-, Geld- und Bildungsressourcen. Eine weitere große Hürde stellt für die SPFH Familien auch der Einbürgerungstest[317] dar. Der Einbürgerungstest ist eine kognitive Herausforderung an die Familien. Deshalb ist es oft so, dass die Fachkräfte während des Betreuungszeitraums dieser Familien, sofern die Voraussetzungen für

---

[316]   http://www.bundesregierung.de/Webs/Breg/DE/Bundesregierung/BeauftragtefuerIntegration/ Staatsangehoerigkeit/_node.html (16.12.2012)
[317]   „Mit dem bundeseinheitlichen Einbürgerungstest sollen Kenntnisse der Rechts- und Gesellschaftsordnung und der Lebensverhältnisse in Deutschland nachgewiesen werden. Diese werden seit dem 1. September 2008 als zusätzliche Einbürgerungsvoraussetzung in § 10 Abs. 1 Satz 1 Nr. 7 des Staatsangehörigkeitsgesetzes   verlangt"   http://vhs.dortmund.de/webbasys/index.php?kathaupt=1&katid=115&katvaterid=33&katname=Einbuergerungstest (16.12.2012)

eine Einbürgerung gegeben sind, mit den Familien gemeinsam diesen Weg beschreiten. Hierbei ist die Kostenfrage eine der wichtigsten überhaupt, da der anfallende Betrag für die Einbürgerung von den Klientinnen und Klienten selbst zu tragen ist. Hierfür kommen die staatlichen Leistungen betreffend ALG I und ALG II sowie die Sozialhilfe nicht auf. Deshalb scheitert das Vorhaben auch ganz oft an knappen Geldmitteln dieser Familien[318]. Ein weiterer Grund fürs Scheitern ist auch, dass wenn Familienmitglieder Vorstrafen in unterschiedlichen Formen haben. Wenn diese Vorstrafen eine bestimmte Summe oder eine bestimmte Zeit betragen, stellt dieser Umstand einen Grund für die Nichteinbürgerung dar[319]. Dennoch sind laut dem Statistischen Bundesamt etwa 106.900 Ausländerinnen und Ausländer im Jahr 2011 in Deutschland eingebürgert worden. Das Statistische Bundesamt[320] verzeichnet damit einen Anstieg von 5,2 Prozent an Einbürgerungen im Jahr 2010 und 11,2 Prozent mehr als im Jahr 2009. Der bestehende Trend zur Einbürgerung setzt sich somit fort. Die eingebürgerten Personen waren im Durchschnitt 30 Jahre alt und lebten durchschnittlich seit ca. 16 Jahren in Deutschland. Im Jahre 2011 stellten die Menschen mit türkischen Wurzeln die größte Gruppe der Eingebürgerten, wie schon in den Jahren zuvor, mit 28.100 Personen dar.

Zum *Familienstand* der betreuten Familien ist zu sagen, dass eine Tendenz zu alleinerziehenden Müttern zu erkennen ist. Diese machen 49% der untersuchten Fälle aus. Die Minderheit alleinerziehender Väter mit 4% ist trotzdem aussagekräftig, da in früheren Studien alleinerziehende Väter fast gar nicht in Erscheinung traten. „Nach dem aktuellen Mikrozensus 2006 des Statistischen Bundesamtes ist die Zahl der Alleinerziehenden im Zehnjahreszeitraum kontinuierlich gestiegen. Von 1.304 000 im Jahr 1996 auf 1.617000 im Jahr 2006. Den größten Anteil hatten dabei die alleinerziehenden Mütter. Ihre Zahl stieg zwischen 1996 und 2006 von 1.138000 auf 1.454000. Die Anzahl der alleinerziehenden Väter sank von 16.6000 im Jahr 1996 auf

---

[318] „In der Regel wird bei der Einbürgerung eine Gebühr von 255 Euro fällig. Für Kinder, die gemeinsam mit ihren Eltern eingebürgert werden, müssen 51 Euro gezahlt werden, werden sie alleine eingebürgert, entsteht ebenfalls eine Gebühr von 255 Euro" http://www.bundesauslaenderbeauftragte.de/einbuergerung.html (16.12.2012).

[319] Nach StAG § 12a (1) 2.+3. sind Verurteilungen zu Geldstrafe bis zu 90 Tagessätzen und Verurteilungen zu Freiheitsstrafe bis zu drei Monaten nicht einbürgerungshinderlich, aber alles, was darüber hinaus geht, ist bedenklich http://www.bundesauslaenderbeauftragte.de/einbuergerung.html (10.02.2013)

[320] www.destatis.de (16.12.2012)

16.4000 im Jahr 2006"[321]. Nave-Herz spricht von den *neuen Vätern*, die trotz ihrer Einsätze, angefangen von Geburtsvorbereitungskursen, die sie mit ihren schwangeren Frauen besuchen, bis hin zum Erziehungsurlaub, den sie mittlerweile nach dem Gesetzgeber in Anspruch nehmen können, immer noch gesellschaftlich in der Rolle des Ernährers stehen. Die geringe Anzahl der alleinerziehenden Väter sowohl in dieser Studie als auch die bundesweiten Zahlen sagen aus, dass wenige Väter sich mit den sogenannten *neuen Vätern* identifizieren, vielmehr überlassen sie die Kindererziehung den Müttern. Es lebten „im Jahr 2009 [...] 8,2 Millionen Familien mit minderjährigen Kindern in Deutschland. Fast jede fünfte davon (19%) war die Familie einer alleinerziehenden Mutter oder eines alleinerziehenden Vaters. 72% der Familien waren Ehepaare und 9% Lebensgemeinschaften mit minderjährigen Kindern. Alleinerziehende bilden somit eine feste Größe unter den Familien Deutschlands"[322]. Die Dissertationsstudie zeigt, dass ca. in der Hälfte der Familien (47%) beide Eltern zusammenleben und die andere Hälfte der Familien nur mit der Mutter. Ein geringer Prozentsatz, nämlich 4%, lebt nur mit dem Vater. Das zeigt deutlich, dass sich die alleinerziehenden Väter in der Außenseiter-Position befinden. Dennoch sagt die Bundesfamilienministerin Schröder, dass die „Moderne Familienpolitik [...] Familien (fördert), nicht Familienmodelle: Sie unterstützt Menschen dabei, ihrer Verantwortung für Kinder, Partner und Angehörige gerecht zu werden – unabhängig von der Form ihres Zusammenlebens. Damit trägt sie der Vielfalt von Lebensentwürfen in unserer Gesellschaft Rechnung. In dieser Vielfalt sind Alleinerziehende längst keine Ausnahmeerscheinung mehr: In jeder fünften Familie mit minderjährigen Kindern stemmen Alleinerziehende den Familienalltag, und das mit hohem Verantwortungsbewusstsein für die Kinder"[323]. Die Tatsache, dass Eltern aus armen und bildungsfernen Milieus immer noch an traditionellen Familienmustern festhalten und den damit verbundenen stereotypischen Rollenbildern, lässt den Tatbestand der arbeitslosen, alleinerziehenden Mütter erklären. 49% der Mütter aus dieser Untersuchung sind alleinerziehend und 86% der untersuchten Familien leben von Sozialleistungen (ausgenommen die 2% Rentnerinnen und Rentner). Nachdem die Angaben zu den Formalien näher beleuchtet worden sind, wird nun der Hilfeverlauf ausgewertet.

---

[321]https://www.destatis.de/DE/Publikationen/Thematisch/Bevoelkerung/Bevoelkerungsbewegung/BroschuereGeburtenDeutschland0120007129004.pdf?__blob=publicationFile (02.09.2012)
[322] https://www.destatis.de/DE/Publikationen/StatistischesJahrbuch/Jahrbuch2009.pdf?__blob=publicationFile (02.09.2012)
[323] Bundesministerin für Familie, Senioren, Frauen und Jugend: Monitor 2012

Der erste Schritt für den Auftrag zur Sozialpädagogischen Familienhilfe geht sicherlich über das *Bekanntwerden* der Familien auf vielfältige Art und Weise. Die vorliegende Studie ergibt, dass primär das Bekanntwerden dieser Familien zu 20% über die Schulen erfolgte. Darauf folgen die Selbstmelder, und zu 10% wurden die Familien über die Beratungsstellen an die Jugendämter vermittelt. Wenn die Wege zum Jugendamt in Gruppen zusammengefasst werden sollten, ist zu sagen, dass überwiegend Bildungseinrichtungen, wie z. B. Schule und Kindergarten mit insgesamt 26%, sowie das soziale Umfeld der Familien, wie die anonyme Meldung, Ehepartner, Großeltern und Nachbarn mit 15% und nicht zuletzt die Selbstmelder mit 16% zum *Bekanntwerden* eines Hilfebedarfs beim Jugendamt führen. Verglichen mit den Zahlen des Statistischen Bundesamtes aus dem Jahre 2010 zum Bekanntwerden, sind bundesweit die Selbstmelder mit 17.228 Familien in der Führung, gefolgt von Sozialen Diensten, wie dem Jugendamt selbst oder anderen sozialen Einrichtungen; Schulen und Kitas sind mit 3.519 Fällen auf dem dritten Platz. Die erste Erkenntnis aus dieser Studie ist zumindest für Dortmund, dass 20% der untersuchten Gruppe den Erstkontakt zum Jugendamt über die Schule hatten, d. h. , dass diese Familien aus irgendwelchen Gründen vorher nicht auffällig geworden sind/waren. Die Schule ist also ein wichtiger Kooperationspartner des JA. Aus dem Bericht Hilfen zur Erziehung[324] 2011 geht ebenfalls hervor, dass es die „[...] höchste Inanspruchnahme von Hilfen zur Erziehung im Übergangsalter von der Grundschule zur weiterführenden Schule – Veränderungen in der Altersstruktur"[325] gibt. Die im Kapitel 5.4 festgestellten Verhaltensauffälligkeiten der *Index Patienten*, nämlich dass der größte Teil der auffälligen Kinder und Jugendlichen entweder durch Entwicklungsverzögerung oder durch inadäquates Verhalten in der Schule auffällt, bestätigt die Höhe des Bekanntwerden dieser jungen Menschen mit 26% aus Bildungseinrichtungen.

---

[324] Hilfen zur Erziehung (HzE): „Die Hilfe zur Erziehung für Kinder und Jugendliche ist die 'klassische' individuelle Leistung der Jugendhilfe." Sie ist ein inhaltlich in sich geschlossenes Konzept sozialpädagogischer Handlungsformen, welches sich größtenteils aus der Erfahrung der Praxis entwickelt hat. §27 SGB VIII enthält die Grundnorm über die Hilfe zur Erziehung. "Wird festgestellt, dass im konkreten Einzelfall ohne eine sozialpädagogische Hilfe eine dem Wohl des Kindes/ Jugendlichen entsprechende Erziehung nicht gewährleistet werden kann und ein auf die Situation ausgerichtetes Angebot der erzieherischen Hilfe für die Entwicklung des Kindes/ Jugendlichen geeignet und notwendig ist (§ 27 Abs. 1), so besteht für die Personensorgeberechtigten ein Rechtsanspruch auf diese Hilfe" SGB VIII – Online-Handbuch
(Hrgb.)I. B.-Textor/M. R. Textor http://www.sgbviii.de/S58.html (11.11.2012)
[325] HzE Bericht 2011, Datenbasis 2009 von Fendrich, S./Pothmann, J. u. a.

Die Selbstmelder sind mit 16% eine Gruppe, die es nicht zu vernachlässigen gilt. Natürlich ist bekannt, dass viele Familien Berührungsängste mit dem Jugendamt haben. Die Hemmschwelle bei den Familien mit ausländischen Wurzeln ist scheinbar viel höher als bei den deutschen Familien. Die Angst, dass das JA ihnen die Kinder „wegnimmt" (IO[326]), ist sehr groß (siehe: Kapitel 7). Die Quote der Selbstmelder bei den deutschen Familien ist im Vergleich zu den Familien mit ausländischen Wurzeln höher. Dies könnte ein Indiz dafür sein, dass die Aufklärungsarbeit des JA nicht bei den Familien angekommen ist, zumal es sehr wenige muttersprachliche Informationsmaterialien zu den einzelnen Hilfen zur Erziehung und zu Rechten der Eltern/Kinder und Verpflichtungen der Eltern/Kinder gibt. Besonders im Hinblick auf den Paragraphen 1 Abs. 1 SGB VIII (2)[327], dass „Eltern und andere Erziehungsberechtigte bei der Erziehung (zu) beraten und unterstützen" sind, wird die Information bei der aktuellen Haushaltssituation der Städte eher mit Vorsicht betrieben; zumal die Intensität der Beratung und Aufklärung individuell bei den Mitarbeiterinnen bzw. Mitarbeitern der jeweiligen Jugendhilfedienste liegt. „Ziel der Beratung muss es sein, daß (sic!) die Berechtigten so gut als möglich Informationen bekommen, die ihnen eine eigene Entscheidungen und Bewertungen möglich machen. Die Beratung kann nicht nur auf ein Ergebnis hin ausgerichtet sein, sondern muß (sic!) den Entscheidungsprozeß (sic!) der Beteiligten, der gewollt notwendig ist und der später Teil der Therapie und Betreuung ist, fördern und einschließen"[328].

Bei den Familien mit nicht-deutschen Wurzeln kommt erschwerend die Kommunikationsproblematik hinzu. Zu der muttersprachlichen Aufklärung bei den Jugendhilfediensten ist zu sagen, dass Familien, sofern sie der deutschen Sprache nicht mächtig sind, sich häufig jemanden mitnehmen, um somit die Verständnisschwierigkeiten zu überwinden, oder die Fachkräfte vor Ort schauen, ob im Kollegium jemand dieser

---

[326]Inobhutnahme von Kindern und Jugendlichen
Rechtsgrundlage: §42 SGB VIII: (1) Das Jugendamt ist berechtigt und verpflichtet, ein Kind oder einen Jugendlichen in seine Obhut zu nehmen, wenn
1.   das Kind oder der Jugendliche um Obhut bittet oder
2.   eine dringende Gefahr für das Wohl des Kindes oder des Jugendlichen die Inobhutnahme erfordert und
a)   die Personensorgeberechtigten nicht widersprechen oder
b)   eine familiengerichtliche Entscheidung nicht rechtzeitig eingeholt werden kann oder
3.   ein ausländisches Kind oder ein ausländischer Jugendlicher unbegleitet nach Deutschland kommt und sich weder Personensorge- noch Erziehungsberechtigte im Inland aufhalten.
[327] http://www.gesetze-im-internet.de/sgb_8/__1.html (16.12.2012)
[328] Krug, H./Grüner, H. u. a. (1991): Kinder- und Jugendhilfe – Sozialgesetzbuch (SGB) – Achtes Buch (VIII) – Kommentar, Starnberg-Percha: Verlag R. Schulz, S. 8

Sprache mächtig ist, um die Familie muttersprachlich zu beraten. Zu den muttersprachlichen Informationsmaterialien ist zu erwähnen, dass zumindest in den letzten 10 Jahren einiges erschienen ist. Trotzdem gibt es für eine Familie bzw. für einen Familienangehörigen viele Hürden, die genommen werden müssen, den Weg zum JA zu finden und dort vorstellig zu werden.

Seit einigen Jahren wird in Zeitungen Aufklärungsarbeit von freien Trägern betrieben, wie zum Beispiel unter der Überschrift *Wenn Eltern hilflos sind*[329], und Eltern werden dafür stark gemacht, sich die Hilfe des Jugendamtes über die freien Träger zu holen, so dass die Hemmschwelle für die betroffenen Eltern dann nicht mehr eine so große ist. Für die Familien mit Migrationshintergrund ist die Hürde der Sprache wohl am gravierendsten. Im Falle eines Bekanntwerdens der Familien über Dritte, also nicht bei Selbstmeldern, wird der ASD tätig. Die Vorgehensweise, wie der Allgemeine Soziale Dienst[330] bei *Bekanntwerden* von Familien, die mutmaßlich Hilfe benötigen, verfährt, wird wie folgt beschrieben: „Vielerorts ist den Jugendämtern festgelegt, dass die Sozialen Dienste allen – auch anonymen Hinweisen nachgehen und die Bedeutung der Mitteilung durch einen Hausbesuch abklären. Dabei ist [...] das Erscheinungsbild des Kindes und sein Verhalten sowie die häusliche und soziale Situation der Familie prüfend in den Blick zu nehmen. Die Befragung des Kindes je nach Alter und das Gespräch mit den Eltern sind dabei wesentliche Instrumente der Abklärung, wie der Hinweis zu bewerten ist, aber gleichzeitig auch eine Überprüfung, wie akut eine Bedrohung des Kindeswohls festgestellt werden kann/muss"[331]. Nachdem geklärt worden ist, dass die SPFH als eine Form der Ambulanten Hilfen zur Erziehung die adäquate Hilfe für die betreffende Familie ist, verhandelt das Jugendamt mit den freien Trägern, dass sie die Aufgabe übernehmen. Jordan schreibt, dass „[...] es von zentraler Bedeutung (ist), dass der Träger die Aufgabe nur dann übernimmt, wenn hinreichende fachliche, zeitliche und sonst gebotene Ressourcen auch tatsächlich zur Verfügung stehen. Da unter Kostendruck häufiger nur sehr begrenzte

---

[329] Stadtanzeiger 6762/5 Dortmund, Lokales (02.01.2013)
[330] Allgemeine Soziale Dienst (ASD)
[331] Jordan, E. (2006): Kindeswohlgefährdung. Rechtliche Neuregelungen und Konsequenzen für den Schutzauftrag der Kinder- und Jugendhilfe. Herausgegeben vom Institut für soziale Arbeit e. V. Münster. Juventa Verlag Weinheim und München, S. 131

Ressourcen bewilligt werden, müssen Träger diese Schutzvoraussetzungen der Hilfeerbringung in der Hilfeplanung wie auch in den Entgeltverhandlungen durchsetzen, um die Hilfeerbringung verantwortlich zu gestalten"[332].

Nachdem der entsprechende Träger den Arbeitsauftrag angenommen hat, wird der *Hilfeplan*, der von der zuständigen JHD-Mitarbeiterin oder dem JHD-Mitarbeiter mit der betreffenden Familie besprochen und formuliert worden ist, an die Fachkraft weitergegeben. Von den fünf großen Einsatzbereichen der Fachkräfte steht die Erziehungsberatung der Familien mit 77,5% an erster Stelle. In der bundesweiten Statistik liegt, wie in dieser Studie, die „eingeschränkte Erziehungskompetenz der Eltern/Personen-sorgeberechtigten (z. B. Erziehungsunsicherheit, pädagogische Überforderung, unangemessene Verwöhnung)" bei den insgesamt 42.329 im Jahre 2010 begonnenen Hilfen mit 26.406 Familien ebenfalls an erster Stelle. Die weiteren vier Plätze der Hilfeplanung in dieser Studie sind folgendermaßen besetzt: Der Kooperationsbedarf mit Kindergarten/Kindertagesstätten und Schulen liegen bei 61,5%. Der Kontakt zu Ärzten und Kliniken liegen bei 60%, Ämter- und Behördengänge bei 35,5% und die Einbindung in Soziale Netzwerke bei 31%. Bundesweit liegt an zweiter Stelle mit 12.707 Familien die „unzureichende Förderung/ Betreuung/Versorgung des jungen Menschen in der Familie (z. B. soziale, gesundheitliche, wirtschaftliche Probleme)", an dritter Stelle die „Gefährdung des Kindeswohls (z. B. Vernachlässigung, körperliche, psychische, sexuelle Gewalt in der Familie)" und zuletzt die Unversorgtheit eines jungen Menschen (z. B. Ausfall der Bezugspersonen wegen Krankheit, stationärer Unterbringung, Inhaftierung, Tod; unbegleitet eingereiste Minderjährige)" mit 1.934 Familien. Handschuk kritisiert vor allem den Aspekt, dass „[...] Fachkräfte der Kinder- und Jugendhilfe (würden) bei der Fallanamnese und –Diagnose den Migrationshintergrund allzu oft vernachlässigen, dass sie die Fremdheit der Migrantenkinder und ihrer Familien gegenüber den deutschen Hilfeinstitutionen kaum reflektieren und auch ihr kulturell unterschiedliches Verständnis von Hilfe nicht ausreichend bearbeiten". Somit ist eine interkulturelle Öffnung in stationären Erziehungshilfen überfällig, die in der Hilfeplanung der Sozialpädagogischen Familienhilfe schon längst geschehen zu sein scheint. Allein die ersten drei Punkte des Hilfeplans zeugen von einem Entgegenkommen den Familien mit ausländischen Wurzeln gegenüber, da in vielen Fällen die Familien diese Bereiche eigenständig nicht abdecken können, trotz Schulbesuch und Deutschkenntnissen.

---

[332] Jordan, E. 2006, S. 207

Nachdem die Hilfe installiert worden ist und der Hilfeplan feststeht (übrigens können je nach Hilfe die einzelnen Hilfeplanaspekte im weiteren Verlauf der Hilfe verändert und dem Bedarf der Familien immer wieder neu angepasst werden), wird
eine adäquate zeitliche Rahmung der Sozialpädagogischen Familienhilfe festgelegt.
In dieser Studie wurden die *durchschnittliche monatliche Betreuungsdauer* und die
wöchentliche Anzahl der *Fachleistungsstunden,* mit denen die Familien im Laufe der
Hilfe begleitet wurden, erfasst. Der zeitliche Rahmen liegt bei dieser Studie mit 15,78
Monaten im bundesdeutschen Durchschnitt. Laut Statistischem Bundesamt 2010
betrug die durchschnittliche Betreuungsdauer der SPFH bundesweit 15 Monate.

Die Anzahl der Fachleistungsstunden betrug in dieser Studie 5,94 Stunden pro Wo-
che. Im Vergleich zum bundesweiten Durchschnitt lag die durchschnittliche Anzahl
der von den Fachkräften erbrachten Fachleistungsstunden bei 5-6 Stunden in der
Woche[333]. Das heißt, dass die in der Studie erfassten Familien aus Dortmund in den
Jahren 2006-2011 sowohl von den betreuten Monaten als auch von den Fachleistungsstunden her im bundesdeutschen Durchschnitt lagen. In der Praxis wird die
Hilfe je nach Situation der Familien in den Hilfeplangesprächen (meistens einmal im
Halbjahr, bei Bedarf kann das auch variieren) um ein paar Stunden reduziert, so dass
in Fällen, in denen es absehbar ist, die Hilfe zu beenden, die Fachkraft sich langsam
von der Familie verabschiedet und die Familie, sich gestärkt allein um ihre Anliegen
kümmern kann. Der Abnabelungsprozess von den Klientinnen und Klienten kann je
nach Dauer und Intensität der Hilfe unterschiedlich verlaufen (siehe: Beendigungsgründe und Nachbetreuung).

Das Hilfeangebot SPFH beruht auf freiwilliger Basis, kann aber auch als *Kontrollauftrag* dem Kinderschutz dienen und als Auflage erteilt werden[334]. Zu welchen Teilen
die Hilfe aufgrund einer Freiwilligkeit in Anspruch genommen wird und zu welchen
Teilen sie als aufgezwungene Hilfe vom JA im Zwangskontext installiert wird, z. B.
aufgrund einer richterlichen Anordnung, zeigt sich in der Studie in Form der Abfrage:
Kontrollauftrag ja oder nein. Sicherlich sind bei der Erfassung dieser Kategorie nur
die eindeutig ausgesprochenen Fälle von Kontrollaufträgen festgehalten. Oft sind
Kontrollaufträge verdeckt oder nicht eindeutig. Im alltäglichen Geschäft der SPFH ist
Hilfe und/oder Kontrolle nicht eindeutig ersichtlich, da viele Elemente ineinander

---

[333] http://www.destatis.de/jetspeed/portal/cms/Sites/destatis/Internet/DE/Content/Publikationen/
Fachveroeffentlichungen/Sozialleistungen/KinderJugendhilfe/ErzieherischeHilfeErziehungsbera-
tung5225101077005.psml (24.12.2011)
[334] http://www.jeh-seitz.de/fachbereichjugendhilfe.html (06.10.2012)

verlaufen. „Familienhelfer werden häufig bei Verdacht auf sexuellen Mißbrauch (sic!) eingesetzt, um so Möglichkeiten für Maßnahmen zur Sicherung des Kindeswohles herbeiführen zu können. Je mehr jedoch Familienhelfer Wert legen auf Klarheit und Offenlegung ihres Arbeitsauftrags, desto weniger kommen indessen verdeckte Kontrollaufträge in der Familienhilfe zum Tragen[335]. [...] Ein solcher "Spionageauftrag" hat erwartungsgemäß Einfluß (sic!) auf die Haltung und die Vorgehensweise des Familienhelfers. Nimmt er diesen Auftrag an, gerät der Familienhelfer möglicherweise zu sehr in eine Rolle, Beweise zu sammeln, anstatt die Entwicklung von Veränderungsprozessen zu unterstützen [...]"[336].

83% der Familien in der Studie haben freiwillig SPFH bezogen und nur bei 17% lag ein eindeutiger Kontrollauftrag vor. 1994 schrieb Flösser über diese *dilemmatische,* dass „SozialarbeiterInnen strukturell die Autonomie der Lebenspraxis ihrer Adressaten mißachten (sic!) müssen, da die Normanwendung und –durchsetzung gegenüber der Klientel (soziale Kontrolle) im Konfliktfall höhere Relevanz beansprucht als die Er- und Bearbeitung der subjektiv immer auch vorhandenen Gründe für einen Normverstoß (Hilfe)[...]"[337].

Sicherlich ist es sowohl für die Familien als auch für die Fachkräfte sehr schwer unter Zwang und Kontrolle miteinander zu arbeiten. Deshalb ist es den Fachkräften überlassen, ob sie diese Art von Aufträgen annehmen oder nicht. Zu den Maßnahmen ist zu sagen, dass während des gesamten Hilfeverlaufs (je nach Dauer) einige wenige bis vielfältige Maßnahmen unternommen werden können. Die vorliegende Studie zeigt, dass der Bedarf bei Eltern mit jüngeren Kindern eher im Bereich der Stärkung der Erziehungskompetenzen im Vordergrund steht und die Förderung der Kleinen in ihrer körperlichen und/oder geistigen Entwicklung. Anders sieht es bei den Jugendlichen aus. Da steht hauptsächlich die Förderung des einzelnen Jugendlichen im Fokus und die Eltern bekommen in der Hilfeplanung weniger Beachtung. Die Bereiche, die für Jugendliche relevant sind, sind unter anderem, sie sozial zu vernetzen. Ganz

---

[335] Vgl. Conen, M. L.: „Wie können wir Ihnen helfen, uns wieder loszuwerden?" – Aufsuchende Familientherapie mit Multiproblemfamilien. In: Zeitschrift für systemische Therapie, Jg.14 (3), Juli 1996, S. 178-185

[336] http://www.bmfsfj.de/14-Sozialpaedagogische-familienhilfe-bei-besonderen-situationen-und-problemlagen/14-1/14-1-2-sexueller-missbrauch-als-thema-in-der-arbeit-eines-familienhelfers.html (07.10.2012)

[337] Flösser, G. (1994): Soziale Arbeit jenseits der Bürokratie. Über das Management des Sozialen. Neuwied/ Kriftel/Berlin: Luchterhand Verlag GmbH, S. 35-36

häufig fallen in der Hilfeplanung die Ausdrücke: Freizeitgestaltung, an Vereine anbinden u. ä. Des Weiteren sind die Klärung des Therapiebedarfs und die Anbindung an eine adäquate Therapieform von Nöten.

Von den bundesweit betreuten 38.645 Familien in der SPFH, deren Betreuung im Jahre 2010 *beendet* wurde, sind die Maßnahmen bei 23.969 Familien gemäß dem Hilfeplan zum Abschluss gebracht worden. Das heißt, diese Familien brauchten keine Hilfe mehr. In der vorliegenden Studie sind die *Beendigungsgründe* sehr vielfältig. Aber eins hat diese Studie mit der vom Bmfsfj ermittelten gemeint, nämlich den in der Dissertationsstudie am häufigsten genannten Beendigungsgrund: Die Familie braucht keine Hilfe mehr mit 51%. Der Wechsel zu einem anderen Träger mit 10% ist nicht unüblich: Wenn z. B. das Verhältnis zwischen der Fachkraft und Familie nicht harmoniert oder die Fachkraft über mehrere Jahre in der Familie ist und dadurch ein *Distanzproblem* entstehen könnte u. v. a. m., können Gründe für einen Trägerwechsel entstehen. Auch die Gründe für Abbrüche der Hilfe (10%) können vielfältig sein. Da die SPFH zum größten Teil auf freiwilliger Basis stattfindet, ist es sowohl den Familien als auch den Fachkräften möglich, die Hilfe vorzeitig zu beenden. Umzüge innerhalb Deutschlands (7%) sind ebenfalls ein Beendigungsgrund der SPFH. Die problematischste Art, die Hilfe zu beenden, ist zweifelsohne die Fremdunterbringung des Kindes/der Kinder (9%) oder die Inobhutnahmen durch das Jugendamt bei Kindeswohlgefährdungsfällen, die verständlicherweise meistens ohne das Einverständnis bzw. die Einsicht der Eltern/des Elternteils geschehen. Sicherlich ist das eine belastende Situation für alle Beteiligten und eine unerwünschte Art, eine Hilfe zu beenden. Meistens brauchen die Fachkräfte nach solch einer Mitentscheidung oder Empfehlung selber professionelle Begleitung. Die Ergebnisse des Jugendamtes der Stadt Dortmund aus dem Jahre 2010[338], die zur Beendigung der Hilfen führten, sind folgende: Von den insgesamt 357 beendeten Hilfen wurden bei 171 Familien der Hilfeplanziel erreicht. Abbrüche gab es in 64 Familien, in 46 Familien wurden sie wegen Fremdunterbringung beendet, bei 76 Familien wegen Sonstigem (z. B. Wohnungswechsel etc.). Dieses Ergebnis ist konform mit dem Ergebnis der Dissertationsstudie.

Über die neusten Erkenntnisse zur Beendigung der Hilfe aus Sicht der betreuten Familien beschreibt eine Studie aus Siegen[339], dass diese sich bei Beendigungen der

---

[338] Vgl. Geschäftsbericht des Jugendamtes 2010 http://www.jugendamt.dortmund.de/upload/binarydata_do4ud4cms/87/22/21/00/00/00/212287/Geschaeftsbericht_2010.pdf (16.12.2012)
[339] Das Forschungsprojekt: „Sozialpädagogische Familienhilfe aus der Sicht der Klientinnen und Klienten" von Wolf und seinen Mitarbeiterinnen und Mitarbeitern aus dem Jahre 2005

Hilfe ausgeliefert fühlten und sie ein Gefühl des Verlassen-Werdens hatten. Deshalb wurde von den Teilnehmerinnen und Teilnehmern des oben erwähnten Projekts vorgeschlagen, die Beendigungen so zu gestalten, dass nach der Hilfe noch einige wenige Termine, mit unterschiedlichen Zeitintervallen, mit den Familien stattfinden sollten. Grundsätzlich gibt es immer die Möglichkeit, dass die Familien nach Beendigung der Hilfe sich bei Bedarf an ihre JHD-Mitarbeiterin und ihren JHD-Mitarbeiter wenden. Auch bieten in Dortmund viele Träger die kostenlose Nachbetreuung der Klientinnen und Klienten an (einzelne sporadische Kontakte, die sich dann verlaufen). Da die Fachkraft eine vertraute Ansprechpartnerin bzw. ein Ansprechpartner für die Familie ist, gestaltet sie die Nachbetreuung relativ locker und bietet beispielsweise den Eltern an, sich telefonisch zu melden, um sich vielleicht in irgendeiner Situation Rückendeckung zu holen[340].

Zum *Alter der Eltern* ist zu sagen, dass die Streuung sowohl bei den Müttern als auch bei den Vätern sehr groß ist. So kann davon ausgegangen werden, dass einerseits sehr junge Eltern in der vorliegenden Studie vorkommen, andererseits auch Eltern im fortgeschrittenen Alter. Die Altersspanne der Mütter liegt zwischen 29-45 Jahren und die der Väter zwischen 32-52 Jahren[341]. Sicherlich ist die Altersspanne auch ein Zeichen dafür, dass nicht nur Familien eine SPFH bekommen, wenn ihr erstes Kind auf die Welt gekommen ist, sondern bei einigen Familien kann eine SPFH installiert werden, wenn die Mutter noch in der Schwangerschaft ist und die Geburt in Kürze ansteht. Deshalb weist die Studie relativ viele junge Mütter auf und somit wird der Altersdurchschnitt nach unten gezogen. Die SPFH kann aber auch erst beim fünften Kind installiert werden, da die Familie bzw. eines oder mehrere der Kinder (IP) erst spät auffällig geworden ist/sind oder selbst die Hilfe in Anspruch nehmen möchte/n.

Zu der *wirtschaftlichen Situation* der Familien, die aus der Studie hervorgeht, ist zu sagen, dass 86% der untersuchten Familien von Sozialleistungen (Alg. II und Sozialhilfe) leben. Im Hinblick auf die Quote von 49% alleinerziehender Mütter und 4% alleinerziehender Väter ist die Feststellung in Kapitel 2.2, dass die freie Wahl von Lebensformen und die damit verbundene Herauslösung aus Bindungen gleichzeitig zu größeren Abhängigkeiten von Sicherungsinstitutionen führt, zutreffend[342]. „Zwei

---

http://www.uni-siegen.de/fb2/mitarbeiter/wolf/files/download/forschung/spfh_forschung/spfh_anschlussprojekte.pdf (02.11.2012)
[340] Vgl. Blüml, H. /Helming, E. u. a. 1994
[341] In dieser Kategorie haben 55 von 200 Werten gefehlt.
[342] Universität Augsburg 2007, Seminar: Theorien sozialer Ungleichheit

von drei Familien, die eine Sozialpädagogische Familienhilfe in Anspruch nehmen, sind gleichzeitig auf staatliche Transferleistungen angewiesen"[343] ist die Aussage zur wirtschaftlichen Situation der SPFH Familien in Nordrhein-Westfalen aus dem Jahre 2010. Die im Kapitel 2.2 angeführte Diskussion, dass die Lösungen von Bindungen mit Abhängigkeiten an Sicherungsinstitutionen, wie die hier genannten Sozialämter und Arbeitsämter, einhergehen, hat sich auch in dieser Studie bestätigt.

Der Stadtteil Innenstadt-Nord ist ein „[...] Stadtteil mit der höchsten Arbeitslosenquote, mit der ausgeprägtesten Armut, aber gleichzeitig ist es der kinderreichste Stadtteil"[344]. Eine weitere Erklärung wäre der hohe Anteil von Familien mit Migrationshintergrund (65%). „Obwohl Mitglieder einer Zuwanderergruppe auch Angehörige der höheren Klassen seien, werde die „underclass" von der Mehrheitsgesellschaft so kategorisiert, dass ihrer (sic!) Armutsursache *ethnisch* erklärt werden könnte. Dieser merkwürdige Widerspruch zwischen der schichtspezifischer Differenzierung und ethnischer Homogenisierung findet sich auch [...]in der Debatte um „Ausländerghettos" wieder"[345].

Wie anfangs festgestellt, besitzen Familien mit ausländischer Wurzel häufig wenig kulturelles Kapital, was dahin führt, dass sie durch keine bzw. geringe Qualifizierung keine Arbeit finden und somit zu vielen Bereichen des sozialen Lebens keinen Zugang finden. Die alleinerziehenden Mütter mit 49% könnten einen weiteren Erklärungsansatz darstellen. Mit Blick auf die anteilig größte Hilfeempfängergruppe, die Alleinerziehenden, zeigt sich, dass diese im Vergleich zu dem gesamten Klientel der Hilfen zur Erziehung materiell schlechter gestellt ist: 72% der Alleinerziehenden, die eine Hilfe zur Erziehung in Anspruch nehmen, sind gleichzeitig auf finanzielle staatliche Unterstützung angewiesen. Die Studie untermauert die Aussage von HzE aus dem Jahre 2009 (2011 veröffentlicht). Die Quote der von staatlicher Unterstützung lebenden Menschen beträgt fast 90% und die Alleinerziehenden (Mütter 49% und Väter

http://www.philso.uni-augsburg.de/lehrstuehle/soziologie/sozio1/medienverzeichnis/Bosancic_WS_07_08/SU_PP_Indi.pdf (12.11.2012)

[343] http://www.lvr.de/media/wwwlvrde/jugend/service/arbeitshilfen/dokumente_94/jugend_mter_1/jugendhilfeplanung/daten_und_demografie/hze/HzE-BERICHT_2012_LVR.pdf (13.12.2012)

[344] http://www.sdaj-dortmund.de/2011/05/08/dortmunder-nordstadt-ein-vernachlassigter-stadtteil/ (09.09.2012)

[345] Eder, K./Rauer, V. u. a. (2004): Die Einhegung des Anderen. Türkische, polnische und russlanddeutsche Einwanderer in Deutschland. VS Verlag für Sozialwissenschaften/GWV Fachverlage GmbH, Wiesbaden, S. 105-106

4%) machen mehr als die Hälfte der untersuchten Gruppe aus. Verglichen mit der Gesamtbevölkerung sahen die Zahlen aus dem Jahre 2007 folgendermaßen aus: Bei einer Bevölkerungszahl der Bundesrepublik Deutschland von ca. 82 Millionen Menschen (100%) beträgt die Zahl der Erwerbstätigen 34,338 Millionen (41,7%). Die Zahl der Menschen, die von Transferleistungen[346] leben, beträgt 6,044 Millionen (7,3%), die von Rente und Vermögen leben, beträgt 18,830 Millionen (22,9%)[347].

In dem Bericht zur regionalen Armutsentwicklung in Deutschland 2012 des Paritätischen Wohlfahrtsverbandes heißt es: „So stieg die Armutsgefährdungsquote in Nordrhein-Westfalen von 15,4 Prozent auf 16,6 Prozent! In Berlin sprang sie sogar um 1,9 Prozentpunkte von 19,2 Prozent auf 21,1 Prozent! Das heißt auch: Die Armutsquote hat in Nordrhein-Westfalen seit 2006 kontinuierlich um insgesamt 19,4 Prozent zugenommen, in Berlin sogar um 24,1 Prozent – Tendenz steigend!"[348].

Die Dortmunder Zahlen zur Armutsentwicklung von 2006 bis 2011 sehen folgendermaßen aus:

2006 → 20,2%,

2007 → 20,5%,

2008 → 21,3%,

2009 → 22,2%,

2010 → 23,0%,

2011 → 24,2%[349].

---

[346] Mit Transferleistungen sind hier das Arbeitslosengeld I, das Arbeitslosengeld II und sonstige Sozialleistungen gemeint.
[347] https://www.destatis.de/DE/Publikationen/StatistischesJahrbuch/Jahrbuch2009.pdf?__blob=publicationFile (02.09.2012)
[348] http://www.der-paritaetische.de/index.php?eID=tx_nawsecuredl&u=0&file=fileadmin/ dokumente/2012Armutsbericht/a4_armutsbericht-2012_web.pdf&t=1368692095&hash=224e878e4857ce2ae0754077ea2559df96a91006 (03.09.2012)
[349] Positive Trends gestoppt, negative Trends beschleunigt. Bericht zur regionalen Armutsentwicklung in Deutschland 2012 (Datenquelle: Statistische Ämter des Bundes und der Länder) http://www.der-paritaetische.de/index.php?eID=tx_nawsecuredl&u=0&file=fileadmin/dokumente/2012Armutsbericht/a4_armutsbericht-2012_web.pdf&t=1368692095&hash=224e878e4857ce2ae0754077ea2559df96a91006 (03.09.2012)

5.6 Fazit

Grundsätzlich lässt hier festhalten, dass die erhobenen Daten zu den 200 SPFH Familien, ohne Anspruch auf Allgemeingültigkeit, sehr nah an den Zahlen und Daten einiger Veröffentlichungen im Bereich der Sozialpädagogischen Familienhilfe sind und auch regional und überregional im bundesdeutschen Durchschnitt liegen. Das bedeutet einerseits, dass die Ergebnisse der Dissertationsstudie nicht nur spezifisch für eine Dortmunder Einrichtung oder ein oder mehrere Stadtteile sind, und andererseits zeugen sie von einem Bereich, der relativ schwach ist, und dass dort Grundsatzdiskussionen notwendig sind. Das ist ein Bereich, der durch mehr wissenschaftliche Begleitung ausbaufähig ist und optimiert werden kann.

Die Datenvielfalt dieser Studie lässt sich folgendermaßen auf einige Nenner bringen: Die SPFH Familien, um die es hier geht, haben fast in allen Bereichen des Lebens schwierige Umstände zu bewältigen. Dies fängt damit an, dass die Überzahl der Familien in vernachlässigten Stadtteilen lebt mit vielen negativen Einflüssen sowohl auf die Erwachsenen als auch auf die Kinder, wie zum Beispiel wenig Wohnfläche, schlecht ausgestattete Wohnungen, wenig Grün- und Spielfläche, sowie ein Leben abseits von kulturellen Eindrücken wie Theater, Kino etc. Auch in sogenannten *guten* Stadtteilen leben diese Familien in einigen bestimmten Straßen, in denen viele von Jugendamt betreut werden (meistens sogar in denselben Wohnhäusern von unterschiedlichen Trägern betreut). Außerdem muss mit statistisch fast drei Kindern pro Familie alles, was an knappen materiellen und emotionalen Ressourcen von Seiten der Eltern oder Elternteilen vorhanden ist, durch drei geteilt werden. Fast vier Fünftel dieser Familien leben von staatlichen Unterstützungen, sind also auf der Seite der Empfängerinnen bzw. Empfänger und das macht sich ganz stark in dem Selbstwertgefühl dieser Menschen bemerkbar. Die Hälfte dieser Familien ist alleinerziehend und zwei Drittel der verhaltensauffälligen Kinder sind männlich. Circa drei Fünftel dieser Familien haben keine deutschen Wurzeln. Einerseits sind die ethnische Vielfalt der Familien in der SPFH und die Vielfalt auf Seiten der Fachkräfte eine große Bereicherung und Ressource für dieses Arbeitsfeld, wie in vielen anderen Bereichen des Lebens auch, und können unterschiedlich genutzt werden; aber andererseits ist es auch eine große Herausforderung für alle Beteiligten und es bedarf sehr viel an Fachwissen, Erfahrung und Reflexivität von Seiten der Professionellen und Aufnahme, Annahme und Anpassung, im Sinne von sich Einlassen und „kompatibel machen", auf Seiten der Adressatinnen und Adressaten. Das relativ geringe Bildungsniveau der Eltern führt automatisch dahin, dass die Mehrheit dieser Eltern von staatlicher Unterstützung leben.

Die prekäre finanzielle Situation macht sich in dieser Studie in punkto Hilfeplan mit 2% Schuldnerberatung bemerkbar, betrifft aber vielmehr den Alltag dieser Familien mit ihren Kindern. Auch der Gang zur *Tafel*[350] kostet die meisten dieser Familien anfangs Überwindung. Oftmals bewirkt dieser Gang einen Gesichtsverlust und bei den Familien endgültig das Eingeständnis, dass sie unfähig sind, ihre Familienmitglieder selbstständig ernähren zu können. Das hat zur Folge, dass sie sich unnütz und wertlos vorkommen. Ein Klientenkind sagte beim ersten Einkauf bei der *Tafel* zu seinen Eltern:

> „Wenn wir die Sachen nicht bezahlen, sagen die zu uns, wir hätten die Sachen gestohlen!"

Es soll hier erwähnt werden, dass knapp mehr als die Hälfte der Familien bei der Beendigung der Hilfen zur ambulanten Erziehung (SPFH) mit der Option *Familie braucht keine Hilfe mehr* zu verzeichnen waren. Das Glas ist im übertragenen Sinne also halbvoll.

Das folgende Kapitel beinhaltet den Vergleich zwischen türkischstämmigen Familien und deutschen Familien in der Sozialpädagogischen Familienhilfe.

---

[350] „Derzeit gibt es mehr als 900 Tafeln in Deutschland. Alle sind gemeinnützige Organisationen. Bundesweit unterstützen sie regelmäßig über 1,5 Millionen bedürftige Personen mit Lebensmitteln – knapp ein Drittel davon Kinder und Jugendliche. Bedürftig sind für die Tafeln alle Menschen, die nur über wenig Geld im Monat verfügen können, z. B. weil sie eine kleine Rente haben, Arbeitslosengeld I oder II, Sozialhilfe oder Grundsicherung beziehen. Damit die Hilfe auch da ankommt, wo sie am dringendsten benötigt wird, lassen sich die Tafeln die Bedürftigkeit ihrer Kunden durch offizielle Dokumente nachweisen. Grundsätzlich gilt jedoch: Die Tafeln helfen allen Menschen, die der Hilfe bedürfen" (http://www.tafel.de/die-tafeln.html)(04.09.2012).

6 Daten im Vergleich

6.1 Deutsch- und türkischstämmige Familien im Vergleich

„The moment when the scientist despairs"

„Viele Migranten haben mit ihrem Koffer auch ihre Traditionen mit nach Deutschland gebracht und sind geblieben, wie sie gekommen sind. Mit ihren Füßen sind sie hier, aber in ihrem Kopf und ihrem Herzen haben sie ihr Dorf nie verlassen", schreibt Kelek[351] über die erste Migrantengeneration. Sicherlich sind die 2. und 3. Generation, die Kinder und Enkelkinder, nicht mehr in diesem Ausmaße mit der ursprünglichen Heimat verbunden; zudem sind viele der SPFH Familien, die in dieser Studie untersucht worden sind, noch nie in ihrem Leben in ihren ursprünglichen Herkunftsländern gewesen. „Einerseits wachsen sie in einer Familie oder ethnischen Einwandererkolonie auf, die die Werte und Normen ihres Herkunftslandes repräsentieren, und andererseits kommen sie im Aufnahmeland mit Sozialisationsinstanzen in Kontakt, die die Werte und Normen der einheimischen Gesellschaft vertreten"[352].

Trotz der Wunschvorstellung ihrer Eltern haben die Generationen, die hier geboren und aufgewachsen sind, oft fundamental entgegengesetzte Lebensvorstellungen und diese kollidieren mit denen ihrer Eltern. Ihre Eltern hießen lange „Gastarbeiter", wissenschaftlicher hießen sie „Arbeitsmigranten". Und doch gehören sie alle zu jener Gruppe Menschen, die in Deutschland lange schlicht als *Ausländer* bezeichnet wurden, heute als Mitbürgerinnen und Mitbürger mit Migrationshintergrund. „Die Abgrenzung zwischen Migranten und Nicht-Migranten [...] erfolgt aufgrund einer variablen Auswahl von Kriterien, welche zwar eine gewisse Binnendifferenzierung zulassen (z. B. nach Nationalität oder Geburtsland), die reale Heterogenität dieser Bevölkerungsgruppe jedoch nicht abbilden. Es handelt sich außerdem nicht um die subjektive Selbsteinschätzung durch die Betroffenen, sondern um eine Fremdidentifikation auf der Basis eines vorgegebenen Rasters. Die Bedeutung statistischer Aussagen über die Bevölkerung mit Migrationshintergrund ist daher nur unter Berücksichti-

---

[351] Kelek, N. (2006): Die verlorenen Söhne. Plädoyer für die Befreiung des türkisch-muslimischen Mannes. Kiepenheuer & Witsch, S. 209
[352] Stahl, J. 2006, S. 19-20

gung der jeweils verfolgten Fragestellung und der Differenzierungskriterien zu ermessen"[353]. Doch der komplizierte, politisch korrekte Begriff ist nicht nur ein Zeichen
für den Wunsch nach einem toleranteren Umgang mit dem Fremden, sondern spiegelt die Vielfalt eines ungelösten Problems unserer Gesellschaft wider. Sie kamen als
Gäste für wenige Jahre und blieben doch Jahrzehnte, holten ihre Familien ins Land,
bekamen Kinder und Kindeskinder.

Und doch hieß es in den 1990er-Jahren weiterhin: „Deutschland ist kein Einwanderungsland"[354].

Da die Elterngeneration von türkischstämmigen Familien der in der Studie erschei-
nenden Kinder und Jugendlichen – im Gegensatz zu den anderen Familien mit nicht-
deutschen Wurzeln – auch schon zum größten Teil in Deutschland geboren und aufgewachsen ist (2. und 3. Generation), zeigt sich hier das Phänomen, dass diese Menschen nur zum Teil der Herkunftskultur ihrer Eltern entsprechen und somit in den
Augen ihrer Familien oftmals *zu Deutsch* empfunden und betitelt werden, und auf
der anderen Seite für die Mehrheitsgesellschaft *ausländisch* sind und nicht dazu gehören. Somit erleben sie sowohl durch ihre Herkunftscommunity als auch durch die
Aufnahmegesellschaft teilweise soziale Ausgrenzung und sind deshalb möglicherweise, wie in anderen Lebensbereichen auch, in ihren Erziehungsmethoden ihren
eigenen Kindern gegenüber ambivalent. Einerseits wollen sie nicht *so* (streng, un-
wissend, unqualifiziert, nicht integriert, nicht dazugehörend etc.) sein wie ihre Eltern
und andererseits sind sie mit den Anforderungen der Mehrheitsgesellschaft u. a.
durch fehlende Informationen (Bildung, Netzwerke, Anerkennung etc.) überfordert
und fühlen sich hilflos, trotz Sprachkenntnissen im Gegensatz zu ihren Eltern und der
Großelterngeneration. Die Orientierung der Familien in der 2. und 3. Generation betreffend Familiennachwuchs und Lebensstil geht in Richtung Kleinfamilie und selbst-
bestimmtes Leben, aber die türkische Community und ihr Einfluss auf die Familien
sind immer noch sehr stark und die gesamte Erziehung, in welche Richtung sie auch
gehen mag (traditionell oder modern oder beides), ist deshalb sehr viel fremdbe-
stimmter als bei deutschen Familien. Und somit ist die Anfangsannahme der Fachkräfte bei der Befragung, über die im dritten Kapitel geschrieben worden ist, nämlich
der Gesamteindruck, dass alle miterziehen dürfen, nicht nur eine Annahme, sondern
hat sich durch die Aktenrecherche bestätigt. Der Trend des Erhebungsbogens in

---

[353] David, M./Borde, T. 2011, S. 24
[354] http://www.focus.de/wissen/mensch/geschichte/migration/tid-7159/deutschland_aid_70422.
html (06.10.2012)

puncto Ressourcen weist bei Familien mit türkischen Wurzeln vermehrt familiäre Bindungen auf. Und er deutet auch auf häufigere Kontakte zu diversen türkischen Einrichtungen und Vereinen hin.

Während in der Gesamtauswertung soziale Verbindungen von Familien mit eher wenigen bis gar keinen Kontakten selten zu finden sind und dieses wenig dokumentiert ist, sieht es bei einem Vergleich zwischen deutschen und türkischen Familien so aus, dass bei türkischstämmigen Familien vermehrt Belege vorzufinden sind, dass sie eher in die Nachbarschaft und einzelne Vereine involviert sind als die deutschen Familien. Anzunehmen ist, dass diese Vernetzung in Nachbarschaft, Vereinen und Lokalen vor 30 Jahren eine stärkere gewesen sein muss. Zuwanderungsgruppen suchen die Nähe zu Landsleuten und zu Verwandten im Aufnahmeland, um sich in ihrer schwierigen und von Unsicherheit gekennzeichneten Lage in fremder Umgebung gegenseitig stützen zu können. Die türkische Diaspora in der Nordstadt ist weniger von der gemeinsamen Religion gekennzeichnet, sondern definiert sich vielmehr über materielle Nöte und über Bildungsdefizite. Darüber hinaus stellt die Diasporasituation Menschen, besonders in der Nordstadt, vor die Frage der kulturellen Identität[355], denn nirgendwohin zu gehören, ist für diese Menschen ein Dilemma ohnegleichen. Die Kinder aus nicht deutschen Elternhäusern entwickeln ab dem Kindergartenalter eine bi-kulturelle Identität und werden zu Anpassungskünstlern. Die bewusste und freie Entscheidung der emigrierten Menschen betrifft ihre „Zugehörigkeit zu einer kollektiven Identität, dem Status von etwas *Erworbenem*. Das Subjekt entscheidet sich für eine Zugehörigkeit – ob aus Interesse oder Verbundenheit oder religiöser oder interkultureller Überzeugung. Dadurch wird die Identität zu einer *variablen, veränderbaren, ablegbaren* Kategorie"[356] und lässt sie ihre Lebensphasen viel flexibler gestalten. Außerdem sind diese Zugehörigkeiten ausschließlich selbstbestimmt und werden von Außenstehenden nicht beeinflusst. Wie erfolgreich sie mit diesen mehrdimensionalen und flexiblen Identitäten in der Mehrheitsgesellschaft verfahren oder nicht, ist ein anderes Forschungsfeld. Fakt bleibt aber in die-

---

[355] „Die Entwicklung der Identität angesichts heterogener kultureller Kontexte brachte in der sozialwissenschaftlichen Diskussion den Begriff der *kulturellen Identität* hervor" Makarova, E. (2008): Akkulturation und kulturelle Identität. Eine empirische Studie bei Jugendlichen mit und ohne Migrationshintergrund in der Schweiz. Prisma Bd. 8. www.Haupt.ch., S. 48
[356] Emcke, C. (2000): Kollektive Identitäten. Sozialphilosophische Grundlagen. Campus Verlag Frankfurt/New York, S. 41

sem Forschungsgebiet, dass das Klientel der SPFH zum größten Teil sich ihrer eigenen Identitäten nicht bewusst ist und sich auch unabhängig von ihrer Außenwelt
bewegt.

Soziale Kontakte betreffend interethnische Kontakte, sprich zwischen türkischstämmigen und deutschen Familien, hängen unter anderem viel mit dem Stadtteil und
der Wohnsituation der Familien zusammen. In Stadtteilen wie der Nordstadt gibt es
für viele Familien nicht zahlreiche Möglichkeiten, deutschen Einwohnerinnen und
Einwohnern über den Weg zu laufen, ganz im Gegenteil, sie laufen ständig ihren
Landsleuten über den Weg. „Ein rein eigenethnisches Umfeld […] verringert die
Wahrscheinlichkeit interethnischer Kontakte deutlich" schreibt Katrin Wilde in ihrem Buch „Freizeit – Integration – Gender - Zum Freizeitverhalten türkischer Mädchen und junger Frauen". Sie sagt weiterhin, dass das Freizeitverhalten von türkischen Mädchen und jungen Frauen unter anderem geprägt ist von fünf Einflussfak-
toren und Ursachen; die wären folgende: „Präferenzen in der Freizeitgestaltung; der
Wunsch nach interethnischen Kontakten; Verbote und Vorbehalte der Eltern – sowohl bei den Eltern der deutschen als auch der türkischen Jugendlichen; Vorbehalte
deutscher Jugendlicher; Gelegenheitsstrukturen"[357]. Diese fünf Faktoren lassen eigentlich alle Einflüsse auf die interethnischen Kontaktmöglichkeiten im Alltag dieser
Menschen sichtbar werden. Zum einen nämlich ihre eigenen Bemühungen, Verlan-
gen und Einflüsse in Bezug auf gemischte, soziale Kontakte und zum anderen Faktoren, die sie selber nicht beeinflussen können, nämlich die fremdbestimmten und von
ihrem Gegenüber initiierten.

Um erneut auf den Vergleich zwischen Familien mit türkischen Wurzeln und deut-
sche Familien zurückzukommen, stellt sich die Frage der Übereinstimmungen und
der Unterschiede. Worin unterscheiden sich die beiden Gruppen oder gibt es keine
Unterschiede, sondern es ist einfach eine Frage des Milieus und somit eine Frage der
Milieukultur? Zieht ein Milieu unabhängig von der Ethnie das gleiche Milieu an? Der
Vergleich von unterschiedlichen Kategorien wird im Kapitel 6.2 aufgezeigt werden.
Die Frage nach den Lebensverhältnissen und Integrationsprozessen dieser Men-
schen, vor allem in räumlich konzentrierten Gebieten, ist sehr kennzeichnend für das
Gelingen des Zusammenlebens von Menschen unterschiedlicher Herkünfte. Schulte
schreibt, dass Integrationsprozesse in Einwanderungsgesellschaften mit Problemen

---

[357] Vgl. Wide, K. (2007): Freizeit – Integration – Gender – Zum Freizeitverhalten türkischer Mädchen
und junger Frauen. Grin Verlag

einhergehen und selten harmonisch seien. Deshalb sei umso wichtiger die Frage, welche individuellen und kollektiven Bereiche sie umfassen und wie sie zu gestalten sind. Er stellt im Jahre 2000 folgende Bereiche für eine gelungene Integration fest: „[…] in struktureller Hinsicht gehören hierzu der rechtlich-politische Status sowie die soziale Lage (insbesondere in den Bereichen Erwerbstätigkeit, Wohnen sowie Bildung und Ausbildung), in kultureller Hinsicht, insbesondere die Möglichkeiten der individuellen und kollektiven Entfaltung im Bereich der Sprache, des Glaubens und Gewissens und sonstiger kultureller Einstellungen, Überzeugungen und Verhaltensweisen. Integration bezieht sich darüber hinaus auch auf den Zusammenhalt der Gesellschaft insgesamt"[358]. Die von Schulte genannten Bereiche betreffen das gemeinschaftliche und das individuelle Leben beider großen Forschungsgruppen, und es wird im Verlauf dieses Kapitels geschaut werden, inwieweit diese Bereiche auffällig unterschiedlich sind oder nicht.

In der vorliegenden Studie sind 133 Familien von den 200 Familien mit deutscher oder türkischer Herkunft erfasst. Jede der beiden Gruppen wird eigenständig zu 100% erfasst und dann verglichen, die Gruppe der Deutschen mit 59,4% und die Gruppe der Türken mit 40,6% im direkten Vergleich, da die Familien mit anderen Herkünften in diesem Kapitel bewusst außer Acht gelassen werden.

---

[358] Schmals, K.M. (Hrgb.)(2000): Migration und Stadt. Entwicklungen, Defizite, Potentiale. Leske + Budrich, Opladen, S. 36

1. Tabelle: Stadtteile

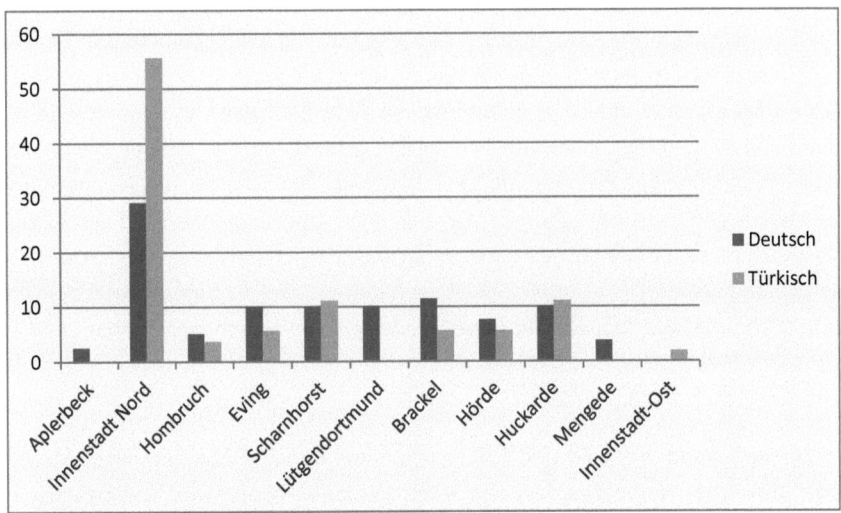

(Abb. 16: SPSS Tabelle Stadtteile zum Vergleich)

Sowohl die Mehrheit der in der Studie vertretenen Türken leben in der Nordstadt (55%) als auch die Mehrheit der Deutschen (29,1%). Die Verteilung auf andere Stadtteile ist relativ überschaubar. Die Stadtteile, in denen anteilsmäßig fast gleichviele türkische und deutsche Familien der SPFH auftauchen, sind die Stadtteile Scharnhorst und Huckarde. Die Stadtteile mit überwiegend deutschen Familien sind Eving, Lütgendortmund und Brackel. Es gibt Stadtteile, in denen sich keine SPFH Familien mit türkischen Wurzeln finden lassen, wie z. B. Aplerbeck, Lütgendortmund und Mengede. Die Zahlen vom Amt für Statistik in Dortmund zeigen auf, dass die Ausländerquote und somit die Quote der türkischstämmigen Menschen in diesen drei Stadtteilen, im Gegensatz zu den anderen Stadtteilen, mit 5,4% in Aplerbeck, 7,4% in Lütgendortmund und mit 10,6% in Mengede, tatsächlich relativ gering ist. Es gibt aber auch Stadtteile, in denen sich keine einzige deutsche SPFH Familie findet, wie z. B. in der Innenstadt-Ost. Da aber in diesem Stadtteil mehrheitlich deutsche Familien leben und die Anzahl der türkischstämmigen Familien eher gering ist, wird dieser

Umstand, dass sich in der Studie nur türkischstämmige Familien finden, ein zufälliger sein[359].

Die Häufung der SPFH Familien mit Migrationshintergrund generell, besonders von denen mit türkischen Wurzeln, in der Nordstadt, lässt sich unter anderem damit erklären, dass dieser Umstand bei Wanderungen ethnischer Kolonien entsteht. Im Datenvergleich schneidet der Dortmunder Norden mit ca. 40% Ausländeranteil und möglicherweise mit einer ebenso hohen Prozentzahl an eingebürgerten Familien mit ausländischen Wurzeln als der Stadtteil mit der höchsten Quote an Mitbürgerinnen und Mitbürger mit ausländischen Wurzeln ab. Im Vergleich zu anderen Stadtteilen beträgt diese Quote in Dortmunder Norden bisweilen das Siebenfache[360]. Verglichen werden könnte der Dortmunder Norden mit Berlin-Neukölln, Hamburg-Wilhelmsburg, Köln-Porz oder Duisburg-Marxloh. Für die einen sind diese Stadtteile soziales Ghetto, für die anderen ein Musterbeispiel multikulturellen Zusammenlebens. Tatsache ist aber auch, dass neben einer sehr großen Gruppe der Türkischstämmigen auch die größte Anzahl der deutschen Familien, die SPFH beziehen, in der Nordstadt lebt. Bei einer Gesamteinwohnerzahl Dortmunds mit 52.124 Menschen sieht die Verteilung in der Nordstadt so aus: Etwa die Hälfte der Familien sind deutscher Herkunft und die andere Hälfte der dort lebenden Familien sind nicht-deutscher Herkunft. Diese Tatsache zeugt davon, dass ein Milieu, in diesem Fall die *Nordstadt*, nicht nur bedingt durch die ethnische Herkunft entsteht, sondern vielmehr von einer Gemengelage von ähnlichen Biographien und Lebensumständen zeugt. Denn alle „Eltern, die es sich leisten können, ziehen in eine bessere Gegend. Zurück bleiben mehrheitlich Familien, die über wenig Geld und Bildung verfügen"[361]. So ist es nebensächlich, welche Herkunft die Familien haben oder ob sie Einwohner mit deutschen Wurzeln sind oder nicht. Die Zahlen zeigen bei der untersuchten Gruppe der

---

[359] Sicherlich ist hier erwähnenswert, dass die SPFH Familien in Dortmund von vielen freien Trägern, betreut werden und durch die Verteilung der SPFH Familien auf diese in dieser Studie nur auf einen kleinen Teil der insgesamt betreuten Familien eingegangen werden kann.

[360] Im Dortmunder Norden befindet sich der Hauptbahnhof. Vor allem der Ausgang Nord grenzt an die Nordstadt. Man könnte fast annehmen, dass die Menschen, die nach Deutschland gereist und aus dem Nordausgang des Dortmunder Bahnhofs rausgelaufen sind, auch dort geblieben sind. Hierbei spielen sicherlich auch die erschwinglichen Mietpreise eine wichtige Rolle.

[361] Zeitschrift für soziale und sozialverwandte Gebiete. Schulsozialarbeit in einem multikulturellen Stadtteil. März 2012, 61. Jg., S. 91

Deutschen mit fast 30% deutlich, dass diese Familien ebenfalls in diesem Milieu leben und scheinbar gleiche oder zumindest ähnliche Bedingungen aufzeigen wie ihre
nicht-deutschen Mitmenschen.

Ergänzend ist aber zu den Familien mit nicht-deutschen Wurzeln in ethnischen Milieus zu sagen, dass sie sowohl bei der *Systemintegration* als auch bei der *Sozialin-
tegration*[362] außen vor sind. Nach Erkenntnissen von Luft geht die Integration in die
Aufnahmegesellschaft der „[...] Integration in den Arbeitsmarkt ebenso voraus wie
ausreichende Gelegenheitsstrukturen zur Kontaktaufnahme im Alltag mit Einheimischen (und nicht das Leben in einer ethnischen Kolonie, in der sich die alltäglichen
Kontakte weitestgehend auf die Angehörigen dieser Kolonie beschränken)"[363]. Unter diesen Umständen blieben die Menschen in ihren Milieus und würden nie eine
Angleichung in die Aufnahmegesellschaft durchlaufen. Tatsache ist bei Menschen
mit türkischen Wurzeln, dass sie in Stadtteilen wie dem des Dortmunder Nordens
von einer hohen Nichterwerbstätigkeit betroffen sind, und des Weiteren kommen
sie sehr selten mit der deutschen Bevölkerung in Berührung. Eine Klientin mit türkischen Wurzeln erwähnte einmal, dass der einzige *Deutsche*, den sie kenne, der Arzt
ihrer Kinder sei[364]. Diese Aussage stimmt unter anderem mit den Ergebnissen aus
Gürs Studie aus dem Jahre 1993 überein, dass 97% der von ihm untersuchten türkischen Familien keinen Kontakt zu Deutschen pflegten[365]. In diesem Zusammenhang
treffen auch die Ausführungen von Kraus aus dem Jahre 2000 über den Stadtteil Duisburg-Marxloh zwölf Jahre später, genauso wie auf den Dortmunder Norden, zu[366].

---

[362] vgl. Esser, H. (2000): Soziologie. Spezielle Grundlagen. Bd. 2: Die Konstruktionen der Gesellschaft,
Frankfurt am Main, S. 261ff.
[363] Zeitschrift für soziale und sozialverwandte Gebiete. Aug. 2012, S. 125
[364] Diese Aussage der Klientin erinnert an den Film „Die andere Mutter" (von Margolis, S. aus dem
Jahre 1995). Dort sagt die weiße Adoptivmutter zum Richter auf die Frage, ob sie als Mutter von
einem schwarzen Kind Kontakte zu Afroamerikanern hat, ja, der Kinderarzt sei ein Afroamerikaner.
[365] Vgl. Gür, M. (1993): Türkisch-islamische Vereinigungen in der Bundesrepublik Deutschland. Frank-
furt/Main
[366] „ Die Kinder der Zugezogenen – und sie hatten viele – kamen in die Stadtteilschulen. Sie sprachen
kaum Deutsch, waren für das vorgesehene Lernpensum zu alt und verhielten sich – nach hiesigen
Vorstellungen – auffällig. Deutsche Mitschüler befanden sich alsbald in der Minderheit. Die Eltern der
verbliebenen Kinder forderten den Einsatz von Schulbussen, um ihre Kinder in die Schulen anderer
Stadtteile zu bringen. Letztendlich profitierten aber auch die türkischen Kinder nicht von dieser Situation. Sie lernten verspätet Deutsch und blieben in einem nicht integrativen Milieu gefan-
gen"(Schmals, K.M. (Hrgb.)(2000): Migration und Stadt. Entwicklungen, Defizite, Potentiale. Leske +
Budrich, Opladen, S. 30). Auch im Jahre 2012/13 ist in Dortmund im Stadtteil Innenstadt-Nord zu
beobachten, dass die wenigen deutschen Eltern ihre schulpflichtigen Kinder (meist im Grundschulal-
ter) mit öffentlichen Verkehrsmitteln zu den Schulen in den umliegenden Stadtteilen begleiten. Viele
der Schulen im Stadtteil haben einen Anteil 90 und mehr Prozent Anteil an Kindern und Jugendlichen

Bekannt ist, dass der Integrationsprozess und der Lebensumstand der nicht deutschen Familien und somit auch zum größtenteils der Türkischstämmigen hauptsächlich von ihrer sozialen Lage geprägt ist. Die Fremdwahrnehmung der deutschen Politik gegenüber der sogenannten Migrantinnen und Migranten, „[...] sie seien grundsätzlich noch nicht so weit und man könne ihnen bestimmte Anpassungsleistungen nicht abverlangen, man würde sie damit nur überfordern, hat sie auch zum Mündel einer vormundschaftlichen Politik gemacht. Das *Verstehen* ihrer Besonderheiten, wofür vor allem Kirchen, Stiftungen und Wissenschaft und jetzt vor allem die Migranten-Organisationen selbst plädieren, führt letztendlich dazu, dass die Migrantinnen und Migranten in ihrer eigenen Rückständigkeit eingemauert werden. In diesem System alimentierter Versorgung gibt es für sie keinen Anreiz, sich aus ihrem Herkunftsmilieu herauszuarbeiten, sich zu entwickeln und wirklich eine *eigene Geschichte* zu erwerben"[367], stellt Kelek fest.

Ein weiterer wichtiger Schritt für die Integration und somit den Zugang dieser Menschen in die Aufnahmegesellschaft findet primär von Seiten der Eingewanderten bzw. ihrer Nachkommen über die gemeinsame Sprache statt. „Die Schule ist generell als deutscher Sprach-und Kulturraum zu begreifen; es wird Wert darauf gelegt, dass während der Schulzeit, auch auf dem Schulgelände, Deutsch gesprochen wird. Die Migrantenkinder haben oft keinen anderen Ort als die Schule, um die deutsche Sprache zu sprechen und die deutsche Kultur kennen zu lernen"[368]. Sicherlich ist diese Ausführung Keleks nachvollziehbar, nur in Stadtteilen mit einem sehr hohen Anteil an Menschen mit nichtdeutschen Wurzeln ist es eine große Herausforderung, diese guten Vorsätze umzusetzen, da die Stadtteilschulen mit mehr als 90% Migrantenanteil an Schulen noch nicht einmal in der Lage sind, den vorgegebenen Lehrplan einzuhalten, da es an der deutschen Sprache hapert und die Schülerinnen bzw. Schüler das Lehrpersonal nicht verstehen und umgekehrt. Geschweige denn, dass sich die Schülerinnen bzw. Schüler in Schulen auf Deutsch austauschen und die deutsche Kultur erlernen können.

---

mit nichtdeutschen Wurzeln. Auch die „gutsituierten" Familien mit nichtdeutschen Wurzeln sind dem nachgezogen. Sicherlich ist dieser Zustand auch eine Frage der Stadtplanung und Stadtentwicklung und außerdem auch eine politische Frage.

[367] Kelek, N. (2006): Die verlorenen Söhne. Plädoyer für die Befreiung des türkisch-muslimischen Mannes. Kiepenheuer & Witsch, S. 19-20

[368] Kelek, N. 2006, S. 206

Fest steht, wenn das Lehrpersonal in den Schulen die „Erwartungen, Ansprüche und Standards unter anderem an den Kenntnissen und Leistungsvoraussetzungen der Kinder ausrichten, kann sich dies im Anregungsgehalt des Unterrichts niederschlagen. Auch das intellektuelle Klima und die vorherrschende Leistungsorientierung werden durch die jeweilige Leistungszusammensetzung der Schülerschaft geprägt"[369].

Allerdings ist in Stadtteilen wie der Nordstadt zu erwarten, dass sich das durch die Abwanderung der deutschstämmigen Bevölkerung und das Ausbleibens/Wegbleiben der deutschstämmigen Kinder in Schulen nachteilig auf die Kinder aus zugewanderten Familien auswirkt. Dadurch, dass die Kinder aus nichtdeutschen Elternhäusern in ihrem Umfeld und aus dem Miteinander mit deutschen Kindern nicht positiv profitieren können, sind sie in Kindergärten/Kindertagesstätten und später an Schulen automatisch mit einem niedrigen Leistungsniveau konfrontiert und haben somit nicht die gleichen Startchancen wie andere Kinder in anderen Stadtteilen. Das ist ein Beispiel, bei dem der Zugang zu gesellschaftlichen Ressourcen, die maßgeblich sind, um eine Rolle bzw. eine Aufgabe in der Aufnahmegesellschaft einzunehmen, relativ überschaubar bleibt. Dabei sind Schulen als Orte der interkulturellen Erziehung[370] von großer Bedeutung. Hier kämen sie nämlich in Begegnung und Beziehung mit weiteren Kulturen. „Interkulturelle Erziehung kann auch in der Schule nur gelingen, wenn die in einer multikulturellen Gesellschaft lebenden Menschen wesentliche Elemente ihrer Herkunftskultur für sich erhalten und frei leben können – das gilt vor allem für ihre Religion bzw. Weltanschauung und ihre Muttersprache[371]", sofern sie sich damit identifizieren können und wollen. Selbst hierbei zeigt sich, ausgehend von dem Bild der Dortmunder Nordstadt, dass diesen Kindern und Jugendlichen in Bildungseinrichtungen der Kontakt zu der deutschen Bevölkerung (bis auf das Lehrpersonal und einige wenige deutsche Kinder) verwehrt bleibt und sie somit so wie ihre Elterngeneration unter sich und ihresgleichen bleiben. Auch viele der neuen Akademikerinnen sowie Akademiker mit sogenanntem Migrationshintergrund lassen sich

---

[369] Kalter, F. (Hrgb.)(2008): Migration und Integration. Köllner Zeitschrift für Soziologie und Sozialpsychologie. Sonderheft 48/2008. VS Verlag für Sozialwissenschaften, S. 234

[370] „Die Schulpflicht garantiert, daß (sic!) alle deutschen und ausländischen Kinder- und Jugendlichen mindestens 10 Jahre gemeinsam Schulen besuchen und zu interkulturellem Lernen verpflichtet sind" Gemende, M./Schröer, W. u. a. (Hrgb.)(1999): Zwischen den Kulturen. Pädagogische und sozialpädagogische Zugänge zur Interkulturalität. Juventa Verlag, Weinheim und München, S. 160. Es ist ein gesellschaftlicher Auftrag und rechtlich fundiert.

[371] Gemende, M./Schröer, W. u. a. 1999, S. 161 (Sandfuchs, U.)

nach ihrem Abschluss in der Nordstadt nieder, wie zum Beispiel als Ärztinnen/Ärzte, Anwältinnen/Anwälte, Architektinnen/Architekten. Sogar künftige Lehrerinnen und Lehrer finden sich in den Nordstadtschulen als Referendare wieder.

Dieser Umstand führt wiederum die Bewohnerinnen und Bewohner dieses Stadtteils dahin, sich weiter isoliert und weit weg von der Mehrheitsgesellschaft in ihrer *künstlichen Welt* zu bewegen. Sicherlich ist dieser Zustand einerseits sehr bequem (für beide Seiten), aber andererseits ist er eben gekünstelt und spiegelt das Land, in dem sie leben, nicht wider. Die SPFH Familien zum Beispiel sind sehr verunsichert, wenn sie aus diversen Gründen für eine absehbare Zeit, zum Beispiel für einen Klinikaufenthalt o.ä., ihren Stadtteil verlassen müssen, und sagen, dass sie froh seien, wenn sie in ihrem Stadtteil zurück sind.

Exkurs: Kultur und Identität

„Kultur ist, was gelebt wird"[372].

Diese saloppe wie auch einleuchtende Aussage ist durchaus wissenschaftlich zu belegen, wie z. B. nach Schröer, der Kultur als ein System von Konzepten definiert, mit dem gesellschaftliche Gruppen auf strukturell bedingte Anforderungen reagieren[373]. „Unter anderem bedingen Faktoren wie Generation, Geschlecht, sozialer, ökonomischer und rechtlicher Status, Bildung, Ethnie, politische Orientierung, religiöse Orientierung, Berufsgruppe und sexuelle Orientierung ein Nebeneinander und eine Gleichzeitigkeit von Gruppenzugehörigkeiten, die durch Selbstdefinition aber auch durch Fremdzuschreibungen bestimmt sind. Kultur wird also nicht auf Ethnie oder Nationalität verengt und geht nicht mit einer damit verbundenen Identitätszuschreibung einher"[374]. Auf lange Sicht ist aber zu erwarten, dass nach einer gewissen Zeit auch ethnische Kolonien anfangen sich zu assimilieren, sodass am Ende dieses Prozesses zum Teil eine Angleichung an die vorherrschende Kultur stattfindet, aber auch, dass sich eine Subkultur[375] kultiviert, die die vorherrschende Kultur im Land

---

[372] Christa Wolf (* 18. März 1929 in Landsberg an der Warthe als Christa Ihlenfeld; † 1. Dezember 2011 in Berlin) war eine deutsche Schriftstellerin.
[373] Vgl. Jehle, B./Kammerer, B. u. a. (Hrsg.)2004, S. 31
[374] Vgl. Jehle, B./Kammerer, B. u. a. (Hrsg.)2004, S. 31
[375] „Als Subkultur wird eine in sich geschlossene gesellschaftliche Teilkultur verstanden, die sich in ihren Institutionen, Werten, Normen, Bedürfnissen, Verhaltensweisen und Symbolen von der gesellschaftlich dominierenden Kultur unterscheidet, aber auch in Klassenlage, Alter, Beruf oder Herkunft. Diese Teilkulturen führen innerhalb der Gesamtkultur ein Eigendasein. Die Abweichungen einzelner Subkulturen von einer Normkultur können hinsichtlich der Intensität ihrer Ausprägungen variieren,

relativ wenig tangiert, was durchaus nichts Negatives bedeuten muss. Assimilation im positiven Sinne würde heißen, „[...] dass eine Angleichung von Zuwanderern in gewisser Weise unumgänglich für eine erfolgreiche Integration ist. Dazu gehört in erster Linie die Sprache, eine Reihe von, über die Bildungseinrichtungen vermittelten, kulturellen Fertigkeiten sowie interethnische Kontakte. In diesem Sinne bedeutet Assimilation tatsächlich in gewissem Maße Anpassung an die Aufnahmegesellschaft"[376]. Sie entspricht der Erwartung der Mehrheitsgesellschaft an die Menschen mit nicht-deutscher Herkunft, wie es in einem englischen Sprichwort heißt: "When in Rome, do as the Romans do"[377]. Diese Erwartungshaltung der Aufnahmegesellschaft verursacht zunächst bei den Menschen mit türkischen Wurzeln (natürlich auch bei anderen Menschen mit Migrationshintergrund) Unsicherheit und Angst. Die Unsicherheit, dass sie nicht „richtig" sind, wie sie sind, und die Angst vor dem Verlust ihrer Identität durch Integration und Assimilation (siehe: Kapitel 6.3) machen es diesen Menschen schwer, sich darauf einzulassen und anzukommen.

Sie sind ständig *auf der Suche* nach etwas Kompatiblem zwischen ihrer Herkunftskultur und der vorherrschenden Kultur im Aufnahmeland, um mit einem *guten Gefühl* zu leben. Nach Schramkowski sagen Expertinnen bzw. Experten, dass es eigentlich ausreiche, wenn die Gruppe der Personen mit Migrationshintergrund seitens der Aufnahmegesellschaft Anerkennung erhalte, um sich integriert zu fühlen, nicht ständig auf ethnisierende und stereotype Vorurteile reduziert zu werden und immer wieder zu beweisen, dass sie anders sind als die, die in den Medien dargestellt werden (z. B. gewalttätige türkische Jugendliche, fanatische Muslime, unterdrückte Frauen und Mädchen u. ä.[378]). Zudem spricht Sauter[379] von Mehrfachidentitäten in der Moderne und dass die Identität als kein kausales Ergebnis von ethnischen Angehörigkeiten anzusehen sei. Vielmehr handle es sich um Konstrukte und um fiktive Gemeinschaften, die nicht stabil seien. Außerdem zeigt die Praxis, dass ein multikultu-

---

weshalb sie sich auch in der gesellschaftlichen Akzeptanz unterscheiden" http://soziologie.soz.uni-linz.ac.at/sozthe/freitour/FreiTour-Wiki/subkultur.html (07.10.2012)

[376] Luft (2012) aus Migration und Integration als wirtschaftliche und gesellschaftliche Ordnungsprobleme. (Hrgb.) Schomaker, R./Müller, C. u. a., S. 125

[377] Bedeutet wörtlich: „Wenn du in Rom bist, verhalte dich wie die Römer" (Englische Sprichwörter.de)

[378] Schramkowski, B. (2007), S. 150 ff.

[379] Vgl. Sauter, S. (2000): Wir sind Frankfurter Türken". Adoleszente Ablösungsprozesse in der deutschen Einwanderungsgesellschaft. Schriften zur Ethnopsychoanalyse 3. Brandes & Apsel Verlag GmbH, S. 70ff.

relles Umfeld, wie in diesem Fall die Nordstadt, für alle dort Lebenden eine Fundgrube und eine Bereicherung für alle Identitäten sein kann und auch einen großen Beitrag zum schon vorhandenen kulturellen Kapital im Land leisten kann.

Denn „die Einwanderer, welche die Integrationsstrategie verfolgen, erhalten Aspekte ihrer ererbten Kultur und nehmen gleichzeitig Elemente der einheimischen Kultur an"[380]. Genauso wie die interkulturellen Kompetenzen von Fachkräften geschätzt werden (sollen), ist die Übernahme einzelner Eigenschaften aus der Mehrheitsgesellschaft zu den eigenen vorhandenen Eigenschaften eine Bereicherung. So wird nach Dittrich und Radtke in den meisten Diskussionen vernachlässigt, dass „[...] bei dieser Konstruktion der wechselseitige und dynamische Transformationsprozeß (sic!), der zwischen sozialen Strukturen und kulturellen Mustern besteht und [...] beide, Struktur und Kultur, permanent verändert"[381], auch Einfluss auf die Gesellschaft hat. Deshalb ist der Ausdruck *Deutsch-Türkinnen/Deutsch-Türken* so erfolgreich bei den „Türken" angekommen und positiv aufgenommen worden. Die Mehrheit von ihnen kann sich damit identifizieren.

2. Tabelle: Kinderanzahl

Herkunft	Mittelwert	N	Standardabweichung
Deutsch	2,62	79	1,643
Türkisch	2,63	54	1,138

(Abb. 17: SPSS Tabelle Kinderanzahl zum Vergleich)

Unter der Überschrift „Kindereiche Türken" beschreibt der Mikrozensus: „Die Türkischstämmigen leben im Schnitt mit 3,2 Personen in den statistisch größten Haushalten in Deutschland. Allein lebende Menschen türkischer Herkunft sind eher selten: Der Anteil der Einpersonenhaushalte ist mit 16 Prozent sehr niedrig. In anderen Migrantengruppen gibt es doppelt oder dreimal so viele Single-Haushalte. Dagegen ist der Anteil der Haushalte, in denen mehr als zwei Generationen – mindestens Großeltern, Eltern und Kinder – zusammenleben, bei der Gruppe mit türkischem

---

[380] Makarova, E. 2008, S. 41
[381] Dittrich, E./Radtke, F.O. (1990): Ethnizität. Wissenschaft und Minderheiten. Opladen, S. 31

Migrationshintergrund mit 2,1 Prozent am höchsten. In keiner anderen Migrantengruppe stellen Familien, also Haushalte mit Kindern, eine so häufige Form des Zusammenlebens dar"[382].

Die vorliegende Studie aber bringt zum Vorschein, dass in der Gesamterhebung die
Kinderzahlen relativ gleichmäßig verteilt sind. Die Kinderverteilung im Vergleich zwischen den deutschstämmigen Familien und Familien mit türkischen Wurzeln ist also
erstaunlich ähnlich. Die durchschnittliche Kinderanzahl ist bei beiden Gruppen sehr
nahe beieinander; das heißt, dass zwischen den beiden Gruppen im Durchschnitt
kein deutlich signifikanter Unterschied ersichtlich ist. Bei beiden Gruppen findet sich
eine durchschnittliche Kinderanzahl von 2,62 bzw. 2,63 vor. Große Schwankungen
sind aber in der Standardabweichung zu erkennen. Die Standardabweichung ist bei
den deutschen Familien in dieser Studie größer als bei türkischen Familien. Während
die Familien mit türkischen Wurzeln vermehrt zwischen 2 und 4 Kinder haben, weisen die deutschen Familien Kinderzahlen zwischen 1 und 5 Kindern auf, wobei deutsche Familien mit fünf Kindern in der Studie doppelt so häufig vorkommen wie türkische Familien. Stadtteil-bezogen lässt sich sagen, dass in der Dortmunder Nordstadt, sowohl deutsche als auch türkische Familien, in Bezug auf die Kinderanzahl
über dem bundesdeutschen Durchschnitt liegen. Diese Ergebnisse gehen nicht mit
der Wahrnehmung der Mehrheit der Bevölkerung konform.

In der Vorrecherche (Kapitel 3.2) haben beispielsweise die Fachkräfte der Sozialpädagogischen Familienhilfe zum Punkt 10 ausgesagt: Die türkischen Familien haben
mehr Kinder als deutsche Familien. Das bedeutet, dass auch die Wahrnehmung dieser Sozialpädagogischen Familienhelferinnen und Helfer, unabhängig von den reel-
len Zahlen aus den Akten, eine andere zu sein scheint. Auch in diversen anderen
Schriften und Veröffentlichungen finden sich Behauptungen, dass Menschen mit
türkischen Wurzeln angeblich viel mehr Kinder haben als Deutsche und andere Ausländer. „Türkische Befragte haben mehr Kinder" und leben durchschnittlich mit 3,7
Personen in Haushalten. „Türkische Befragte haben die geringste durchschnittliche
Zimmerzahl (1,03 Zimmer pro Person im Haushalt) und am wenigsten Platz (durchschnittlich 24,9 Quadratmeter je Person im Haushalt)"[383] veröffentlicht bamf im
Jahre 2010. Diese Aussagen spiegeln sich nicht in der aktuellen Studie wider. Das Bild

---

[382] Wollert, F./Kröhnert, S. u. a. (2009): Ungenutzte Potenziale. Zur Lage der Integration in Deutschland. Berlin-Institut für Bevölkerung und Entwicklung (Hrgb.), S. 19
[383] Bamf (Hrgb.)(2010): Fortschritte der Integration. Zur Situation der fünf größten in Deutschland
lebenden Ausländergruppen. Forschungsbericht 8. Nürnberg, S. 220

von den kinderreichen Türken scheint seit langer Zeit festzustehen, selbst bei Fachkräften mit Migrationshintergrund ist es nicht anders. Die erste Migrantengeneration, d. h. die Eltern oder für einige wenige aus der Studie ist es die Großelterngeneration, hatte im Durchschnitt vier bis sieben Kinder.

Faktisch hat die Kinderanzahl der Kinder und Kindeskinder der türkischstämmigen
Familien drastisch abgenommen. Die Vorurteile und Anschuldigungen, mit denen
sich Familien konfrontiert sahen, sie würden wegen des Kindergeldes oder ähnlicher
Leistungen Kinder zeugen, werden in dieser Studie nicht belegt. Der Trend von eins
bis höchstens drei Kindern hat sich in der Gruppe aller untersuchten Familien, auch
bei Türkischstämmigen durchgesetzt. Das Bild von kinderreichen Türkinnen und Türken wurde sicherlich auch durch die Medien unterstützt. Immer werden Fotos oder
Filmaufnahmen von Frauen gezeigt, die einen Kinderwagen vor sich her schieben
oder schwanger sind, womit diese Fremdannahme unter anderem erklärt werden
kann. Dieses Ergebnis steht auch gänzlich den Aussagen der früheren Definition zu
SPFH Familien im Allgemeinen entgegen, dass die Hilfe zur Erziehung überwiegend
in kinderreichen Familien eingesetzt werde, und auch gänzlich der Vorstellung, dass
die Türkinnen und Türken viele Kinder haben. Beide Annahmen werden hier nicht
bewahrheitet; aber dennoch liegt die Kinderanzahl aller Familien in dieser Untersuchung deutlich über dem bundesdeutschen Durchschnitt. Somit wirft in diesem Ab-
schnitt das Resultat betreffend der Kinderanzahl die Frage auf, ob der Tatbestand
von „Kinderreichtum" weniger eine Frage der Ethnie ist, sondern eine Frage von
Schichtzugehörigkeit und Milieu? Zumal die Frage dahingestellt sei, ob eine Familie
mit drei Kindern als kinderreich betitelt werden kann[384].

3. Tabelle: Index Patient (IP)

In der Gesamtauswertung der Daten (Kapitel 5.5) zeigte sich, dass die männlichen
IPs fast doppelt so häufig in Erscheinung traten wie die weiblichen IPs. Die Mädchen

---

[384] Vor dem Hintergrund, dass Deutschland als "Niedrig-Fertilitäts-Land" gilt. Das bedeutet, dass „in
Deutschland [...] der statistische Durchschnitt im Jahr 2010 1,39 Kindern pro Frau aufweist – das ist
der elftletzte Platz in Europa. Lettland ist laut Studie mit einer Quote von 1,17 das europäische
Schlusslicht. Im letzten Drittel liegen außerdem Bosnien (1,2) und Ungarn (1,25)". Dies wirft die Frage
auf, inwiefern dieser Zustand in Deutschland weiterhin gewollt sein kann. http://www.t-online.de/el-
tern/schwangerschaft/id_61368098/geburtenrate-im-europavergleich-deutschland-gehoert-zu-
schlusslichtern.html (12.01.2013)

traten mit 36% und die Jungen mit 64% in Erscheinung. In dem Vergleich zwischen den beiden großen Gruppen zeigt sich das Bild, dass bei den deutschen Jugendlichen die Jungen fast dreimal so oft in Erscheinung treten wie die deutschen Mädchen. Bei den türkischstämmigen Jugendlichen schaut es so aus, dass Jungen fast doppelt so oft vorkommen wie die Mädchen dieser Familien. So gesehen sind die Töchter türkischstämmiger Familien etwas auffälliger als die Töchter der deutschen Familien. Unerwartet ist, dass türkischstämmige Jungen mit etwa 5% weniger in Erscheinung treten als die deutschen Jungen.

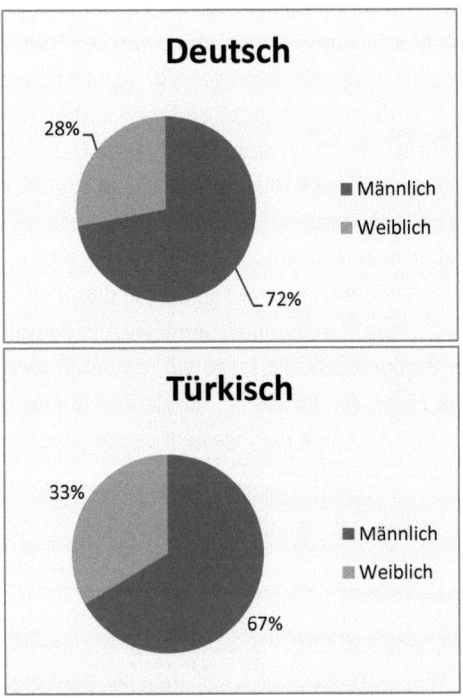

(Abb. 18: SPSS Tabelle Index Patient zum Vergleich)

Trotzdem bleibt festzuhalten, dass in beiden Gruppen die Anzahl der Jungen überwiegt. Folglich kann gesagt werden, dass, unabhängig von der Herkunftskultur, Jungen im Gegensatz zu Mädchen auffälliger sind. Die Art und Weise der Auffälligkeiten sind in beiden Gruppen sowohl bei den weiblichen als auch bei den männlichen IPs sehr ähnlich; diese zeigen sich in jungen Jahren in der Entwicklungsverzögerung, Vernachlässigung und/oder Verwahrlosung der Kinder und im jugendlichen Alter drücken sie sich in Form von Schulverweigerung, aggressivem Verhalten und psychischen Problemen aus. In Bezug auf Mädchen zeigt die Studie, dass türkischstämmige Mädchen mit 5% häufiger als deutsche Mädchen vertreten sind. Auffällig bei den türkischstämmigen Mädchen ist im Gegensatz zu den deutschen Mädchen, dass sie mehr in Konflikt mit dem Elternhaus stehen und selbstverletzendes Verhalten an den Tag legen. Hier ist es zu beobachten, dass sie weniger außerhalb des Elternhauses auffallen, sondern eher innerfamiliäre Problematiken zu bewältigen haben, mit ihrem Selbstwert nicht klar kommen, sich zurückziehen, häufig mit psychischen- und physischen Leiden auseinandersetzen müssen und in dieser Hinsicht unterstützt/begleitet werden müssen.

4. Tabelle: Familienstand

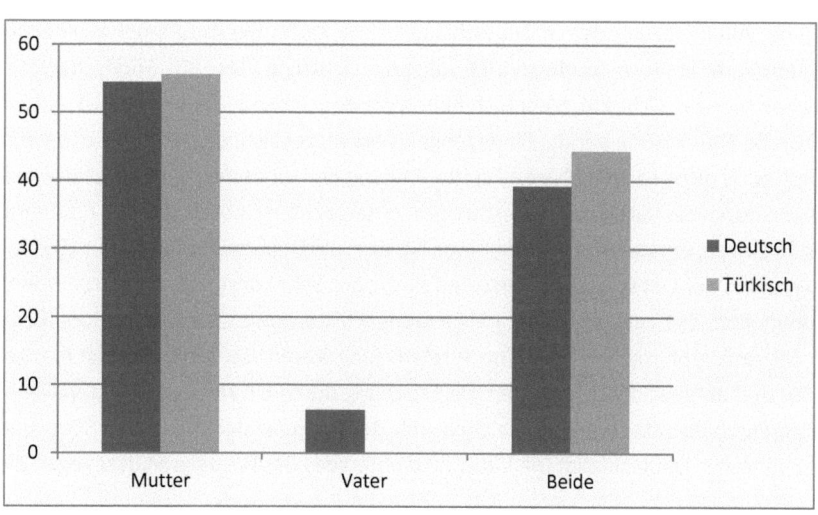

(Abb. 19: SPSS Tabelle Familienstand zum Vergleich)

Zum Familienstand der zwei untersuchten großen Gruppen ist zu sagen, dass die Anzahl der verheirateten bzw. zusammenlebenden (Ehe-)Paare (im Schaubild: Beide), die mit ihren Kindern gemeinsam den Alltag gestalten und eine gemeinsame Wohnung teilen, relativ wenig Unterschied zeigt. Sowohl die türkischstämmigen Familien

als auch die deutschen Familien bewegen sich in der Kategorie „beide" um 40%
herum. Die alleinerziehenden Mütter sind in beiden Gruppen mit ca. 50% und mehr
repräsentiert. Auch aus der SPFH Forschung ist bekannt, dass die Majorität der betreuten SPFH Familien bei den alleinerziehenden Müttern liegt[385] und somit diese
Studie die aktuelle Tendenz widerspiegelt. Deshalb überrascht das Ergebnis der Studie nicht, dass hier türkische Mütter mit fast 56% und deutsche Mütter mit ca. 55%
auftauchen. Interessant ist bei den türkischstämmigen alleinerziehenden Müttern,
dass der Prozentsatz von ihnen etwas höher liegt. Die Familien mit türkischen Wurzeln stehen in puncto Trennung vom Kindesvater und als Alleinerziehende deutschen Familien in nichts nach. Diese Zahlen waren sicherlich in der ersten Migrantengeneration andere, bedingt durch eine Vielzahl von Gründen. Unter anderem waren die finanziellen und emotionalen Abhängigkeiten und Rollenbilder in den türkischen Familien anders als in den Folgegenerationen.

Nach bundesweiten Daten, die zu *Familien mit minderjährigen Kindern 2011 nach
Zahl der minderjährigen Kinder und nach der Familienform* erhoben wurden, lag die
Zahl der Alleinerziehenden in Deutschland bei 19,7%[386]. Die Anzahl der alleinerziehenden Väter in dieser Studie mit 6% weist nur deutsche Väter auf. Türkische Väter
tauchen hier gar nicht auf. Sicherlich haben die deutschen Väter im Hinblick auf die
kulturelle Entwicklung bereits einen langen Weg hinter sich, da sind türkische Väter
längst noch nicht so weit. Die kulturelle Prägung der türkischen Jungen ist weitestgehend durch die Vätergeneration aus dem untersuchten Geburtsjahr 1967, plus mi-
nus 10 Jahren, entstanden. Anzunehmen ist, dass die Geburtsjahrgänge von 1957 bis
1977, die in der Untersuchung vertreten sind, noch sehr konservativ und traditionell
geprägt sind. Es handelt sich um einige wenige Väter aus erster Generation, die in
der Migrationsphase ihrer Eltern noch relativ jung waren. Der große Rest ist hier geboren und aufgewachsen, hat aber die Erziehung durch Eltern aus der ersten Generation durchlebt. Das wäre vergleichbar mit der Jungenerziehung in den 50er- und
60er-Jahren in Deutschland: Die Väter verdienten das Geld und die Mütter zogen die

---

[385] In der Untersuchung vor ca. 16 Jahren waren die Ergebnisse genau umgekehrt. Schuster schreibt,
dass es zwar eine Majorität der verheirateten Paare in der SPFH gibt mit ca. 50%, stellt aber eine hohe
Präsenz mit ca. 24% alleinerziehender Elternteile fest (vgl. Schuster, E.M. 1997).
[386] Ergebnisse des Mikrozensus – Bevölkerung in Familie/Lebensform am Hauptwohnsitz.
http://www.destatis.de/jetspeed/portal/cms/Sites/destatis/Internet/DE/Content/Publikatio-
nen/Fachveroeffentlichungen/Sozialleistungen/KinderJugendhilfe/HeimerziehungBetreuteWohn-
form5225113097004,property=file.pdf (24.12.2011)

Kinder groß. Auch die Eigenwahrnehmung der türkischen Männer aus der oben aufgeführten Altersgruppe trägt mit dazu bei, dass sie sich nicht in der Lage sehen, auf
die Bedürfnisse der Kinder einzugehen und diese erfüllen zu können. Im Fall, dass
der Kindesvater doch das Kind/die Kinder behält, beispielsweise beim Tod der Kindesmutter oder wenn die Mutter ihre Kinder vorsätzlich verlässt, sind es immer noch
die Großmütter, die Tanten und andere weibliche Mitglieder in der türkischen Community, die sich um die Kinder kümmern und sie betreuen. Damit könnte das Fehlen
von alleinerziehenden Vätern in dieser Studie erklärt werden.

5. Tabelle: Betreuungszeitraum

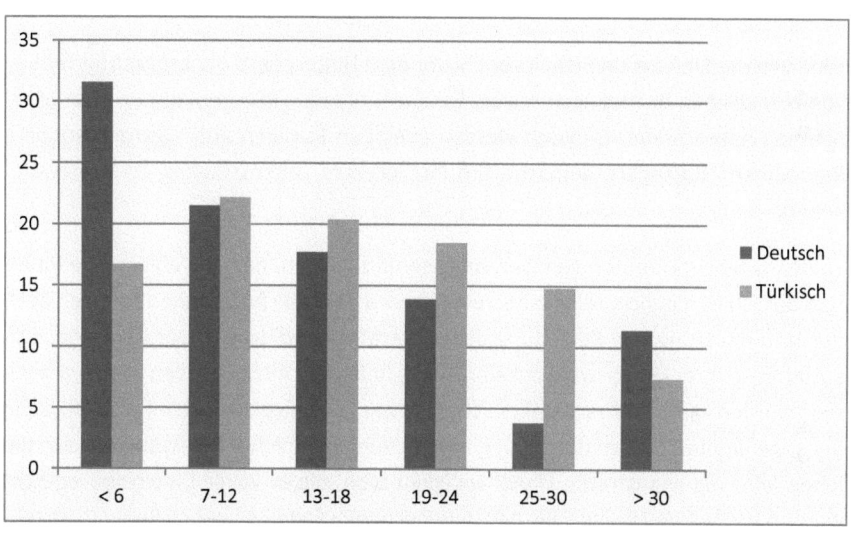

(Abb. 20: SPSS Tabelle Betreuungszeitraum zum Vergleich)

Die Vergleichstabelle zeigt ein relativ eindeutiges Bild. Die relative Mehrheit der
deutschen Familien der SPFH wird innerhalb von sechs Monaten betreut und die
Dauer ihrer Betreuung nimmt kontinuierlich mit der Zeit ab. Knapp 12% von ihnen
erscheinen noch mal bei den Langzeitbetreuten von über 30 Monaten. Hingegen benötigen die türkischstämmigen Familien Betreuungszeiträume von 7 Monaten bis 30
Monaten. Immerhin werden noch 7-8% von ihnen mit über 30 Monaten auch lang-
zeitbetreut. Die türkischstämmigen Familien, die in den ersten 6 Monaten nicht auf-

tauchen, erscheinen im Betreuungszeitraum von 25-30 Monaten. Das heißt, sie werden ab dem zweiten Halbjahr im Durchschnitt länger betreut. Eine mögliche Ursache
dafür könnte sein, dass die Fachkräfte in türkischstämmigen Familien länger brauchen, um zum „richtigen" Arbeiten zu kommen. Oft muss erst geklärt werden, was
die Hilfe bedeutet, da sich viele dieser Familien unter der Sozialpädagogischen Familienhilfe etwas anderes vorstellen. Zudem heißt es, dass viele Familien mit nicht-
deutscher Herkunft eine andere Hilfeerwartung haben als die deutschen Familien.
In Gesprächen unter Fachkräften wird auch häufig von Angst vor der SPFH bei türkischstämmigen Familien gesprochen und dass die Fachkräfte viel länger brauchen,
um das Vertrauen dieser Familien zu gewinnen. Aber die Tatsache, dass deutsche
Familien bei mehr als 30 Monaten mit einem Drittel mehr auftauchen, spricht gegen
die Annahme, dass kulturelle oder sprachliche Aspekte von Bedeutung sein können.

Wolf von der Universität Siegen spricht vor dem Hintergrund der Langzeitbetreuung
von zusätzlichen Belastungen für die Familien, die die SPFH im Rahmen ihrer Maßnahmen hervorbringt. Dadurch werden aber den Familien auch „ganz besondere
Ressourcen" zugänglich gemacht, um ihre prekäre Lebenssituationen zu bewältigen[387].

Zu den langzeitbetreuten Familien ist generell zu sagen, dass die eigentliche Intention der SPFH, nämlich: Hilfe zur Selbsthilfe und dass alle betroffenen Familien nach
der Unterstützung und Begleitung der Fachkraft irgendwann in der Lage sind, sich
autonom in ihrer Lebenswirklichkeit zurecht zu finden, nicht bei allen Familien realisiert werden kann. Wahrscheinlich scheitert das bei einigen wenigen Familien, die in
der sogenannten Langzeitbetreuung auftauchen, an fehlenden Ressourcen usw. Bei
ihnen wird die angestrebte Unabhängigkeit wohl nie in voller Dimension erreicht
werden können. Auch sind Fälle bekannt, bei denen Familien, denen Ressourcen fehlen, nach Beendigung der Hilfe in anderen Hilfsformen auftauchen. Unter anderem
in der gesetzlichen Betreuung, der begleiteten Elternschaft o.ä. Die Hilfekarriere dieser Familien ist den Akten zu entnehmen. In der vorliegenden Studie tauchen sie in
der Kategorie *Beendigungsgrund* auf. Mit einem Wechsel der Hilfeform waren 10%
der deutschen Familien und fast 17% der türkischstämmigen Familien dokumentiert.

---

[387] Vgl. Wolf, K. (2006): Sozialpädagogische Familienhilfe aus der Sicht der Klientinnen und Klienten.
Forschungsergebnisse und offene Fragen. In: Fröhlich-Gildhoff, K. / Engel, E. M. u. a. (Hrsg.). For-
schung zur Praxis in den ambulanten Hilfen zur Erziehung. FEL Verlag Forschung – Entwicklung –
Lehre, Kontaktstelle für praxisorientierte Forschung e.V.: Freiburg im Breisgau, S. 83

Sicherlich hat die Dauerbetreuung bzw. die Langzeitbetreuung auch einen finanziellen Hintergrund, zumal wenn mehrere Kinder in einem Haushalt leben. Die Frage, die sich dann stellt, nämlich ob das Jugendamt lieber eine Langzeitbetreuung in Form von SPFH gewährt oder ob die Kinder möglicherweise aus den Familien herausgenommen werden, um beispielsweise in Pflegefamilien und Heimen untergebracht zu werden, ist in Anbetracht der Haushaltssituation der Kommunen schnell beantwortet. Unabhängig von den Haushalten der Städte aber tendiert die neue pädagogische Haltung dahingehend, die Kinder in ihrer gewohnten Umgebung zu lassen und sie und ihre Eltern bzw. Bezugspersonen mit allen Möglichkeiten der Hilfen zur Erziehung zu unterstützen, damit sie in ihrem gewohnten Umfeld gesund und unversehrt aufwachsen können. In den 70-er bis 90-er Jahren war es üblich, die Kinder und Jugendlichen relativ schnell in Heimen unterzubringen. Mittlerweile sind die Jugendämter erst einmal dabei zu schauen, welche Hilfen bzw. welche anderen Hilfen (beispielsweise die ambulanten Hilfen, wie die SPFH, oder aber auch teilstationäre Hilfen, wie die Tagesgruppen) noch in Frage kommen, um die Familien in ihren prekären Lebenslagen zu unterstützen, bevor eine endgültige Entscheidung über einen Heimaufenthalt oder eine Unterbringung in einer Pflegefamilie getroffen wird. Maßgeblich hierbei ist natürlich das Kindeswohl[388].

6. Tabelle: Fachleistungsstunden in der Woche

Herkunft	Mittelwert	N	Standardabweichung
Deutsch	5,62	79	1,352
Türkisch	5,91	54	2,031

(Abb. 21: SPSS Tabelle Fachleistungsstunden zum Vergleich)

Die Fachleistungsstunden[389] stehen für die Intensität, mit der die betreffenden Familien in der Woche seitens der Fachkraft/Fachkräfte betreut werden. Die Mittel-

---

[388] Kindeswohl: siehe: SGB VIII § 8a Schutzauftrag bei Kindeswohlgefährdung
[389] Definition der Fachleistungsstunde:„Die Fachleistungsstunde ist ein Instrument zur Ermittlung, Darstellung und Abrechnung von Entgelten für Leistungen der Jugendhilfe. Die Kostenbestandteile sind Personal- und Sachkosten. Der Stundensatz ist das Ergebnis der Division durch die verfügbare Nettojahresarbeitszeit der Fachkraft. Eine Fachleistungsstunde entspricht einer Zeitstunde (60

werte der Fachleistungsstunden sind bei beiden Gruppen ziemlich identisch und betragen zwischen 5,62 Stunden bei den deutschen Familien und 5,91 Stunden bei den türkischstämmigen Familien. Hierbei ist die Standardabweichung sehr interessant. Die Werte liegen bei den türkischstämmigen Familien verstreuter. 70% von ihnen erhalten etwa 4-8 Fachleistungsstunden pro Woche und Hilfe. Die Deutschen liegen zwischen 4-7 Fachleistungsstunden und sind somit einerseits näher am bundesdeutschen Durchschnitt, der 6 Fachleistungsstunden beträgt, und andererseits am Gesamtdurchschnitt der vorliegenden Studie, der bei 5-6 Fachleistungsstunden liegt. Zusammenfassend lässt sich sagen, dass Familien mit türkischen Wurzeln im Durchschnitt etwas intensiver betreut werden als deutsche Familien.

7. Tabelle: Kontrollauftrag

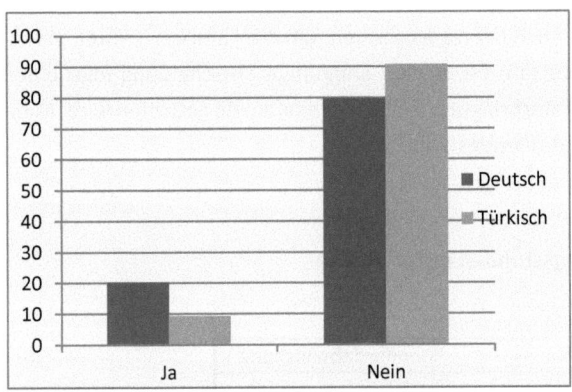

(Abb. 22: SPSS Tabelle Kontrollauftrag zum Vergleich)

Ein Kontrollauftrag wird relativ selten ausgesprochen, zumal dieser, wie in den Kapiteln 5.4 und 5.5 erläutert, keine gesetzliche Basis hat. „Die seit je in der Jugendhilfe verhandelte Ambivalenz von Kontrolle und Hilfe stellt sich im Zeichen der Lebensweltorientierung neu und neu dramatisch dar. Je dichter nämlich Jugendhilfe im Zeichen der Lebensweltorientierung an die Erfahrungen ihrer Adressaten heranrückt,

---

Minuten) und teilt sich in fallspezifische und fallunspezifische Tätigkeiten" http://www.ratsinfo-online.net/lkee-bi/kreisrecht/Richtlinien%20Bereich%20Kinder%20und%20Jugend-hilfe/RL%20f%C3%BCr%20die%20Vereinbarung%20von%20Entgelten%20f%C3%BCr%20Fachleistungsstunden%20f%C3%BCr%20Angebote%20gem%C3%A4%C3%9F%20SGB%20VIII.pdf (13.01.2013)

umso dichter wird auch die Kontrolle"[390]. Diese Feststellung wird mit den Ergebnissen in der vorliegenden Studie mit 30% Kontrollauftrag bei den betreuten Familien verifiziert. Deutsche Familien erhalten im Gegensatz zu den türkischen Familien fast doppelt so viele Kontrollaufträge. Der Eindruck, dass türkische Familien sehr schwer den Weg zum Jugendamt finden, dass sie sich unter der Hilfeform SPFH erst einmal nichts vorstellen können, dass die Fachkräfte sehr schwer den Zugang und Vertrauen der Familien bekommen, scheint sich auch in puncto Kontrollauftrag widerzuspiegeln. 90% von ihnen werden auf freiwilliger Basis betreut, was unter den erschwerten Gesichtspunkten auch nachvollziehbar erscheint. Dass die Arbeit mit 80 % der deutschen Familien und fast 90% der türkischstämmigen Familien auf freiwilliger Basis beruht, bildet erst einmal für alle betreffenden Personen eine gute Basis für die Anfangssituation der Sozialpädagogischen Familienhilfe. Trotzdem bleibt hier die Frage offen, ob ein ethnischer Grund vorliegt, dass türkischstämmige Familien mit ca. 10% weniger Kontrollaufträgen betreut werden. Oder handelt es sich um eine *diplomatische* Herangehensweise der Jugendämter, um an türkischstämmige Familien heranzukommen, damit sie nicht ganz *unkontrolliert* sind? Das könnte aus der pragmatischen Vorstellung resultieren: Hauptsache, da ist erst einmal jemand in der Familie drin und dann wird weiter geschaut. Diese Vorgehensweise könnte auch mit den etwas längeren Betreuungsmonaten der türkischstämmigen Familien zusammenhängen. Das würde heißen, dass sie zum einen nicht sofort mit einem Kontrollauftrag unter Druck geraten, zum anderen, dass sie mehr Fachleistungsstunden in der Woche bekommen und am Ende in Monaten gerechnet länger betreut werden.

---

[390] Thiersch, H./Otto, H.U. (Hrgb.)(2005): Lebensweltorientierte Soziale Arbeit. Aufgaben der Praxis in sozialen Wandel. 6.Aufl. Juventa Verlag Weinheim und München, S. 39

8. Tabelle: Bekanntwerden

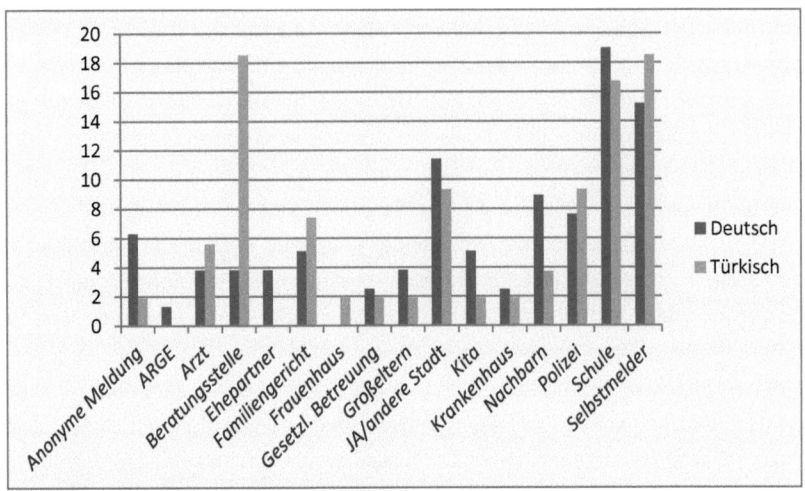

(Abb. 23: SPSS Tabelle Bekanntwerden zum Vergleich)

Im Vorfeld dieser Kategorie sei vermerkt, dass die 16 Optionen des *Bekanntwerdens* in den vorliegenden Akten vorgefunden wurden und eindeutig von den Fachkräften in den Jugendhilfediensten formuliert sind. Trotzdem ist es wichtig zu erwähnen, dass der Weg zum Jugendamt bzw. zum Jugendhilfedienst zu den Familien und umgekehrt in der Praxis oft nicht eindeutig abgegrenzt werden kann, da in vielen Fällen die Familien von Bildungseinrichtungen oder von Kinderärzten zu den Beratungsstellen geschickt werden und diese wiederum eine Zeitlang mit den Familien arbeiten und dann irgendwann den Familien eine SPFH nahe legen. In diesen Fällen wäre zum Beispiel der primäre Auffälligkeitsrahmen der Familien und der Zugang zum JA ein anderer. Diese werden aber im Erhebungsbogen so nicht erwähnt und deshalb sind diese Ergebnisse nicht als der erste Zugang zur Hilfe zu sehen, sondern als der erste Kontakt zum JA. Somit ist davon auszugehen, dass die Optionen in der Tabelle oben als die der Tippgeber oder als die endgültigen Meldestellen erfasst worden sind. Da die türkischstämmigen Familien mehrheitlich über die Beratungsstellen und als Selbstmeldern in Kontakt mit dem Jugendamt treten und somit zu der speziellen Hilfeform SPFH gelangen, steht dieser Befund zu der Anfangsannahme, dass sie den Zugang zum JA nicht alleine finden, z. B. aus Angst vor dem JA, erst einmal in Widerspruch. Dabei wird deutlich, dass die Beratungsstellen in ihrer Funktion, den Familien die adäquaten Hilfen vorzuschlagen und den Kontakt zum Jugendamt zu vermitteln oder aber die Familien soweit zu informieren und zu stärken, selber aktiv zu werden und den Weg zum Jugendamt zu finden, gute Dienste leisten. Dass die Selbstmelderquote bei den Familien mit türkischen Wurzeln sogar noch ein bisschen höher ist als bei den deutschen, zeigt, dass die türkischstämmigen Familien, die den Weg zum JA gefunden haben, irgendwo/irgendwie über alle Möglichkeiten, Rechte und Pflichten wohl informiert, sich dort gemeldet haben müssen. Auch müssen sie ihre Berührungsängste überwunden haben. Weiterhin zeigt das Diagramm, dass beide Gruppen häufig über die Schulen gemeldet werden. Die Quote ähnelt hierbei der der Selbstmelder, nur in umgekehrter Form; das heißt, dass diesmal die deutschen Familien in Führung sind. Hier sind sowohl die Grundschulen als auch die weiterführenden Schulen inbegriffen. Die Schulen, bzw. die Schulsozialarbeiterinnen und Schulsozialarbeitern an den jeweiligen Schulen wenden sich an das Jugendamt und stellen den ersten Kontakt her. In den Grundschulen erfolgen die Meldungen seitens der Lehrerinnen sowie Lehrern und Schulsozialarbeiterinnen sowie Schulsozialarbeitern vermehrt wegen Auffälligkeiten in der Entwicklung der Kinder. Des Weiteren folgen Meldungen über Vernachlässigung und/oder Verwahrlosung der Kinder. Das heißt, die Kinder kommen zu spät in die Schule oder sie fehlen unentschuldigt (immer wiederkehrend), sie bekommen zu Hause kein Frühstück, sie haben kein Butterbrot/Getränk mit, sie sind notdürftig bekleidet, z. B. haben sie im Winter keine Jacke an, haben ihre Schulsachen nicht mitgebracht, sind extrem unruhig, zeigen sexualisiertes Verhalten usw.

In weiterführenden Schulen erstrecken sich die Auffälligkeiten auf andere Bereiche. Die Lehrerinnen sowie Lehrer und Schulsozialarbeiterinnen sowie Schulsozialarbeiter melden in erster Linie Schulverweigerung, aggressives Verhalten gegenüber den Mitschülerinnen bzw. Mitschülern und dem Lehrpersonal, Versetzungsgefährdung durch schlechte Noten usw. Die von Toprak erwähnten Erziehungsziele von türkischen Familien, nämlich der Respekt vor Autoritäten und die Erziehung zum Lernen und Leistungsbestreben, scheinen in den meisten dieser Familien nicht zu greifen. Sicherlich machen sich die eigenen Bildungsdefizite von türkischstämmigen Eltern auch bei ihren Kindern bemerkbar.

Die Meldungen von Jugendämtern anderer Städte sind hier relativ häufig vorzufinden. Eher gering vertreten ist im Gegensatz zu den deutschen Familien das Bekanntwerden der auffälligen Familien über Nachbarn oder auch anonyme Meldungen.

Bei den deutschen Familien wird die Notwendigkeit der SPFH am häufigsten durch die Schulen bekanntgegeben, aber sehr häufig geschieht das auch durch Selbstmeldungen der Betroffenen. Auch hier ist die größte Verhaltensauffälligkeit der Jugendlichen das permanente Fehlen in der Schule und bei jüngeren Kindern die Entwicklungsverzögerung. Es folgen dann die Meldungen der Jugendämter anderer Städte meistens bei Umzügen, so wie bei den Familien mit türkischen Wurzeln auch. Anscheinend ziehen besonders viele Familien während des SPFH Bezugs häufig um. Während bei der allgemeinen Datenauswertung die Hilfen wegen Umzügen bei 7% lagen, ist im Vergleich zwischen Deutschen und Familien mit türkischen Wurzeln die Umzugsrate bei türkischstämmigen Familien fünfmal so hoch wie bei den deutschen Familien.

Auffällig in dieser Studie ist auch, dass nur deutsche Familien von Ehepartnern beim JA gemeldet wurden. Und weiterhin auffällig ist, dass der Zugang zum JA über die Frauenhäuser[391] nur bei türkischen Familien stattgefunden hat. Interessant scheint zudem, dass die deutschen Familien, die durch anonyme Meldungen und über die Meldungen der Nachbarschaft/Großeltern in Kontakt zum JA kommen infolge derer eine Familienhilfe installiert wird, dreimal bzw. doppelt so häufig sind wie bei den türkischstämmigen Familien. Sicherlich gibt es viele Erklärungsmodelle zur Nachbarschaft von Familien mit türkischen Wurzeln und Deutschen und ihren Beziehungen jeweils zu ihren *Landsleuten*. Bekannt ist aber, dass die türkischstämmigen Familien im Falle einer Überforderung erst einmal in der Verwandtschaft und Nachbarschaft versuchen dieses aufzufangen, bevor die betroffenen Familien sich von „fremder" Stelle Hilfe holen. Dafür ist die Angst zu groß, dass ihnen die Kinder weggenommen werden[392].

Anzunehmen ist, dass die Dunkelziffer der Familien, die einen Bedarf haben, sehr hoch ist, diese diesen aber aus diversen Gründen nicht melden. Es ist auch denkbar, dass in vielen Fällen nur die Familien beim JA landen, die über diese Ressourcen nicht

---

[391] Über die betroffenen Frauen schreibt das Frauenhaus Dortmund: „Frauen, die Gewalt erleben, kommen aus allen sozialen Schichten mit unterschiedlichstem Bildungsniveau und kulturellem Hintergrund. Jede Frau kann in die Situation kommen, in der Partnerschaft mit Gewalt konfrontiert zu werden"   http://www.frauenhaus-dortmund.de/Frauenhaus-Dortmund/Gewalt-gegen-Frauen/ 139633,1031,140007,-1.aspx (14.01.2013)

[392] In den letzten Jahren gibt es in türkischsprachigen Zeitungen viele Artikel zur Inobhutnahmen und Fremdunterbringungen von türkischstämmigen Kindern in Deutschland und somit ist die türkische Community, was staatliche Unterstützung betrifft, sehr verunsichert.

verfügen oder diese Ressourcen aus irgendwelchen Gründen nicht für sich nutzen können.

9. Tabelle: Beendigungsgrund

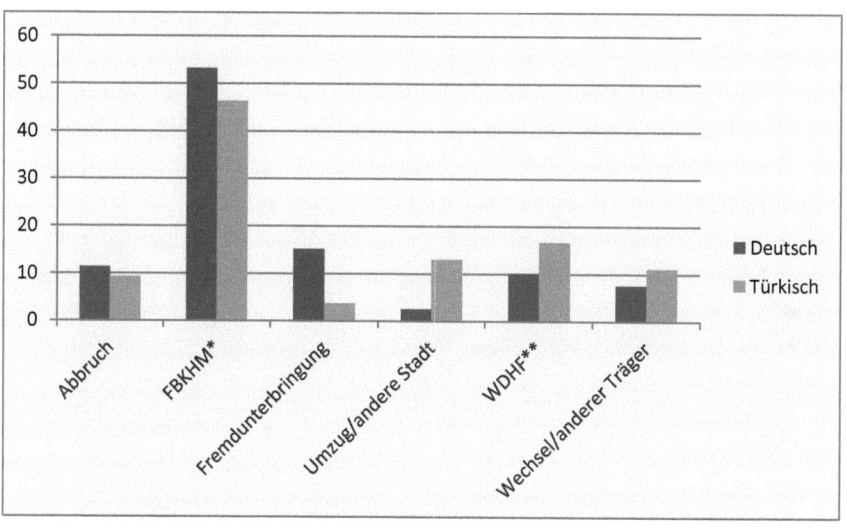

(Abb. 24: SPSS Tabelle Beendigungsgrund zum Vergleich)

* FBKHM: Familie braucht keine Hilfe mehr

Auffällig in dieser Studie sind die erfolgreich beendeten Hilfen, sowohl bei deutschen als auch bei türkischstämmigen Familien mit ca. 50%. Das heißt, dass die Hälfte der Familien keine Hilfe mehr benötigt. Das bedeutet im sozialpädagogischen Kontext, dass die Familien Fertigkeiten für sich erworben haben, nach intensiver Betreuung und Begleitung durch eine Fachkraft (oder auch eine zwei Fachkräfte-Co-Betreuung) über einen Zeitraum von bis zu 30 Monaten ihre Erziehungsaufgaben und ihre Alltagsprobleme gut zu bewältigen, dass sie sich für Konflikt- und Krisensituationen Handwerkszeug angeeignet haben, um diese allein zu meistern, und im Kontakt mit Ämtern und Institutionen gut vernetzt sind und ihre Anliegen selbstständig erledigen können. Sicherlich ist das auch eine Folge von freiwilligem Kontext, mit der 80-90% der Familien zu der Hilfeform SPFH kommen. Eine weitere große Rolle spielt hierbei sicherlich die Person der Hilfeerbringerin bzw. des Hilfeerbringers in Form der Sozialpädagogischen Familienhelferin und Helfers. Deshalb wird auch die Frage nach der Fachkraft, sowie ihrer Person und Persönlichkeit gestellt. Denn für das Gelingen oder Misslingen der Hilfe gehören, wie bei allen anderen Beziehungsarbeiten auch, mindestens zwei.

Bei den Abbrüchen der Hilfen wird nicht gesondert aufgeführt, von welcher Seite die Abbrüche ausgingen; ob die Hilfe von Seiten der Familien nicht mehr erwünscht gewesen oder von Seiten der Fachkraft/Fachkräfte für ineffizient erachtet worden ist. Das heißt also, in dieser Studie sind die Abbrüche nur insgesamt erfasst. Sowohl bei den deutschen als auch bei den türkischstämmigen Familien gibt es relativ gleichviele Abbrüche. In der Gesamterfassung sind im Ganzen weniger Abbrüche verzeichnet. Da die SPFH zum größten Teil auf die freiwillige Mitarbeit der Familien angewiesen ist, bedeutet das, dass die Hilfe, im Falle fehlender Kooperation, von beiden Seiten ohne Probleme beendet werden kann (solange kein Zwangskontext im Rahmen einer Kindeswohlgefährdung vorliegt).

** WDHF: Wechsel der Hilfeform (siehe: *Abb. 9: SPSS Tabelle Beendigungsgrund zum Vergleich*)

Der Wechsel der Hilfeform kann innerhalb der Jugendhilfe stattfinden, z. B. in solchen Fällen wo das Kind bzw. die Kinder an eine Tagesgruppe angebunden sind, in die sie nach der Schule gebracht werden. Da sie dort eine sehr individuelle und intensive Betreuung und Förderung erfahren und sich ziemlich lange dort aufhalten, wird die SPFH überflüssig. Auch wenn die Kinder einen Erziehungsbeistand[393] bekommen, der meistens ab dem 12. Lebensjahr in der Familie installiert wird, ist die SPFH unnötig. Häufig ist auch der Fall der Installation einer gesetzlichen Betreuung. In dem Fall kann die SPFH weiterhin in der Familie bleiben, gibt aber viele Bereiche an die gesetzliche Betreuungsperson ab.

Auffälliger ist der Unterschied zwischen zwei anderen großen Kategorien, von denen der eine Beendigungsgrund beim Umzug in eine andere Stadt entsteht. Während die Anzahl der Deutschen, die ihren Aufenthaltsort verändern, bei ca. 2% liegt, ist die

---

[393] Erziehungsbeistand und Bereuungshelfer (§30 SGB VIII): „Der Erziehungsbeistand und der Betreuungshelfer sollen das Kind oder den Jugendlichen bei der Bewältigung von Entwicklungsproblemen möglichst unter Einbeziehung des sozialen Umfelds unterstützen und unter Erhaltung des Lebensbezugs zur Familie seine Verselbständigung fördern" http://dejure.org/gesetze/SGB_VIII/30.html (14.01.2013)

Umzugsquote der Türkischstämmigen etwa sechs Mal so hoch und liegt bei ca. 12%. Möglicherweise ziehen türkischstämmigen Familien eher in andere Großstädte, um Anschluss an ihre Community zu bekommen und sich in prekären Lebenssituationen zu helfen. Anzunehmen ist dabei, dass türkischstämmige Familien von einer Groß- stadt in die andere ziehen, um unerwünschte Hilfe loszuwerden. Möglich ist aber auch, dass die Umzüge weder in die eine Richtung noch in die andere Richtung in- terpretiert werden können, sondern z. B. durch einen Wechsel der Arbeitsstelle be- dingt sind (wenn auch mit einer sehr geringen Wahrscheinlichkeit) oder durch einen neuen Lebensabschnittspartnerin bzw. Partner bedingt sein können.

Auch bei den Fremdunterbringungen ist der Unterschied bemerkenswert. Während bei den türkischstämmigen Familien die Quote bei ca. 4% liegt, befindet sich die Fremdunterbringungsquote bei den deutschen Familien bei fast 16%. Dies könnte womöglich erklären, warum der Betreuungszeitraum von 0-6 Monaten bei den deut- schen Familien so ausgeprägt ist und dann kontinuierlich abnimmt. Bei diesen Fami- lien werden die Kinder eher herausgenommen. Auch durch die Feststellung, dass bei den deutschen Familien der SPFH 10% mehr einen Kontrollauftrag (insgesamt 20%) haben als die türkischstämmigen Familien (9% Kontrollauftrag), ließe sich das Phä- nomen erklären.

Der Wechsel zu einem anderen Träger ist bei beiden Gruppen etwa gleich ausge- prägt. Diese Art von Wechsel in der Landschaft der vielen und unterschiedlichen Ver- eine und freien Träger, die es in Dortmund gibt, ist nichts Ungewöhnliches. Es ist durchaus möglich, dass nach dem Beginn der SPFH festgestellt wird, dass ein anderer Träger oder eine bestimmte Fachkraft aus einem anderen Träger geeigneter ist oder dies auch seitens der Familie erwünscht ist. In der Praxis wird dem stattgegeben, sofern es der Familie effektiv erscheint.

10. Tabelle: Alter Mutter bzw. Alter Vater (Geburtsjahrgänge)

Herkunft	Mittelwert-Vater	N	Standardabweichung
Deutsch	70,89	55	10,304
Türkisch	67,63	41	10,202

Herkunft	Mittelwert-Mutter	N	Standardabweichung
Deutsch	75	78	8,105
Türkisch	72,34	53	8,088

(Abb. 25: SPSS Tabelle Alter der Eltern zum Vergleich)

Die Familien mit türkischen Wurzeln „sind mit einem Durchschnittsalter von 39,1 Jahren eine vergleichsweise junge Ausländergruppe. [...] 82,5% der türkischen Befragten haben einen Partner mit türkischer Staatsangehörigkeit"[394]. Ausgehend von den erfassten Altersdaten[395] scheint es auf den ersten Blick so, dass deutsche Eltern jünger sind als türkische Eltern. Sowohl die Vätergeneration als auch die Müttergeneration haben eine gleichmäßige Standardabweichung. Aus den Akten ergibt sich aber, dass, da die deutschen Eltern relativ jung sind (z. B. sind viele von ihnen mit achtzehn oder neunzehn Jahren Eltern geworden), der Durchschnitt automatisch verjüngt wird. Der Tatbestand, dass die SPFH in deutschen Familien relativ schnell eingesetzt wird, lässt die Eltern jünger erscheinen. Bei den türkischen Familien ist das Alter deshalb so hoch, da sie oft erst bei ihren jüngeren Kindern als auffällig eingestuft oder erfasst werden, so dass sie im zunehmenden Alter erstmalig mit dem JA in Berührung kommen und erst dann eine Hilfe installiert wird. Sicherlich spielen hierbei wieder die Verwandtschaft und die Nachbarschaft eine große Rolle, dass die Familien so lange in schwierigeren Lebenslagen aufgefangen werden, bis es nicht mehr geht.

Die IPs bei den türkischstämmigen Familien sind größtenteils die jüngeren Kinder, während es bei den Deutschen IPs die Erst- und/oder die Zweitgeborenen sind.

---

[394] Bamf 2010, S. 220
[395] Die vorliegende Studie weist geringe Altersangaben betreffend der Elterngeneration auf. Die Väter sind noch weniger erfasst als die Mütter. Oftmals fehlen die Angaben zum Alter des Vaters, wenn die Mutter alleinerziehend ist.

11. Tabelle: Wirtschaftliche Situation

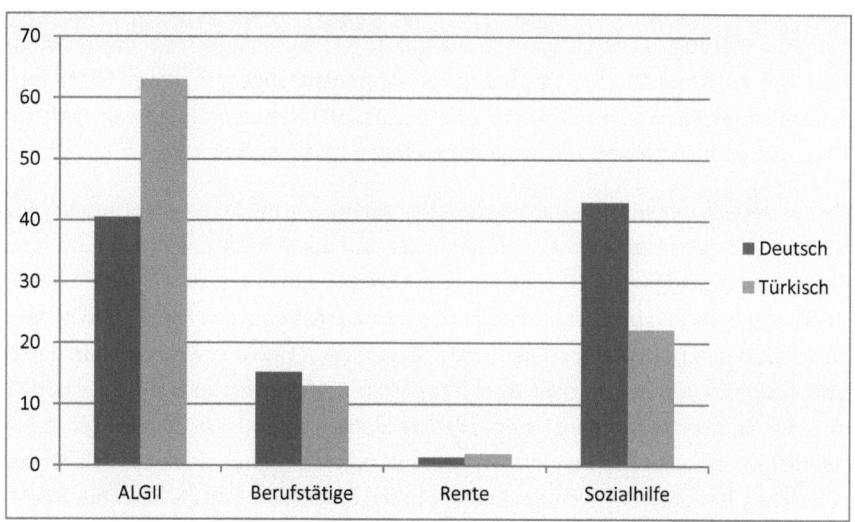

(Abb. 26: SPSS Tabelle Wirtschaftliche Situation zum Vergleich)

Die in der Bundesrepublik Deutschland lebenden Familien mit nicht-deutschen Wurzeln gehören, laut einer Studie des DGB und des Paritätischen Wohlfahrtsverband, zu den besonderen Risikogruppen, die von Armut betroffen sind. Zur wirtschaftlichen Situation der Familien im Vergleich ist hier aber zu sagen, dass die Studie eine gewisse Gleichmäßigkeit in beiden Gruppen aufzeigt. Die Tabelle zeigt, dass türkischstämmigen Familien generell auf staatliche Unterstützungen genauso angewiesen sind wie die deutschen Familien auch. In Bezug auf das ALG II[396] weist das Diagramm eine um mehr als 20% geringere Anzahl von deutschen Empfängerinnen und Empfängern im Vergleich zu den Empfängerinnen und Empfängern mit türkischen Wurzeln auf. Betrachtet man aber die prozentuale Verteilung zwischen den beiden ver-

---

[396] ALG II und Sozialhilfe: „Das Hartz IV Gesetz, das sich im neu geschaffenen SGB II wiederfindet, fasste die Sozialhilfe mit der bisherigen Arbeitslosenhilfe im neuen Arbeitslosengeld II zusammen. Das Arbeitslosengeld, jetzt Arbeitslosengeld I genannt, blieb als Sozialversicherungsleistung bestehen, wird jetzt jedoch nur noch für maximal 1 Jahr gezahlt. Das Arbeitslosengeld 2 ist die neue "Grundsicherung für Arbeitssuchende". Sozialhilfe erhält jetzt nur noch, wer nicht in der Lage ist, täglich mindestens 3 Stunden einer Erwerbstätigkeit nachzugehen, de facto also nur noch alte und behinderte Menschen" http://www.sozialhilfe24.de/hartz-iv-4-alg-ii-2/was-ist-hartz-iv-4.html (14.01.13).

glichenen Gruppen beim Sozialhilfebezug, so wird ersichtlich, dass hierbei die deutschen Familien einen um 20% höheren Anteil haben und somit hier ein Gegensatz
zum ALG II Bezug zu verzeichnen ist. Die Anzahl der Berufstätigen bei beiden Gruppen liegt zwischen 10-15%. Der Bezug von Rentenleistungen, in diesen Fällen ausschließlich in Form von Frührente und Berufsunfähigkeitsrente, bewegt sich für
beide Gruppen auf einem relativ niedrigen Niveau, nämlich bei 2-3%.

Da der Bereich der wirtschaftlichen Situation relativ eng mit kulturellem Kapital, wie
Bildung und Arbeitsverhältnis, verbunden ist und die hohe Arbeitslosenquote und
Sozialhilfeempfängerquote bei den untersuchten Gruppen sich miteinander nahezu
deckungsgleich darstellt, ist in Bezug auf die türkischstämmigen Familien folgendes
zu schlussfolgern: Die Gruppe der türkischstämmigen Familien weist auch in der 2.
und 3. Generation wegen oder trotz ihres Migrationshintergrunds Bildungsdefizite
auf, die sie noch nicht (ganz) aufgearbeitet zu haben scheinen. „Allerdings ist ein
deutlicher Fortschritt im Vergleich mit der Elterngeneration zu erkennen: 42,4% der
türkischen Befragten erreichten einen höheren Schulabschluss als noch die Eltern.
[...] Da das Schulniveau mit der Möglichkeit verknüpft ist, eine berufliche Ausbildung
zu absolvieren, ist es nicht verwunderlich, dass vergleichsweise viele türkische Befragten keinen beruflichen Ausbildungsabschluss in Deutschland erreicht haben
(69,0%). 38,5% der Türkinnen waren noch niemals in Deutschland erwerbstätig"[397].
Der Unterschied zu der Elterngeneration ist womöglich auch in der bestehenden
Schulpflicht in Deutschland begründet; die eigentlich emigrierte Elterngeneration
weist nämlich wenig bis gar keine Schulbildung aus ihren Herkunftsländern auf. Aber
ihre in Deutschland aufgewachsenen und geborenen Kinder erhalten automatisch
eine Schulkarriere von mindestens zehn Schuljahren (Schulpflicht[398]). Ob es dann
richtig wäre nur deshalb zu sagen, dass die Kinder- und Enkelgeneration gebildeter
als ihre Eltern und Großeltern ist, sei erst einmal dahingestellt. Die Schulbildung nach
dem Spracherwerb gehört mitunter zu den Integrationskatalysatoren für Familien

---

[397] Bamf 2010, S. 221
[398] Die Schulpflicht untergliedert sich in eine Vollzeitschulpflicht mit einer Dauer von zehn Schuljahren
(Schulpflicht in der Primarstufe und in der Sekundarstufe I – § 37 SchulG) und eine sich anschließende
Schulpflicht in der Sekundarstufe II (§ 38 SchulG). Die Vollzeitschulpflicht wird durch den Besuch der
Grundschule und einer weiterführenden allgemein bildenden Schule (Hauptschule, Realschule, Gymnasium oder Gesamtschule) erfüllt. Die Schulpflicht in der Sekundarstufe II wird durch den Besuch
der Teilzeitberufsschule erfüllt; sie kann auch durch den Besuch eines allgemeinbildenden Bildungs-
gangs in einer Schule der Sekundarstufe II erfüllt werden http://www.schulministerium.nrw.de/BP/
Schulrecht/Fragen_Antworten/FAQ/FAQ_Unterricht/Schpfl/Dauer.html (26.01.2013).

mit nicht-deutschen Wurzeln, da die Schulausbildung die Türen für die Erwerbstätigkeit öffnet und somit ein Zusammenleben und in Kontakttreten mit der Aufnahmegesellschaft fördert.

Aus den Zahlen bezüglich der Erwerbstätigkeit in den SPFH Familien geht hervor, dass keine einzige der türkischstämmigen Frauen aus der Studie erwerbstätig ist. Einer Erwerbstätigkeit gehen nur deutsche Frauen (wenn auch nur mit einer sehr geringen Anzahl vertreten), sowie türkische und deutsche Männer nach. Hier wird auch die tendenzielle Haltung der türkischstämmigen Bevölkerung im Milieu deutlich. Im ethnischen Milieu scheint üblich, dass die Männer für ihre Familien sorgen und Frauen zu Hause bei den Kindern bleiben. Es schickt sich nicht für einen Mann, seine Frau arbeiten gehen zu lassen. Die archaischen Rollenbilder bei den sogenannten Migrantenfamilien in den bildungsschwachen Communities sind manifest. Eine Frage, die sich hier stellt, ist, woher diese Einstellung herrührt, da es weder in der Herkunftskultur dieser jungen Männer diese Haltung gibt noch diese in der Mehrheitsgesellschaft vertreten ist[399]. Sinnvoll wäre auch die folgende Frage zu stellen: Wenn im Milieu die Rollenbilder so klar definiert sind, warum sorgen die Männer dann nicht für den Unterhalt ihrer Familien? Bis auf 10-15% der Familien leben alle von staatlichen Leistungen. Außer den vorherrschenden Rollenbildern gibt es natürlich auch andere Gründe und Erklärungen für die wirtschaftlich-finanzielle Abhängigkeit dieser Familien. Zum einen sind viele Familien sogenannte Multiproblem-Familien und sind durch diverse psychische und physische Erkrankungen und Hemmnisse nicht in der Lage, einer geregelten Arbeit nachzugehen. Zum anderen bietet die Lage der Stadt und des Stadtteils, in dem sie leben, für eine Erwerbsarbeit keine optimalen Voraussetzungen, da zu wenige Arbeitsplätze oder Vergleichbares vorhanden sind. Ein weiterer Erklärungsansatz wäre die Schwarzarbeit vieler Männer, die gelegentlich und vielleicht auch regelmäßig einer/mehrerer Arbeit/en nachgehen, die aber nicht in den Akten dokumentiert sind. Aber aus der Sicht dieser Männer sorgen sie für ihre Familien und somit ist ihr Rollenbild erfüllt.

---

[399] Die in den 60ern bis 80ern emigrierten Arbeitsmigranten aus der Türkei kamen zumeist aus ländlichen Gebieten, wo sowohl die Männer als auch die Frauen immer für die Familie zusammen gesorgt haben; d. h. es gab dort nicht den Status Hausfrau, sondern die Frauen haben auf den Feldern gearbeitet oder in der Viehzucht etc. Auch die aktuelle Situation der meisten Frauen in der jetzigen Türkei ist, dass sie je nach vorherrschenden Bedingungen ihren Beitrag zum Familieneinkommen leisten. In der Aufnahmegesellschaft ist ebenso vorzufinden, dass Frauenerwerbstätigkeit zum Alltag gehört.

In diesem Zusammenhang seien besonders die von Armut betroffenen SPFH Familien (und das sind die meisten von ihnen) erwähnt: „das oft reklamierte Fehlen des
Bedürfnisaufschubs, der fehlenden Zukunftsorientierung und einer häufig zu be-
obachtenden Plan- und Ziellosigkeit im Verhalten findet deutlichen Ausdruck im
Konsumverhalten und einer nahezu magischen Überbewertung des Geldes und materieller Dinge. [...] Die Unfähigkeit, momentane Bedürfnisse zugunsten eines höheren gesellschaftlichen Status aufschieben zu können, manifestiert sich einerseits in
illusionären Wunschphantasien (Lottogewinn, Erbschaft) vom plötzlichen Reichtum,
andererseits in exessivem (sic!) Konsumverhalten"[400]. Die im Kapitel 3.1 erwähnte
Voruntersuchung ergab bezüglich des Konsumverhaltens dieser Personen in Punkt
6, ob die Familien mehr Statussymbole, wie zum Beispiel Autos, Markenkleidung o-
der technische Geräte (PCs, Smartphones, Flachbild TVs etc.) kaufen, eindeutig, dass
sie diese mehr erwerben. Schuster spricht von Konsumgütern als Ersatzwerte für
fehlendes Selbstwertgefühl dieser Menschen und sagt, dass Konsumgüter zumindest für eine kurze Zeit das Selbstwertgefühl verbessern[401]. Diese Feststellung wird
unter den Fachkräften der SPFH immer wieder thematisiert.

12. Tabelle: Hilfeplan

Hilfeplan	Deutsch	Türkisch	Studie-Ge-samt
1. Haushaltsplan/Geldeinteilung	24,1%	11,1%	18,5%
2. Erziehungsberatung (Grenzsetzung/Regeln, Stärkung der Erziehungsfähigkeit)	72,2%	79,6%	77,5%
3. Kooperation mit Kita/Schule	57%	63%	61,5%
4. Kontakt zu Ärzten/Kliniken	64,6%	55,6%	60,0%
5. Ämter und Behördengänge	22,8%	38,9%	35,5%
6. Besuchskontakte zum getrenntlebenden Elternteil regeln/begleiten	22,8%	25,9%	17,5%
7. Krisengespräche führen	15,2%	20,4%	18,5%
8. Struktur schaffen/Tagesablauf	22,8%	18,5%	21,5%
9. Vermittlung zwischen den Eltern	10,1%	18,5%	13,0%
10. Freizeitgestaltung	27,8%	40,7%	30,0%

---

[400] Schuster, E.M. 1997, S. 56
[401] Schuster, E.M. 1997, S. 36

11. Stabilisierung in der aktuellen Situation	8,9%	5,6%	6,5%
12. Klärung der Wohnsituation	15,2%	14,8%	16,5%
13. Soziale Netzwerke schaffen	25,3%	31,5%	31,0%
14. Begleitung und Rückführung des Kindes	10,1%	7,4%	7,0%
15. Klärung der Beziehung der Familienmitglieder untereinander	17,7%	3,7%	11,5%
16. Perspektiven entwickeln	5,1%	9,3%	8,0%
17. Anleitung und Unterstützung bei der Versorgung des Kindes	10,1%	3,7%	6,5%
18. Klärung der wirtschaftlichen Situation und/oder Schuldnerberatung	2,5%	3,7%	2,0%
19. Klärung des Therapiebedarfes und Anbindung an eine Therapie	17,7%	20,4%	17,5%

(Abb. 27: SPSS Tabelle Hilfeplan zum Vergleich)

Die drei am häufigsten in Anspruch genommenen Bereiche der Hilfeplanung sind bei beiden Gruppen, bis auf einen Unterschied, weitgehend gleich. An der Spitze der Aufträge an die Fachkräfte liegt die Erziehungsberatung mit fast 80% bei den türkischstämmigen Familien, dicht gefolgt von 72,2% der deutschen Familien. Es folgen der Kontakt zu Ärzten und Kliniken und die Kooperation mit Kindergärten und Schulen. Hierbei ist eine Umkehrung der Häufigkeit zu erkennen; mit fast 10% brauchen deutsche Familien mehr Unterstützung bei Ärzten und Kliniken, die Familien mit türkischen Wurzeln wiederum brauchen mit fast 10% vermehrt Unterstützung bei der Kooperation mit Kitas und mit Schulen.

Angesichts der Presse in den letzten Jahren, die über Probleme von Kindern und Jugendlichen mit Migrationshintergrund berichtet hat, ist dieses Ergebnis keine Überraschung. Die Studie zeigt, dass die IPs, die in Kitas und Schulen auffällig wurden, vermehrt Jungen sind. Toprak von der Fachhochschule Dortmund schreibt, dass für 61% der türkischen Väter Respekt und Gehorsam die wichtigsten Erziehungsziele seien. Und zwar nicht nur gegenüber ihren Eltern, sondern auch gegenüber ihren Lehrerinnen sowie Lehrern und Personen in ihrem religiösen Umfeld. Da diese Jugendlichen in ihren Familien meistens ihre Väter als Autorität akzeptieren (bei alleinerziehenden Müttern sind es meist die männlichen Verwandten, wie z. B. Opa, Onkel o. ä., die als Autoritäten agieren), können sie mit dem demokratischen Stil in der Schule nichts anfangen und brauchen klare Strukturen und Ansagen. „Diese Jungen

würden den demokratischen Stil der Lehrerinnen und Lehrer als Schwäche empfinden und würden darauf mit Provokationen und Regelverletzungen reagieren"[402]. In
Begleitung zu Ämtern und Behörden liegen die türkischstämmigen Familien vorn.
Sicherlich wird dieser Bedarf auch mit Kommunikationsschwierigkeiten einhergehen. Auffällig ist mit 40,7% (4. Rang bei türkischstämmigen Familien) die Erfassung
der Freizeitgestaltung in türkischstämmigen Familien. Das bedeutet, dass diese Familien und ihre Kinder und Jugendlichen Anleitung brauchen, wie sie ihre freie Zeit
verbringen können. Interessant hierbei ist zu erfahren, dass das Freizeitverhalten
dieser Menschen gestaltet werden muss, dass also ein Bedarf besteht, der als ein
Arbeitsauftrag an die Fachkraft in der Hilfeplanung erscheint.

Wie sehr die Hilfeplanung und somit die Dienstleistung der SPFH an der Lebenswelt
orientiert ist, zeigen im Hilfeplan die einzeln aufgeführten Lebensbereiche der Adressatinnen und Adressaten. Sie zeigen ebenfalls, wie wichtig Partizipation und Kooperation[403] sind, da zum Beispiel der Punkt der Klärung der Beziehung der Familienmitglieder untereinander bei den Familien mit türkischen Wurzeln mit 3,7% eine
ziemlich geringe Nachfrage findet. Bei den deutschen Familien zeigt sich ein deutlich
höherer Bedarf mit 17,7% für diese Form der Beratung. Ein großer Unterschied lässt
sich bei Punkt 17, Anleitung und Unterstützung bei der Versorgung des Kindes/der
Kinder, feststellen. Bei deutschen Familien ist der Bedarf dreimal so hoch wie bei
türkischstämmigen Familien. Ein Erklärungsansatz wäre dabei die relativ junge Elternschaft der Deutschen und der sofortige Bezug der Hilfe SPFH beim ersten Kind.
Den geringsten Bedarf und somit auch den überraschendsten in beiden Gruppen
weist die Klärung der wirtschaftlichen Situation und/oder Schuldnerberatung mit jeweils 2,5% bei deutschen und mit 3,7% bei türkischen Familien auf. Die Tatsache,
dass diese Menschen zum Teil am Rande des Existenzminimums leben und eigentlich
zu erwarten wäre, dass dieser Punkt prozentual höher liegen müsste, legt die Vermutung nahe, dass der Punkt der wirtschaftlichen Not im Grunde für die Familien
nicht wirklich eine Not darzustellen scheint (aus Gründen, die den jeweiligen Fachkräften oft bekannt sind).

Im Rahmen der *Ressourcen*untersuchung scheinen bei den türkischstämmigen Familien die Verwandtschaft, die Nachbarschaft und die unterschiedlichen Vereine als

---

[402] Westfälische Rundschau, 27.01.2008
[403] Partizipation und Kooperation im Sinne von Teilhabe und Engagement aller betroffenen Familienmitglieder im Prozess der Familienhilfe.

soziale Netzwerke immer noch von großer Bedeutung zu sein. In Interviews mit türkischstämmigen Menschen, die an der Carl von Ossietzky Universität geführt wurden, ergab sich, dass „die Familie [...]der wichtigste Schutz gegen soziale Isolation
(ist) und materielle und emotionale Unterstützung (gewährleistet): „Man braucht ja
eigentlich, wenn man so große Familie hat, viele Geschwister, man braucht eigentlich keine Freunde" (Derya M.). Der Wunsch nach räumlicher Nähe zu Eltern und
Geschwistern hält die Migranten im Stadtteil: „Warum wohn' ich hier? Ich wohne
hier, weil meine Eltern auch hier wohnen. Wenn ich jetzt weiter weg wohnen würde,
wär' der Kontakt auch weg" (Ayhan Ö.)"[404]. Laut einer Erhebung aus dem Jahre 2004
durch Hunger am Institut für Politikwissenschaften an der Westfälischen Wilhelms-
Universität Münster[405] gibt es in Deutschland 16 Arten von eingetragenen Vereinen,
die Menschen mit türkischen Wurzeln betreiben. Dabei sind die überwiegenden Ver-
einsformen die Kultur- und Begegnungsvereine mit insgesamt 27,7%, religiöse Vereine mit 23% und Sportvereine mit 14,7%. Er stellt weiterhin fest, dass die zweite
Generation der Türkischstämmigen im Gegensatz zu ihrer Elterngeneration, die vermehrt auf Begegnungsstätten aus waren, „[...] mehr Anspruch einer politischen, gesellschaftlichen Interessenvertretung (haben) und sich als politische, gesellschaftliche Akteure für ihre Gruppe in der Mehrheitsgesellschaft, auch im Zuge des ange-
strebten und bundesweit geförderten staatlichen Integrationskurses"[406] sehen. Die
Vereine fungieren seit Jahrzehnten aber auch als Orte der Hilfe zur Selbsthilfe.

Eigentlich schon bevor die Sozialpädagogische Familienhilfe Anfang der 80er-Jahre
ihre Dienste bei Familien mit türkischen Wurzeln angetreten hatte, gab es in den
sogenannten *Hinterhofmoscheen*, Türk Danis[407] oder Stadtteil-Fußballvereinen eine
allgemeine Sozialberatung, die von Wie stelle ich einen Antrag fürs Wohngeld?, über
das Ausfüllen von Lohsteuerbescheiden bis hin zum Arbeitslosengeldantrag reichte.

---

[404] EINBLICKE Nr. 40 / Herbst 2004, S. 10
Carl von Ossietzky Universität Oldenburg. Zitate aus den Interviews mit türkischen Migranten.
Der Aufsatz fasst Ergebnisse einer Studie zusammen, die Integrations- und Ausgrenzungsprozesse bei
türkischen Migranten der zweiten Generation untersucht. Die Studie fragt nach den gesellschaftlichen und subjektiven Faktoren, die über Integration bzw. Ausgrenzung in den Dimensionen soziale
Netze, Wohnen und Arbeiten entscheiden.
[405] Migration und Soziale Arbeit, Aug. 2012, S. 273
[406] Migration und Soziale Arbeit, Aug. 2012, S. 274
[407] „Türk Danış war 1962 der erste Sozialdienst für türkische Arbeitnehmer in Deutschland. Gegründet
wurden die Einrichtungen von der Arbeiterwohlfahrt" http://www.123people.de/s/t%C3%BCrk+danis
(15.01.2013)

Lange Jahre wurden diese Dienste nicht anerkannt. Heute ist bekannt, dass die Migrantenvereinigungen einen großen Beitrag zum Zusammenleben und zur Integration der Menschen in den Stadtteilen leisten. Sie sind eine große Ressource im Rahmen der interkulturellen Öffnung. Über die Nachbarschaft und Vereine als Sozialisationsorte für Kinder aus nicht-deutschen Elternhäusern wurde u. a. schon im Jahre 1985 Folgendes geschrieben: „Die Nachbarschaft hat je nach Wohnsituation verstärkende oder vermindernde Sozialisationswirkung", aber auch die Vereine „haben als interessensspezifische Organisation von Gleichaltrigen oder als familienüberschreitende Intergenerationskontakte einen nicht zu unterschätzenden Sozialisationseinfluß (sic!). Sport-, Musik- und Wandervereine, in kleineren Orten oft von Lehrern mitgetragen und daher eine wichtigen Gelegenheit zu außerschulischen Kontakten zwischen ihnen und den ausländischen Schülern, sperren sich oft formell oder informell gegen ausländische Mitglieder[...]. Deshalb gibt es zunehmend auch rein ausländische Vereine, deren Sozialisationswirkung dann in eine andere Richtung laufen wird [...]"[408].

Im Jahre 2012 schaut es in den Stadtteilen wie der Dortmunder Nordstadt so aus, dass die Vereine (Sport-, Musik-, etc.) weitestgehend aus Familien mit nicht-deutschen Wurzeln bestehen, bedingt primär durch die Lage dieser Vereine (viele sind direkt im Stadtteil angesiedelt). Obwohl die weitläufige Meinung über Verwandtschaft und Nachbarschaft von Menschen mit türkischen Wurzeln die ist, dass sie gute Kontakte zueinander pflegen, ist die Tendenz aber eher rückläufig. Viele der SPFH Familien mit türkischen Wurzeln leben isoliert auch in ihren Communitys. Vielmehr halten sie über die Medien und den häufigen Gebrauch dieser, eine ständige Heimatbindung aufrecht, leben in dieser Welt und erschweren sich und ihren Kindern somit auch den Anschluss in die hiesige Gesellschaft. Die Ressourcen, die diese isolierten Familien sozusagen am Leben erhalten, erhalten sie durch eine virtuelle Welt. Anders sind die Vereine, Lokale und Moscheen, aber auch das Quartiersmanagement und Nachbarschaftsprogramme zu bewerten. Diese können sowohl die Integration dieser Menschen verstärken, aber auch die Isolation dieser Menschen aufheben. Das ist eine Frage der Nutzung.

---

[408] Ministerium für Kultus und Sport Baden-Württemberg (Hrgb.) (1985): Gastarbeiter als Eltern-Untersuchungen zum Verhältnis zwischen Schule und den Eltern ausländischer Grund-und Hauptschüler. Materialien zur Förderung ausländischer Kinder und Jugendlicher an allgemeinbildenden und beruflichen Schulen. E. Kurz & Co. Stuttgart, S. 10

6.2 Unterschiede und Übereinstimmung und deren Bedeutung in der SPFH

Die beiden Gruppen der vorliegenden Studie wurden in Bezug auf 10 Punkte, die im Hilfeplan der SPFH dokumentiert und durchgeführt worden sind, verglichen. Die übereinstimmenden und unterschiedlichen Bereiche beider Gruppen sind wie folgt festzuhalten:

Der überwiegende Teil der Untersuchungsgruppe beider Herkünfte lebt in der Nordstadt; nämlich mehr als die Hälfte der türkischstämmigen SPFH Familien und etwa ein Drittel der deutschen Familien. Das bedeutet, dass viele der SPFH Familien herkunftsunabhängig, zumindest in dieser Untersuchungsgruppe, in der Nordstadt konzentriert sind. Auch in Bezug auf die Kinderanzahl sind beide Vergleichsgruppen mit ca. 2,6 Kindern gleich und zeigen keine wesentlichen Unterschiede. In Bezug auf Empfang von staatlichen Leistungen sind beide Gruppen auch nicht unterschiedlich. Der Bezug von staatlichen Leistungen ist in beiden Gruppen relativ hoch. Die männlichen Mitglieder der Familien, die als IPs betreut werden, sind in etwa gleicher Weise verhaltensauffällig. Auch die Familienstände sind in beiden Gruppen gleich, sowohl die der verheirateten Paare als auch die der geschiedenen und alleinerziehenden Mütter. Die Fachleistungsstunden liegen im Bereich von 5,6 und 5,9 und zeigen ebenfalls keinen signifikanten Unterschied. Zu den Beendigungsgründen ist zu sagen, dass mehrheitlich die Arbeit mit beiden Gruppen beendet werden mit dem Ergebnis, dass die Familie keine Hilfe mehr braucht.

Die Unterschiede, die aus der Aktenanalyse hervorgehen, sind folgende: Die türkischen Mädchen werden mit ca. 5% auffälliger als deutsche Mädchen erfasst. Unterschiedlich ist die Quote alleinerziehender Väter bei den deutschen Männern. Hier fehlen die türkischstämmigen Väter völlig. Weiterhin zeigt der Betreuungszeitraum Unterschiede unter den untersuchten Gruppen. Bei den Kontrollaufträgen liegen die Deutschen mit ca. 10% vorne. Das Bekanntwerden zeigt unterschiedliche Zugänge zum Jugendamt und zur SPFH. Bei den türkischstämmigen Familien liegen in Bezug auf das *Bekanntwerden* zwei Aspekte im Vordergrund (18,5%): Zum einen haben die Beratungsstellen die Vermittlerrolle und zum anderen als Selbstmelder die Familien selbst. Das könnte relativ gut mit kulturellen Gegebenheiten erklärt werden. Unterschiede ergeben sich in Bereichen wie der Beendigung der Hilfe. Fremdunterbringungen treten bei den deutschen Familien dreimal so häufig auf und der Umzug in eine andere Stadt kommt dreimal so häufig bei türkischstämmigen Familien vor. Einen signifikanten Unterschied stellt das Alter der Eltern im Vergleich dar. Die türkischstämmigen Eltern sind zu Beginn der Hilfe etwa drei Jahre älter als deutsche Eltern (sowohl Mütter als auch Väter).

Beide Untersuchungsgruppen zeigen viele Übereinkünfte. Die Unterschiede, die signifikant scheinen, sind möglicherweise mit den kulturellen Hintergründen der Familien bzw. mit Fremdannahmen zu erklären. „Gleichwohl sollte man nicht vergessen, dass im innerfamiliären, aber auch im interkulturellen Alltag eher routinisiert (sic!) gehandelt und selten bedacht wird, welche Werte gerade verwirklicht werden"[409].

6.3   Daten im Abgleich zu bestehenden Studien

Die anfangs der Dissertationsstudie erwähnten relativ jungen Studien von Baban und Bisarani haben die Grundtendenz, in der Arbeit der SPFH in Richtung interkulturelles Team und interkulturelle Kompetenzen aller in SPFH beschäftigten Personen zu gehen, um einerseits mit Familien aus islamischen Kulturkreisen kultursensibel zu arbeiten und andererseits in Resonanz dessen ein effektiveres Arbeiten zu garantieren. Die vorliegende Dissertation hat sich weniger mit den religiösen Gepflogenheiten der SPFH Familien beschäftigt, sondern vielmehr mit Kategorien, die nachprüfbar sind, um somit Unterschiede und Übereinstimmungen zwischen türkischstämmigen und deutschen Familien festzustellen. Viele dieser Familien sind über eine bestimmte Religion nicht greifbar, da die Praxis zeigt, dass Menschen trotz ihrer gemeinsamen Herkünfte sowohl Religion als auch Kultur unterschiedlich und ganz individuell verstehen, für sich auslegen und danach leben. Darum ist es schwierig, über die Menschen und ihre Religionszugehörigkeit und die damit verbundenen Besonderheiten eindeutige Aussagen zu machen. Auch dadurch, dass es keine homogene Gruppe von Menschen aus bestimmten Kulturkreisen gibt, erweist sich diese Option nicht als untersuchungsrelevant. Da jede Familie ihre eigenen religiösen und kulturellen Überzeugungen ganz individuell für sich versteht und lebt, konnten in dieser Untersuchung keine Gruppierungen in dieser Richtung vorgenommen werden. Deshalb ist ein Anliegen, die Sichtweise auf alle Familien erst einmal mit Abstand zu be-

---

[409] Uslucan, H.H. 2011, S. 79

trachten, durch den allen Familien auf Augenhöhe begegnet wird, ohne sie in religiöse und kulturelle Gruppen einzuteilen. Die Herkünfte sind insofern von Bedeutung, als primär die Sprache in den Familien gesprochen wird, die seit der ersten Generation in Deutschland leben. Das macht einen grundsätzlichen Unterschied bei dem Klientel der SPFH aus, z. B. in Bezug auf die Kommunikation mit der Fachkraft. Dieser ist relevanter als alle anderen Kategorien, obwohl mit der Sprache natürlich auch tendenziell kulturelle Unterschiede zu erfassen sind.

Das hat eine Bedeutung für die Effektivität der Arbeit der SPFH in den einzelnen Familien, ohne dass jede Fachkraft sich in 24 unterschiedlichen Kulturen, Religionen und Sprachen auskennen muss, denn das wäre nicht zu leisten. Die Co-Arbeit zweier Fachkräfte, bestehend aus einer Fachkraft mit Kenntnis des kulturellen Hintergrunds der Familie und mit einer zweiten Fachkraft mit deutschen Wurzeln, die Bisarani[410] als *Tandem* beschrieben hat, wird in Zeiten der knappen Haushalte nicht durchführbar sein. Ferner kommt hinzu, dass nicht alle Fachkräfte, die eine Ursprungskultur aufweisen, die auch die zu betreuende Familie hat, für die Arbeit prädestiniert sind, da die Sozialisation und individuelle Auslegung der kulturellen Gegebenheiten je nach Person durchaus kultursensibel oder auch kulturabweisend in der Interaktion in Erscheinung treten können. Daher sollte der Fokus in der Arbeit mit Familien mit Migrationshintergrund nicht in der Reduktion der Fachkräfte auf die Übereinstimmung mit der Ursprungskultur beruhen, sondern vielmehr in der Art des persönlichen Umgangs mit scheinbar fremden Menschen liegen. Weiterhin ist es unumgänglich, dass unabhängig von den jeweiligen Herkünften der SPFH Familien die Dienstleistung SPFH und ihre Wirksamkeit messbar werden muss und dafür gut ausgebildete Fachkräfte von Nöten sind. Wenn in der Landschaft der SPFH gut ausgebildete Menschen, unter anderem auch mit interkulturellen Kompetenzen ausgestattet, unterwegs sind, können auch Familien mit noch so unbekanntem kulturellen oder sprachlichen Hintergrund adäquat versorgt werden. Hierbei spielen sicherlich die Qualitätskriterien der Sozialen Arbeit, z. B. die kollegiale Fallberatung, die Supervision sowie Fortbildungen, eine große Rolle. Unterschiedliche Perspektiven unterschiedlicher Fachkräfte sind dann effektiv, wenn sich Fachkräfte untereinander austauschen und gegenseitig von ihren Erfahrungen profitieren. In diesem Zusammenhang organisiert das Dortmunder JA in bestimmten Zeitintervallen Treffen für Fachkräfte mit Migrationshintergrund, in der diese Fachkräfte in erster Linie sich mit anderen Fachkräften treffen und austauschen in Bezug auf ihre Arbeit in Familien mit

---

[410] Vgl. Bisarani, K. 2011, S. 320ff.

Migrationshintergrund und in diesem Zusammenhang auch fachlich begleitet werden. Dort werden eventuell spezielle herkunftsbedingte Besonderheiten der Familien erörtert, diskutiert und geschaut, in welchem Rahmen die Familien Hilfe bekommen können. Diese Erfahrungen tragen dann die Fachkräfte in ihre Teams und übernehmen so die Funktion von Multiplikatorinnen und Multiplikatoren für dieses Fachgebiet. Da diese Praxis relativ neu und einzigartig in NRW ist, wäre eine Etablierung von solchen Arbeitsgruppen in anderen Städten wünschenswert. Auf lange Sicht wäre zu erstreben, dass in der Sozialen Arbeit und speziell in der SPFH nicht mehr die Rede von herkunftssensibler Pädagogik oder von multikulturellem Ansatz ist oder wie auch immer das benannt wird, sondern vielmehr die Rede ist von einer humanistischen[411] Herangehensweise, ganz im Sinne, sich an Werten und der Würde des einzelnen Menschen zu orientieren sowie einem menschenachtenden und respektvollem Umgang miteinander.

6.4   Fazit

„Die vermeintliche Kultur des Herkunftslandes, die man mit aller Kraft verteidigt und an seine Kinder weitergibt, (ist) in Wirklichkeit schon längst nicht mehr die, die im Lande selbst gelebt wird; denn unmerklich wird jeder im Ausland Lebende von den Gepflogenheiten, Wertvorstellungen und Traditionen der Umgebung beeinflusst. Jeder, der im Kontakt mit einer *fremden* Kultur lebt, macht einen Anpassungsprozess mit"[412]. Darum ist es schwierig, von der türkischen Kultur zu sprechen oder von der Herkunftskultur. Die Menschen in der Migration haben ihre eigenen, ganz individuellen Kulturen entwickelt. Das heißt für die Fachkräfte mit und ohne Migrationsherkunft in ihrer täglichen Arbeit, sich immer wieder auf etwas Neues, Unbekanntes und/oder auch Bekanntes einzulassen und sich immer wieder einzuarbeiten in Familien, die alle unterschiedlich sind. Hierbei scheint ein Perspektivwechsel der Fachkräfte vonnöten; und zwar weg vom Migrationshintergrund und der Herkunftskultur hin zum Lebenshintergrund und zur kulturellen Vielfalt. Die Zugehörigkeiten werden nicht mehr an Äußerlichkeiten und vom Geburtsort der Eltern festgemacht, sondern

---

[411] Humanismus: „1. (bildungssprachlich) (auf das Bildungsideal der griechisch-römischen Antike gegründetes) Denken und Handeln im Bewusstsein der Würde des Menschen; Streben nach Menschlichkeit [...]" http://www.duden.de/rechtschreibung/Humanismus#Bedeutung2 (16.01.2013)
[412] Abdeillah-Bauer, B. (2008): Zweisprachig aufgewachsen. Herausforderung und Chance für Kinder, Eltern und Erzieher. Verlag C.H. Beck oHG, München, S. 61

vielmehr an der Lebenseinstellung und am sozialen Umfeld (Lebensmilieu) der Menschen definiert. Die Reduktion der Familien mit nicht-deutschen Wurzeln auf ihre ethnische und religiöse Zugehörigkeit lässt ihre individuellen Anpassungsprozesse in der Mehrheitsgesellschaft unberührt und entspricht somit nicht der Lebenswirklichkeit dieser Menschen. „Jeder Mensch im Kontakt mit einer anderen Kultur *bastelt* sich seine eigene, neue Kultur, indem er einige Elemente seiner ursprünglichen aufgibt, dafür andere aus der neuen annimmt oder so umwandelt, dass sie in sein ganz persönliches Kultursystem passen"[413]. Aus der Tatsache, dass weder die Kultur der Mehrheitsgesellschaft homogen ist noch die türkischstämmige Minderheit eine homogene Kultur aufweist, ergibt sich der Tatbestand, dass die Angehörigen dieser Minderheit sich individuell und heterogen entfalten. Als Folgeerscheinung tritt eine neue Generation mit einer speziellen kulturellen Identität auf, die sich sowohl vom Elternhaus, aber auch von der Aufnahmegesellschaft abhebt. Diese neue Identitätsform beinhaltet sporadische und fundamentale Aspekte beider Kulturen. Trotz ihrer großen Ressourcen, dass diese Menschen sich in beiden Kulturen auskennen, sind sie immer in der Position, nicht dazuzugehören; sie sind in zwei Ländern beheimatet und irgendwie doch heimatlos. Die Werbung von AyDE ist ein Beispiel, das diesen Zustand, in dem sich die Kinder und Jugendlichen befinden, widerspiegelt: „Wenn du das verstehst, o zaman bizdensin! Hosgeldin in unserer Welt!"[414]. Dieses Beispiel und vor allem die Definition einer neuen Gruppe im Slogan, dem „uns" bzw. „wir", zeigen, wie die neue Generation der Deutsch-Türkinnen und Deutsch-Türken in ihrer selbstzusammen gebastelten[415] neuen Kultur versucht sich einerseits zu identifizieren und sich andrerseits abzugrenzen. Hier zeigt sich auch, „[...] welche hohe Anpassungsleistungen junge Migranten vollbringen müssen, um diese Spannungen auszuhalten und ein konfliktärmeres Leben zu führen"[416]. Dies zeigt, dass junge Migranten individuelle Bewältigungsstrategien für sich entwickeln, um ein für sich akzeptables Miteinander zu schaffen bzw. eine Art von Integration, die sie für sich für kompatibel halten. Die Bedeutung der in Deutschland aktiven türkischen Medien, besitzt laut

---

[413] Abdelilah-Bauer, B. 2008, S. 61
[414] Sinngemäß: „Wenn du das verstehst, dann gehörst du zu uns! Willkommen in unserer Welt!" – AyDE Smart Werbung im türkischen Fernsehen, die nur in Europa ausgestrahlt wird. Diese Werbung ist an die Menschen gerichtet, die in zwei Welten leben; nämlich in Deutschland und in der Türkei beheimatet sind, sie zeigt die doppelte Sozialisation anhand der zwei Sprachen und machte einen Lifestyle daraus. www.ayyildiz.com (16.01.2013)
[415] Der Begriff des *Bastelns* ist geprägt von Levi-Strauss C.(1968)
[416] Uslucan, H.H. 2011, S. 81

Ates „als Brücke zur Herkunftskultur [...] für die rund drei Millionen Deutsch-TürkInnen eine zentrale Rolle, unabhängig davon, wie gut und wie erfolgreich sie ihren ur-
eigenen Aufgaben nachkommen. Sie verstehen sich als HüterInnen türkischer Interessen im Ausland und konstituieren bzw. halten die sprachliche Identität inmitten
der Fremde aufrecht"[417].

Nicht zu den Türkinnen und Türken im Herkunftsland zu gehören und dazu ein negatives Image haben – aber auch nicht zu den Deutschen des Landes zu gehören, in
dem sie geboren und aufgewachsen sind, die sie nicht dazugehören lassen oder zu
denen sie nicht gehören wollen[418], scheint für diese Bevölkerungsgruppe ein schier
unüberwindbares Dilemma. Die anfangs aufgeführten Bereiche der Integration von
Schulte in die Mehrheitsgesellschaft, angefangen mit den Bildungseinrichtungen
Kitas und Schulen und später bei der Ausbildung und am Arbeitsplatz, sowie in Stadtteilen und in ihren Wohnhäusern, sowie die dadurch entstehenden Möglichkeiten
des Spracherwerbs und des Kommunizierens mit ihren Mitmenschen, aber auch das
Leben und Erleben ihrer kulturellen Einstellungen, Überzeugungen und Verhaltensweisen, kann nur in Zusammenarbeit der gesamten Gesellschaft gelingen und ist ein-
seitig nicht praktizierbar. Die Kategorien der Aktenanalyse haben, betreffend die Lebensbereiche sowohl der deutschen Familien als auch der türkischstämmigen Familien, vielfältige Ergebnisse gebracht, aber wider Erwarten keine stereotypen Ergebnisse. Ein Rest bzw. ein Überbleibsel von der ursprünglichen Herkunftskultur ist aber
in den Ergebnissen zum Vorschein gekommen, das sicherlich wünschenswert beizu-
behalten wäre, nämlich, dass die türkische Community scheinbar die Familien so
lange auffängt bis es irgendwann nicht mehr geht und sie in der Kinder- und Jugendhilfe auftauchen. Das wurde im Alter der Eltern festgestellt. Die türkischstämmigen
Familien werden erst bei ihren jüngeren Kindern auffällig bzw. erst wenn ihre Kinder
etwas älter sind, was im Gegensatz zu den deutschen Eltern steht.

Die wesentlichen Ergebnisse dieses Vergleichs lassen sich wie folgt zusammenfas-
sen: Ausgegangen wurde erst einmal davon, dass sich zwei große Gruppen in der
SPFH gegenüberstehen und erst einmal sehr unterschiedlich zu sein scheinen. Aber

---

[417] Ates, S. (2011): Deutsch-türkische Medienbeziehungen (1999 bis 2009). Verlag Königshausen &
Neumann GmbH, Würzburg, S. 113
[418] Hierzu passt der Begriff des *globalen Nomaden* von Abdelilah-Bauer. Überall zu Hause zu sein und
nirgends dazuzugehören bedeutet: In der Türkei ein *Deutschländer* zu sein und in Deutschland ein
Ausländer. Das hat diese Generationen sehr verzweifeln und zeitweise verhaltensauffällig werden
lassen.

die Gemeinsamkeiten beider Gruppen lassen sich anhand der untersuchten Kategorien ablesen. Beide Gruppen leben überwiegend in vernachlässigten Stadtteilen mit hoher Arbeitslosigkeit und von staatlicher Unterstützung. Sie wohnen in zu kleinen und renovierungsbedürftigen Häusern und ihre Kinder haben zu wenig Raum zur freien Entfaltung. Die Folge sind gesundheitliche Beeinträchtigungen und möglicherweise abweichendes Verhalten. Ihre Zukunftsperspektiven und die ihrer Kinder sind nicht positiv, außerdem können sie durch fehlende eigene Bildungsressourcen nicht adäquat ihre Kinder fördern. Für die Familien mit türkischen Wurzeln kommt noch hinzu, dass sie zum einen beeinflusst werden von Seiten ihrer eigenen Community und dem sozialen Umfeld der Mehrheitskultur. Sie sind betreffend ihrer eigenen Lebenskultur überfordert, da sie ständig in der Situation des sich Entscheiden stecken. Ihre Kinder erleben diese Ambivalenzen tagtäglich. Das Erlebte zu Hause und in der Außenwelt provozieren unter anderem ihre Verhaltensabweichungen, so dass sie seitens ihrer Umwelt als auffällig diagnostiziert werden. Diese Fremdwahrnehmungen führen mitunter auch zu Meldungen bei der Polizei und beim Jugendamt.

Es scheint aber, dass Deutschland Multiplikatorinnen bzw. Multiplikatoren und Vorbilder aus allen Nischen braucht. Sevindim, die WDR-Moderatorin, ist für viele in Marxloh lebenden Türkinnen und Türken ein Vorbild „Schön, dass eine von uns es geschafft hat" – das haben ihr Deutsch-Türkinnen und Deutsch-Türken aus dem Ruhrgebiet geschrieben, als sie vor anderthalb Jahren bei der *Aktuellen Stunde* angestellt wurde. Die Leute sind stolz auf sie. Sie ist ein Vorbild[419].

Esser schreibt zusammenfassend, dass der Aspekt der Sprache „der Dreh- und Angelpunkt von so gut wie allem anderen (ist). [...] Das Problemverhältnis von Sprache und Integration , speziell über die Bildung und die Arbeitsmarktplatzierung als den zentralen Aspekten jeder anderen Form der Integration, lässt sich daher nicht ohne, wenigstens: gelegentlichen, Einbezug auch anderer Dimensionen der Integration, der Akteure wie der gesellschaftliche Systeme, behandeln, darunter insbesondere auch die ethnischen Konzentrationen in Regionen, Wohnumwelten und Schulen, die binnen- oder interethnischen Kontakte, das ethnische und nicht-ethnische kulturelle Kapital oder bestimmte Formen der ethnischen Identität, der emotionalen Zugehö-

---

[419] Der Spiegel, 22.08.2007 http://www.spiegel.de/fotostrecke/duisburg-marxloh-musterviertel-oder-ghetto-fotostrecke-23899.html (06.10.2012)

rigkeiten und kultureller und sozialer Distanzen und Konflikte. Alle diese Dinge spielen, wie so oft bei den sozialen Prozessen, ineinander und müssen bei den soziologischen Analysen in ihren Verbindungen verdeutlicht werden"[420].

---

[420] Esser, H. (2006): Sprache und Integration. Die sozialen Bedingungen und Folgen des Spracherwerbs von Migranten. Campus Verlag Frankfurt/New York, S. 22

7 Ergebnisse und Abgleich zu theoretischen Bezügen

7.1 Wie lassen sich die Ergebnisse erklären?

Wenn man bedenkt, dass „der gesellschaftliche Auftrag der Jugendhilfe darin besteht, einen Beitrag zur Lösung von Problemen zu leisten, mit denen Kinder und Jugendliche im Prozess ihres Hineinwachsens in die Gesellschaft konfrontiert werden
und die ihre Entwicklungsmöglichkeiten beeinträchtigt" und „zu den ˋklassischen'
Aufgaben der Kinder-und Jugendhilfe [...] die Stärkung von Identität, Selbstbewusst-
sein, sozialer Kompetenz und von praktischen Lebenskompetenzen sowie der Schutz
vor Gefährdungen (zählen)"[421], heißt das zusammengefasst, dass die Jugendhilfe
und somit speziell die Sozialpädagogische Familienhilfe diesen betreffenden Familien Schutz, Hilfe und Förderung bieten müssen. Außerdem muss sie im Rahmen der
Globalisierung weitaus mehr als nur die erwähnten Aktivitäten leisten. In dem vorliegenden Forschungsergebnis liegen Daten von Familien aus insgesamt 24 Herkunftsländern als Herausforderung für die Sozialpädagogische Familienhilfe und deren Fachkräfte vor. Da dieses Phänomen in fast allen Großstädten Deutschlands
mehr oder weniger vorzufinden ist, müssen gut ausgebildete Fachkräfte, sowohl in
den JHD als auch die Fachkräfte, die aktiv bei den freien Trägern Hilfe in den Familien
leisten, sowohl gute Fachkenntnisse als auch gute Menschenkenntnisse erbringen.
Da die Forschungsfrage, ob sich Menschen mit türkischer Herkunft von der deutschen Bevölkerungsgruppe innerhalb des Klientels der SPFH unterscheiden, sich in
der durchgeführten Aktenanalyse nicht bestätigt hat, ist das Ergebnis für die insofern
Forscherin wichtig, dass in der SPFH Forschung größere und repräsentative und flä-
chendeckende Untersuchungen notwendig sind, um weiterer Schritte in der SPFH
zu tätigen, vor allem in Bezug auf sogenannte *kultursensible Hilfen* zu gestalten.. Alle
Versuche des Auseinanderdividierens der Menschen in solche mit und ohne Migrationshintergrund scheint (ausgehend von der Studie, die sicherlich keinen Anspruch
auf Repräsentativität erhebt) nicht mehr zwingend notwendig. Auch eine spezielle
positive Diskriminierung der betroffenen türkischstämmigen Menschen scheint in
diesem Bereich nicht erforderlich. Vielmehr scheint es so, dass die Ergebnisse im
Bereich sowohl der Aktenanalyse als auch der Interviews gezeigt haben, dass trotz
empfundener Unterschiede, in der Fremdwahrnehmung seitens der Fachkräfte

---

[421] Fieseler, G./Herborth, R. 2010, S. 147-148

keine nennenswerten Unterschiede festzumachen waren. Sicherlich ist die Gefahr der Überlappung der eigentlichen Unterschiede, unter den zwei größten Vergleichsgruppen, groß. Nämlich in Bezug auf die primären und sekundären Bedarfe, betreffend der Notversorgungslagen auf vielen Ebenen, so dass die eventuellen Unterschiedlichkeiten gegeben falls nicht zum Vorschein treten können, da die essentiellen Probleme dieser Menschen, die sich ähnliche Milieus teilen, so im Vordergrund rückt, dass beispielsweise für die kulturellen Unterschiede kein Raum bleibt. Dass sich diese Menschen nicht auf eigentliche und spezifische Elemente ihrer Herkunft o. ä. besinnen können, da elementare Bedürfnisse sicherlich eventuelle *anders Artigkeiten* überlagern.

Jedoch wird seitens der Fachwelt versucht (vielleicht auch deshalb), ein *Phantom* am Leben zu erhalten, das es gar nicht zu geben scheint. Das Phänomen des Andersseins oder anders sein Müssens wird hartnäckig am Leben erhalten und in fast allen Plattformen, die es u. a. auch zur Sozialpädagogische Familienhilfe gibt, zur Sprache gebracht. Bekanntlich steht die Generation der Türkischstämmigen, die in Deutschland geboren und aufgewachsen ist, in vielen Bereichen ihrer ursprünglichen Herkunft mindestens genauso fremd gegenüber, wie der Kultur der deutschen Bevölkerung.

Es scheint aber so, als würden sie einem Lifestyle hinterhertrauern, den sie selbst gar nicht kennen. Die Menschen, die diesen Lifestyle der 60er-Jahre aus ihrer Heimat noch kannten, gibt es zum Teil nicht mehr und auch die Realität, die die neue Generation in der Türkei erwartet, stellt für sie womöglich eine Enttäuschung dar. Die überwiegende Haltung der Aufnahmegesellschaft hat eine nicht einigende, sondern eine entfremdende und nicht dazugehörig machende Haltung Minderheiten gegenüber, die sich fremd fühlen, so dass diese begünstigt und kontraproduktiv gefördert wird. Deshalb können einige dieser Menschen auch viel empfänglicher sein für extreme Tendenzen. Das Dilemma, in dem die zweite und dritte Generation steckt, ist einerseits der Wunsch zur Teilhabe in der Aufnahmegesellschaft, in der sie alltäglich leben, und andererseits ihre Angst, ihre vermeintlichen Wurzeln zu verlieren und womöglich keine Zugehörigkeit mehr zu haben. Zu diesem Zustand tragen aber auch die Medien beider Seiten bei, wie schon in den vorausgegangenen Kapiteln vermerkt.

Die Ergebnisse der Datenanalyse haben minimale Unterschiede in den miteinander verglichenen Gruppen aufgezeigt, so dass hier nicht von wirklich gravierenden Abweichungen gesprochen werden kann. Also ist davon auszugehen, dass sowohl

Fremdannahmen/Fremdzuschreibungen als auch Eigenkonstrukte und die Annahmen der Fremdzuschreibungen für die möglichen wahrgenommenen Unterschiede und Dispositionen von diesen Personen in Frage kommen, die von allen Seiten gefördert werden. Deshalb ist das Wissen über das Fremde und über sich selbst besonders für Fachkräfte, die in diesem Bereich der Dienstleistung SPFH tätig sind, ihre Fähigkeit selbstkritisch und reflektiert zu arbeiten, von erheblicher Bedeutung. Auch die Zugänge zu den Familien in besonders prekären Lebenslagen sind so menschenwürdig wie möglich anzugehen, um keine Angst zu schüren, sondern mit Empathie und Respekt den Umgang zu gestalten.

Die wenigen Unterschiede, die durch die empirischen Untersuchungen nachgewiesen worden sind, bedeuten im Grunde, dass Menschen in ähnlichen Lebenslagen einander sehr ähneln und besonders in prekären Lebenslagen im Grunde unter vergleichbaren Umständen leben und sich mit vergleichbaren Angelegenheiten auseinandersetzen müssen. Die Bereiche, in denen sie kämpfen müssen, sind so elementar, dass eigentlich fast gar keine Zeit bleibt, sich mit kulturellen und ähnlichen Gepflogenheiten abzugeben. Die alltäglichen Geschäfte dieser Menschen, betreffend Kita, Schule, Arbeitslosigkeit, Krankheiten (Depressionen/psychische Erkrankungen u. ä.), und ihre Isolation sowohl von der Mehrheitsgesellschaft als auch von der eigenen Community und vieles andere mehr lassen den Familien wenig Möglichkeit, sich in eine konstruktive Richtung zu bewegen. Folglich übernehmen die Fachkräfte eine sehr große Bürde und haben eine sehr große Verantwortung bei ihrer Arbeit.

7.2   Was bedeuten diese Ergebnisse für das Arbeitsfeld SPFH und für die Fachkräfte?

Nauerth schreibt über das Arbeitsfeld Soziale Arbeit, dass es bedürftig sei und dass es weiterhin „[...] die Fähigkeit zum Fremdverstehen und zur Selbsterkenntnis und damit Forschungsfähigkeit bzw. Erforschungsfähigkeit (benötigt): zum Verständnis des Fremden, also des fremden Falles, der psychosozialen Realität ihrer Adressatinnen und Adressaten, der Sozialstruktur eigener Praxiszusammenhänge sowie ein Verständnis ihrer selbst in Zeiten von Fremdeinwirkungen und Veränderungen. [...] Es geht also um den Wissensbedarf von Sozialer Arbeit und – damit verbunden – um die Notwendigkeit von Forschung, umfassend verstanden als systematische Hervorbringung von Wissen über unbekannte und fremde Gegenstandsbereiche, sei es durch empirische Untersuchungen, kleine Studien und Erhebungen oder durch eine rekonstruktiv ausgerichtete sozialpädagogische Fallarbeit. Es geht um Wissenschaft im wortwörtlichen Bedeutungssinn: systematische Schaffung von Wissen"[422]. In diesem Sinne soll die vorliegende Dissertation einen Beitrag zum Wissen leisten, in einem Bereich der Sozialen Arbeit, der noch relativ unerforscht ist.

Das Arbeitsfeld der Sozialpädagogischen Familienhilfe ist durch seinen Charakter – der aufsuchenden Hilfe – und durch die Interkulturalität ihrer Adressatinnen und Adressaten mittlerweile sehr vielfältig geworden. Dadurch dass die SPFH eine lebensweltorientierte Arbeit ist und fast alle Lebensbereiche dieser Menschen tangiert, sind die Anforderungen an die Fachkräfte sehr hoch. Daher ist es unumgänglich für die Fachkräfte, viel mehr über die prekären Lebenslagen von Menschen zu wissen und sie, so gut es geht, unter wissenschaftlichen Aspekten zu analysieren und Wege zu erarbeiten, die für sie anwendbar und für die Familien annehmbar sind, unabhängig von eigenen Vorannahmen, Alltagswissen etc. Hierbei die nötige Distanz und Nähe zu praktizieren und weitere Kompetenzen wie Empathie und Partizipation mit dem Klientel sind unabdingbare Fähigkeiten der Fachkräfte. Der staatliche Auftrag an die Fachkräfte, die Diskrepanz zwischen der Gesellschaft und den Familien in prekären Lebenslagen zu minimieren und somit die soziale Ausgrenzung und individuelle Hilflosigkeit dieser zu reduzieren und den Familien zu ermöglichen, ihren, für sie richtigen, Platz in der Gesellschaft einzunehmen, stellt sie unter hohen Druck.

Durch die immer noch herrschende „[...] Unklarheit berufsalltäglicher Handlungsvollzüge und Notwendigkeiten müssen die Fachkräfte das Gefühl, gut zu sein, praktisch aus sich selbst heraus immer wieder neu schöpfen. Ihre professionelle Identität wird zur individuellen Gestaltungsaufgabe und sie laufen Gefahr, dass die Selbstkonstruktion als *gute Fachkraft* misslingt, was zum berufstypischen Burnoutsyndrom beiträgt"[423]. Wenn sie dazu im Arbeitsfeld auch noch mit Menschen, Familien und Communitys konfrontiert werden, mit denen sie sich nicht auskennen, sind sie erst einmal auf sich gestellt, und um da die Fehler zu minimieren, brauchen diese Fachkräfte Möglichkeiten, sich immer wieder neu zu professionalisieren[424], um ihre Arbeit gut leisten zu können. Bekannt ist, dass es nicht nur den einen richtigen Weg

---

[422] Braun, W./Nauerth, M. (Hrgb.)(2005): Lust an der Erkenntnis. Zum Gebrauchswert soziologischen Denkens für die Praxis Sozialer Arbeit. Bd.14 Schriftenreihe der Fachhochschule für Sozialpädagogik der Diakonenanstalt des Rauhen Hauses, Hamburg. Kleine Verlag, Bielefeld, S. 67
[423] Braun, W./Nauerth, M. 2005, S. 69
[424] Professionalisierung im Sinne von Supervision, Fortbildung, Aufbaustudium etc.

gibt, sondern viele individuelle Wege um Problematiken gemeinsam zu lösen. Auch in ihrer Aktion als SPFH Fachkräfte, ob mit oder ohne Migrationshintergrund, müssen Fachkräfte auf kulturübergreifende Werte und Normen zurückgreifen, um einerseits eine Grundlage für ihr Intervenieren während ihrer Arbeit mit SPFH Familien zu schaffen und andererseits mit allgemein gültigen Werten deren Wirksamkeit und Nachhaltigkeit in Familien zu installieren.

Das wäre ein möglicher Weg, den wahrgenommenen Unterschieden von Seiten der Hilfeerbringerinnen bzw. Hilfeerbringer und Adressatinnen und Adressaten zu entsprechen und gerecht zu werden. Denn „für eine Konzeption Sozialer Arbeit als aktive Gestaltung von Lebenslagen ist es unerlässlich, die biographischen, sozialen und kulturellen Kontexte der Adressatinnen und Adressaten, in die sich ihre Maßnahmen einfügen sollen, als Ausgangspunkt und [...] Referenzrahmen zu setzen" sagt Flösser[425]. Und da diese Ausgangspunkte und Referenzrahmen zum Schluss den Fachkräften als eine Art Orientierungsmaßstab dienen, müssen diese in einer sich ständig wandelnden Gesellschaft und unausweichlich wandelnder Identitäten immer neu definiert und angewandt werden. Vor allem da „Werte nichts Statisches sind und keine unveränderlichen Wesensmerkmale einer Kultur bilden, sondern selbst einer dynamischen Veränderung"[426] unterliegen. Im konfliktfreien Miteinander spielen Werte und Normen eher eine geringere Rolle und sie werden erst dann thematisiert, wenn es in der Interaktion Konflikte gibt.

Für die Fachkräfte der SPFH in Familien bedeutet das Folgendes:

Welchen Referenzrahmen setzt sich die Fachkraft als Ausgangspunkt, wobei sie sich bewusst macht, dass dieser bei jedem SPFH Auftrag erneut überdacht werden sollte? Welche Werte und Normen haben einen allgemeingültigen Charakter und welche wenigen haben einen tatsächlichen besonderen kulturellen Hintergrund, und wie können diese miteinander kompatibel gemacht werden, wenn diese mit den allgemeingültigen Werten und Normen zu sehr auseinander gehen? Wie kann die Fachkraft der Kinder- und Jugendhilfe relevante Themen in Familien mit unterschiedlichsten kulturellen Hintergründen etablieren, ohne mit den Familien in inhaltliche Konflikte zu kommen? Wie kann die Fachkraft Konflikte vermeiden bzw. deeskalierend wirken und gemeinsame Wege mit Familien auf Augenhöhe gehen? Wie kann die Fachkraft am Leben der SPFH Familien partizipieren, sie somit aus sozialer

---

[425] Flösser, G. 1994, S. 20
[426] Uslucan, H.H. 2011, S. 77

Ausgrenzung und Isolation herausholen und in die Mehrheitsgesellschaft integrieren, ohne dass diese das Gefühl haben müssen, dass sie ihre eigene Identität und Herkunftskultur, sofern sie sich damit identifizieren, aufgeben?

7.3 Fazit

„Die Teilhabe und Orientierung suchende Unterschicht mit starken Zukunftsängsten und Ressentiments: Bemüht, Anschluss zu halten an die Konsumstandards der breiten Mitte als Kompensationsversuch sozialer Benachteiligungen; geringe Aufstiegsperspektiven und delegative/reaktive Grundhaltung, Rückzug ins eigene soziale Umfeld"[427], wird in der Sinusstudie als prekäres Milieu gekennzeichnet. Vor allem Familien in Unterversorgungslagen wie zum Beispiel in der Sozialpädagogischen Familienhilfe zeigen nach der vorliegenden Studie keine signifikanten Unterschiede, die zum einen von der oben aufgeführten Definition abweichen, aber auch insofern, als beispielsweise kulturelle und soziale Orientierungen der Menschen durch ihre essentiellen Bedürfnisse überlagert werden, so dass diese nicht erfasst werden können. Brecht lässt in seinem Schauspiel „Die Dreigroschenoper" eine Figur sagen: „Erst kommt das Fressen und dann die Moral". Sicherlich ist die Lebenslage schwierig für Menschen, die sich in ihrem Alltag am Existenzminimum befinden. So hat die vorliegende Studie gezeigt, dass 86% der untersuchten Familien, die ihren Lebensunterhalt über Sozialleistungen finanzieren, mehrheitlich von der Tafel einkaufen und aus bildungsfernen Elternhäusern kommen, erst einmal ihre Lebenseinstellungen, Zukunftsvorstellungen und ihr Verhalten in den Hintergrund stellen, um ihre elementaren Grundbedürfnisse zu sichern. Deshalb ist es auch sehr schwierig, konkrete Aussagen über Gemeinsamkeiten und Unterschiede der hier untersuchten zwei größten Gruppen in der Sozialpädagogischen Familienhilfe zu formulieren. Ein weiteres Problemfeld scheint die generelle Haltung gegenüber Migration zu sein. Der Migrationshintergrund wird in Deutschland im Gegensatz zu anderen Einwanderungsländern sowohl von den Menschen, die aktiv immigriert sind, als auch von ihren Nachkommen, aber auch von der Mehrheitsgesellschaft oft überbewertet. Nicht alles, was den Menschen widerfährt, ist migrationsbedingt. Es gibt einen geteilten Wertehimmel. Die Loslösung vom Herkunftsland ist doppelt schwierig, da die

---

[427] http://www.sinus-institut.de/loesungen/sinus-milieus.html (26.1.2014)

Emigrierten von Seiten ihrer ursprünglichen Herkunftsländer nicht freigegeben werden durch vielfältige Maßnahmen, aber auch das Ankommen in der Aufnahmegesellschaft ihnen nicht einfach gemacht wird. Hinzu kommen die prekären Lebenslagen, in denen die Menschen sich aktuell befinden, die nicht herkunftsbedingt, sondern beispielsweise sozioökonomischer oder psychosozialer Natur sind. Genauso, wie es Annährungen zwischen türkischen und deutschen Akademikerfamilien gibt, sind Annäherungen im Milieu unter deutschen und türkischstämmigen Familien auch vorhanden. Die Armut, die Nichterwerbstätigkeit, Isolation und Defizite an der Teilhabe am sozialen Leben scheinen besonders die Menschen mit Migrationshintergrund im Vergleich zu der restlichen Bevölkerung auffällig zu machen. Dabei gibt es ausreichend Studien, zum Beispiel die Hartz IV Studie von Kämper[428], die ebenso deutschstämmige Familien in den oben erwähnten Lebenslagen erfasst haben, und die Tendenzen, wie z. B. Armut und Isolation in der deutschen Gruppe, sind ähnlicher Natur. „Die Lebenslage von Haushalten mit Migrationshintergrund, minderjährigen Kindern und geringem Einkommen gleicht sich der Lebenslage der Haushalte ohne Migrationshintergrund an"[429], was so viel bedeutet, dass die Menschen mit Migrationshintergrund angekommen sind – sie sind in der Arbeitslosigkeit und am Existenzminimum angekommen, haben sich milieubedingt angepasst bzw. wurden angepasst. Beispielsweise sind ihre Kinder verhaltensauffällig und sie selber sind medizinisch unterversorgt, können bei Ämtern und Behörden ihre Anliegen nicht regeln. Das ganze Repertoire des Hilfeplans könnte hier aufgezählt werden, also die Bereiche, in denen die Fachkräfte den betroffenen Familien Unterstützung und Begleitung bzw. Anleitung geben sollen. Fest steht, dass diese Hilfen genauso bei deutschen Familien in dem Milieu notwendig sind. Ein weiterer Aspekt ist zu bedenken:

„Immigranten erfahren Strategien der symbolischen Exklusion, die das gruppeneigene Kapitalvolumen abwerten, oder Strategien der symbolischen Inklusion, die den Wert „ethnischen" Kapitals durch Assimilation an die Bewertungsparameter der dominanten Gesellschaft entwerten. So können beispielsweise ethnische Minderheiten wirtschaftlich recht erfolgreich sein und über ein relativ großes ökonomisches und soziales Kapital verfügen, ohne hierdurch Anerkennung und Statusgewinn durch

---

[428] http://www.harald-thome.de/media/files/Diakonisches_WerK_Wirksame_Wege_Brosch-re.pdf (26.01.2013)
[429] http://www.harald-thome.de/media/files/Diakonisches_WerK_Wirksame_Wege_Brosch-re.pdf (26.01.2013)

die dominante Gesellschaft zu erfahren"[430]. Die Gesellschaft insgesamt braucht eine neue Identität, ein Gemeinschaftsgefühl trotz unterschiedlicher Herkunft ihrer Mitglieder. Alle Menschen dieses Landes müssten sich über Gemeinsamkeiten definieren und nicht durch Unterschiede entfremden. Uslucan schreibt über die allgemeine Wertediskussion in Deutschland, dass sie ein Zeichen einer gesellschaftlichen Verunsicherung und somit eine Verunsicherung über die grundlegende Orientierung im alltäglichen Handeln sei[431]. Der kultursensible Ansatz sollte demnach eine Chance für beide Seiten sowohl für die Professionellen als auch für die Familien sein, genauer hinzugucken, aber nicht zu stigmatisieren oder sie zu Anderen zu machen.

Zusammenfassend lässt sich sagen, dass die wissenschaftliche Kategorisierung der Menschen nach ihren sozialen Zugehörigkeiten sinniger scheint, als sie nach Herkunft und Ethnie zu klassifizieren. Der Perspektivwechsel vom Migrationshintergrund zum Lebenshintergrund ist dringend nötig. Dies sollten sowohl die Professionellen als auch die in der SPFH ansässigen Familien verinnerlichen, aber es sollte auch generell in Kontexten, die beruflich mit dieser Frage konfrontiert sind, praktiziert werden. Der Diskurs betreffend der Fremdzuschreibungen, die die Herkunft tangieren, dürfte kein Maßstab für passgenaue Hilfen in der Sozialarbeit sein, sondern vielmehr die beruflichen Qualifikationen und multikulturellen Kompetenzen und universell gültige ethisch-moralische Werte und Haltungen der jeweiligen Fachkräfte.

Der Zeitpunkt, um sich auf gemeinsame Werte trotz abweichender Herkunft und kulturelle Hintergründe zu besinnen, scheint gekommen zu sein. Diesen Schritt im Kleinen, nämlich im Bereich der SPFH, zu gehen, ist sinnvoll und auch effektiv, da Bevölkerungsdynamiken unter anderem auch hier entstehen und die Kinder aus diesen Familien ein Stück Zukunft dieses Landes sind.

In der Zeit der Globalisierung politischer und wirtschaftlicher Interessen sind ethnische und soziologische Differenzen in Deutschland – und in jedem Land – nicht mehr vertretbar. Wichtiger ist, allen Menschen eines Landes die gleiche Würde zuzugestehen und durch eine Intensivierung der Kommunikation ein aufrichtiges und gleichberechtigtes Miteinander zu ermöglichen.

---

[430] „Ein anderes Beispiel wäre der Erwerb von hochwertigen Bildungstiteln von Immigranten, der ihnen oftmals nicht den Zugang zu den professionellen Positionen eröffnet, der gleichwertig qualifizierten Mitgliedern der Mehrheitsgesellschaft offen steht" (Eder, K./Rauer, V. u. a. 2004, S. 41)
[431] Vgl. Uslucan, H.H. 2011

8 Abkürzungsverzeichnis

Abb.	Abbildung
Alg. II/ALG II	Arbeitslosengeld 2
ASD	Allgemeiner Sozialer Dienst
BAMF	Bundesamt für Migration und Flüchtlinge
Bpb	Bundeszentrale für politische Bildung
BJK	Bundesjugendkuratorium
BMFSFJ	Bundesministerium für Familie, Senioren, Frauen und Jugend
BRD	Bundesrepublik Deutschland
bzw.	beziehungsweise
Destatis	Statistisches Bundesamt, Wiesbaden
d. h.	das heißt
DAB	Diagnoseabschlussbogen
DJI	Deutsches Jugendinstitut
EB	Erziehungsberatung
Ebei	Erziehungsbeistandschaft
etc.	et cetera
Flst.	Fachleistungsstunden
FU	Fremdunterbringung
FUD	Familienunterstützender Dienst
ggf.	gegebenenfalls
Hrgb.	Herausgeberinnen/Herausgeber
HPG	Hilfeplangespräch

HzE	Hilfen zur Erziehung
IP	Important Person/Index Patient
IO	Inobhutnahme
JA	Jugendamt
JHD	Jugendhilfedienst
JWG	Jugendwohlfahrtsgesetz
Kap.	Kapitel
Kita	Kindertagesstätte/Kindergärten
n	Grundgesamtheit (Anzahl aller Familien in der Erhebung)
N	Netzwerk
OGS	Offene Ganztagsschule
SAR	Soziale Arbeit
SGB VIII	Sozialgesetzbuch, 8. Buch „Kinder- und Jugendhilfe"
s. N./S. N.	soziale Netzwerke/Soziale Netzwerke
SPFH	Sozialpädagogische Familienhilfe
Tab.	Tabelle
u. a.	und andere
u. ä.	und ähnliche
u. U.	unter Umständen
usw.	und so weiter
u. v. a. m.	und vieles andere mehr
vgl.	vergleiche
z. B.	zum Beispiel

9 Abbildungs- und Tabellenverzeichnis

10 Literaturverzeichnis

Bücher

Abdelilah-Bauer, B. (2008): Zweisprachig aufwachsen. Herausforderung und Chance für Kinder, Eltern und Erzieher. Verlag C. H. Beck oHG, München

Allert, T./Bieback-Diel, L. u. a. (1994): Familie, Milieu und sozialpädagogische Intervention. Möglichkeiten, Handlungsansätze und Problem sozialpädagogischer Familienhilfe. VOTUM Verlag GmbH, Münster

Arbeitsgemeinschaft für Jugendhilfe (Hrgb.) (2000): Interkulturelle Jugendhilfe in Deutschland. Innovative Konzepte und Modelle der interkulturellen Erziehung, Hilfen und Angebote in der Jugendhilfe. Deutscher Jugendhilfepreis 2000 – Hermine – Albers – Preis- Arbeitsgemeinschaft für Jugendhilfe – AGJ, Bonn

Arbeitsgemeinschaft für Jugendhilfe (Hrgb.) (2008): Reader Jugendhilfe. Arbeitsgemeinschaft für Jugendhilfe – AGJ, Berlin

Astleitner, H. (2011): Theorieentwicklung für SozialwissenschaftlerInnen. Böhlau Verlag Wien, Köln, Weimar

Ates, S. (2011): Deutsch-türkische Medienbeziehungen (1999 bis 2009). Verlag Königshausen & Neumann GmbH, Würzburg

Baban, A. (2011): Sozialpädagogische Familienhilfe für Familien aus islamischen Kulturkreisen. Schriftenreihe des IBKM. BIS-Verlag der Carl von Ossietzky Universität Oldenburg

Bach, A. (2001): Die Renaissance der Ein-Eltern-Familie? Herbolzheim

Bamf (Hrgb.) (2010): Fortschritte der Integration. Zur Situation der fünf größten in Deutschland lebenden Ausländergruppen. Forschungsbericht 8, Nürnberg

Bamf (Hrsg.) (2011): Minas. Atlas über Migration, Integration und Asyl. 3. Aufl., Nürnberg

Beck, U./Beck-Gernsheim, E. (1990):Das ganznormale Chaos der Liebe. Frankfurt am Main

Beckmann, C. (2009): Qualitätsmanagement und Soziale Arbeit. VS Verlag für Sozialwissenschaften. GWV Fachverlage GmbH, Wiesbaden

Beller, S. (2004): Empirisch forschen lernen. Konzepte, Methoden, Fallbeispiele, Tipps. Hans Huber Verlag

Berlin-Institut für Bevölkerung und Entwicklung (Hrgb.) (2009): Ungenutzte Potentiale. Zur Lage der Integration in Deutschland.

Berner, R. (2012) : Steuerung und ihre Ziele in der Jugendhilfe. In: Forum Erziehungshilfen (2012), 18. Jg., H. 3, Juli 2012, Beltz Juventa

Bertram, H./Ehlert, N. (Hrgb.) (2011): Familie, Bindungen und Fürsorge. Familiärer Wandel in einer vielfältigen Moderne. Freiberger Studie zum familiären Wandel im Weltvergleich. Verlag Barbara Budrich Opladen & Farmington Hills, MI

Bisarani, K. (2010): Sozialpädagogische Familienhilfe für Familien aus islamischen Kulturkreisen, Erfahrungen und Sichtweisen von Fachkräften. Schriftenreihe des IBKM. BIS-Verlag der Carl von Ossietzky Universität Oldenburg

Blüml, H./Helming, E. u. a. (1994): Sozialpädagogische Familienhilfe in Bayern. Abschlußbericht (sic!). München: DJI

Blüml, H./Helming, E. u. a. (1999): Handbuch Sozialpädagogischer Familienhilfe. Nomos Verlag

Bohnsack, R./Marotzki, W. (Hrgb.) (2011): Hauptbegriffe Qualitativer Sozialforschung. 3. durchg. Aufl. Verlag Barbara Budrich Opladen & Farmington Hills, MI

Braun, A. (2012): Biographie, Profession und Migration. In: Zeitschrift für Sozialpädagogik (2012), 10. Jg. H. 3, Aug. 2012, Beltz Juventa, Weinheim

Braun, W./Nauerth, M. (Hrsg.) (2005): Lust an der Erkenntnis. Zum Gebrauchswert soziologischen Denkens für die Praxis Sozialer Arbeit. Bd. 14 Schriftenreihe der Fachhochschule für Sozialpädagogik der Diakonenanstalt des Rauhen Hauses, Hamburg. Kleine Verlag, Bielefeld

Brinkmann, T. (2012): Migration und Transnationalität. Liedtke, R./Schüler-Springo-rum, u. a. (Hrgb.), Paderborn

Brock, D./Junge, M. u. a. (2007): Soziologische Theorien von Auguste Comte bis Tal-cott Parsons. 2. Aufl. Oldenburg Verlag München, Wien

Brüderl, J. (2004): Die Pluralisierung partnerschaftlicher Lebensformen in West-deutschland und Europa. In: Bpb (Hrgb.): Aus Politik und Zeitgeschichte (B 19/2004). Familiale Lebensformen im Wandel.

Brüsemeister, T. (2008): Qualitative Forschung. Ein Überblick. 2.überarb.Aufl.VS Verlag für Sozialwissenschaften. GWV Fachverlage GmbH, Wiesbaden

Buchkremer, H. (Hrgb.) (2009): Handbuch Sozialpädagogik. Ein Leitfaden in der so-zialen Arbeit. 3. Aufl. WGB Darmstadt

Burkschat, M./Cramer, E. (2004): Beschreibende Statistik. Grundlegende Metho-den. Springer-Verlag Berlin Heidelberg New York

Bussek, A. M. (1966): gez.: vom Leben!

Burzan, N. (2008): Quantitative Forschung in der Sozialstrukturanalyse. Anwen-dungsbeispiele aus methodischer Perspektive. Lehrbuch. VS Verlag Sozialwis-senschaften, GWV Fachverlage GmbH, Wiesbaden

Bühl, A. (2012): SPSS 20 Einführung in die moderne Datenanalyse. Pearson Deutsch-land GmbH, 13. aktualisierte Auflage

Böhm-Kasper O., Schuchardt, C. u. a. (2009): Qualitative Methoden in der Erzie-hungswissenschaft. Wigger, L./Vogel, P.(Hrsg.): Universität Dortmund

Carsten G. Ullrich (1999): Deutungsmusteranalyse und diskursives Interview. In: Zeitschrift für Soziologie 28, S. 429-447

Coltart, N. (1991): The Silent Patient In: Psychoanalytic Dialogues I, 4: 439-453. Zi-tiert nach Porst, Rolf 2008, S. 11

Daigler, C. (2008): Biographie und sozialpädagogische Profession. Eine Studie zur Entwicklung beruflicher Selbstverständnisse am Beispiel der Arbeit mit Mäd-chen und jungen Frauen. Weinheim und München

David, M./Borde, T. (Hrsg.) (2011): Schwangerschaft, Geburt und frühe Kindheit in der Migration. Wie beeinflussen Migration und Akkulturation soziale und medizinische Parameter? Mabuse Verlag, Frankfurt am Main.

Diehm, I./Radtke, O. (1999): Erziehung und Migration. Eine Einführung. Grundriß (sic!) der Pädagogik. Bd. 3 Verlag, W. Kohlhammer

Dittmar, N. (2009): Transkription. Ein Leitfaden mit Aufgaben für Studenten, Forscher und Laien. 3. Aufl. VS Verlag für Sozialwissenschaften/GWV Fachverlage GmbH, Wiesbaden

Dittrich, E./Radtke, F.O. (1990): Ethnizität. Wissenschaft und Minderheiten. Opladen

DJI (2006): Handbuch Kindeswohlgefährdung nach § 1666 BGB und Allgemeiner Sozialer Dienst (ASD). München: Deutsches Jugendinstitut e. V.

DJI. Bundesministerium für Familie, Senioren, Frauen und Jugend (Hrgb.) (1999): Handbuch Sozialpädagogischer Familienhilfe. 3. überarb. Aufl. Stuttgart, Kohlhammer

Eder, K./Rauer, V. u. a. (2004): Die Einhegung des Anderen. Türkische, polnische und russlanddeutsche Einwanderer in Deutschland. VS Verlag für Sozialwissenschaften/GWV Fachverlage GmbH, Wiesbaden

Eid, M./ Gollwitzer, M. u. a. (2010): Statistik und Forschungsmethoden. Lehrbuch. Beltz Verlag, Weinheim, Basel

Emcke, C. (2000): Kollektive Identitäten. Sozialphilosophische Grundlagen. Campus Verlag, Frankfurt/New York

Esser, H. (2000): Soziologie. Spezielle Grundlagen. Bd. 2: Die Konstruktion der Gesellschaft, Frankfurt am Main

Esser, H. (2006): Sprache und Integration. Die sozialen Bedingungen und Folgen des Spracherwerbs von Migranten. Campus Verlag, Frankfurt/New York

Fabian, T./Schweikart, R. (2003): Brennpunkte der Sozialen Arbeit. Leipziger Beiträge zur Sozialen Arbeit. Bd. 4. LIT Verlag Münster-Hamburg-London: Aus Research Perspectives (2000)

Fendrich, S./ Pothmann, J. u. a. (2012): HzE-Bericht Datenbasis 2010. Inanspruchnahme von Hilfen zur Erziehung in Nordrhein-Westfalen zwischen fachlichen Herausforderungen und regionaler Disparität. Arbeitsstelle Kinder- und Jugendhilfestatistik Forschungsverbund Deutsches (Hrgb.)

Fieseler, G./Herborth, R. (2010): Recht der Familie und Jugendhilfe. Arbeitsplatz Jugendamt/Soziale Dienste. 7.überarb.Aufl. Wolters Kluwer Deutschland GmbH, Köln

Flexner, A. (1915): Is SOCIAL Work a Profession? In: School and Society 1/1915, pp. 901-911 In: Soziale Arbeit, Aug. 2012, S. 329

Flösser, G. (1994): Soziale Arbeit jenseits der Bürokratie. Über das Management des Sozialen. Neuwied; Kriftel; Berlin: Luchterhand Verlag GmbH

Flösser, G./Oechler, M. (2010): Einführung in die Theorie sozialpädagogischer Dienste. WGB Darmstadt

Frieben-Blum, E./Jacobs, K. (Hrgb.) (2000): Wer ist fremd? Ethnische Herkunft, Familie und Gesellschaft. Leske & Budrich, Opladen

Frindt, A. (2010): Entwicklungen in den ambulanten Hilfen zur Erziehung. Aktueller Forschungsstand und strukturelle Aspekte am Beispiel der Sozialpädagogischen Familienhilfe. Deutsches Jugendinstitut e.V. www.dji.de/jhsw (07.10.2012)

Frings, P./Ludemann, G. u. a. (1993): Sozialpädagogische Familienhilfe in freier Trägerschaft. Rechtliche Grundlagen und Rahmenbedingungen. Lambertus Verlag, Freiburg im Breisgau

Früh, W. (1991): Inhaltsanalyse. Theorie und Praxis. 3. überarb. Aufl. München: Ölschläger

Fuchs-Heinritz, W./Klimke, D. u. a. (Hrsg.) (2011): Lexikon zur Soziologie. 5. überarb. Aufl. VS Verlag für Sozialwissenschaften, Springer Fachmedien, Wiesbaden GmbH

Gemende, M./Schröer, W. u. a. (Hrsg.)(1999):Zwischen den Kulturen. Pädagogische und sozialpädagogische Zugänge zur Interkulturalität. Juventa Verlag Weinheim und München

Gergen, K. J. (2002): Konstruierte Wirklichkeiten. Eine Hinführung zum sozialen Konstruktionismus. Kohlhammer, Stuttgart

Gerl, W. (1983): Klientenzentrierte Psychotherapie. In: Kraiker, C. & Peter, B. (Hrsg.). Psychotherapieführer. München: Beck

Gläser, J./Laudel, G. (2009): Experteninterviews und qualitative Inhaltsanalyse als Instrumente rekonstruierender Untersuchungen. 3. überarb. Aufl. VS Verlag für Sozialwissenschaften/GWV Fachverlage GmbH, Wiesbaden

Gissel-Palkovich, I. (2011): Lehrbuch Allgemeiner Sozialer Dienst – ASD. Rahmenbedingungen, Aufgaben und Professionalität. Juventa Verlag Weinheim und München

Günter, A./Gronemeyer, A. u. a. (Hrgb.) (1999): Soziale Probleme, soziologische Theorie und moderne Gesellschaften. Centaurus-Verlag

Gür, M. (1993): Türkisch-islamische Vereinigungen in der Bundesrepublik Deutschland. Frankfurt/Main

Hämmig, O. (2000): Zwischen zwei Kulturen. Spannungen, Konflikte und ihre Bewältigung bei der zweiten Ausländergeneration. Opladen + Budrich

Hall, S. (2000): Rassismus und kulturelle Identität. Ausgewählte Schriften 2. Hamburg

Handschuck, S. (2007): Die interkulturelle Öffnung der stationären Erziehungshilfen ist überfällig. In: Wohin steuert die stationäre Erziehungshilfe? SPI-Schriftenreihe, München

Handschuck, S./Schröer, H. (2000): Interkulturelle Öffnung Sozialer Dienste. Ein Strategievorschlag. In: Migration und Soziale Arbeit (2012), H. 3/4

Haug, S. (2000): Arbeitspapiere – Mannheimer Zentrum für Europäische Sozialforschung. Klassische und neuere Theorien der Migration. Heft Nr. 30

Helfferich, C. (2009): Die Qualität qualitativer Daten. Manual für die Durchführung qualitativer Interviews. 3. überarb. Aufl. VS Verlag für Sozialwissenschaften, GWV Fachverlage GmbH, Wiesbaden

Holtbrügge, H. (1975): Türkische Familien in der Bundesrepublik. Erziehungsvorstellungen und familiale Rollen- und Autoritätsstruktur. Sozialwissenschaftliche
Schriften 7. Verlag der Sozialwissenschaftlichen Kooperative, Duisburg

Ingenhoven, K. (2003): „Ghetto" oder gelungene Integration? Untersuchung sozialräumlicher Entwicklungsprozesse in der bedeutendsten Siedlungskonzentration von Aussiedlern aus Rumänien, der Siebenbürger-Sachsen-Siedlung in
Weil-Drabenderhöhe (NRW). Bd. 13. LIT Verlag, Münster

Jehle, B./Kammerer, B. u. a. (Hrgb.) (2004): Migration – Integration – Interkulturelle
Arbeit. Chancen und Perspektiven der pädagogischen Arbeit mit Kindern und
Jugendlichen (mit Fachbibliografie). emwe-Verlag, Nürnberg

Jordan, E. (2005): Kinder- und Jugendhilfe. Einführung in Geschichte und Handlungsfelder, Organisationsformen und gesellschaftliche Problemlagen. 2. überarb.
Aufl. Juventa Verlag, Weinheim und München

Jordan, E. (2006): Kindeswohlgefährdung. Rechtliche Neuregelungen und Konsequenzen für den Schutzauftrag der Kinder- und Jugendhilfe. Herausgegeben
vom Institut für soziale Arbeit e.v. Münster. Juventa Verlag, Weinheim und
München

Jordan, E./Maykus, S. u. a. (2012): Kinder- und Jugendhilfe. Einführung in Geschichte und Handlungsfelder, Organisationsformen und gesellschaftliche
Problemlagen. 3. überarb. Aufl. Beltz Juventa Weinheim Basel

Jütting, H. D./ van Bentem, N. u. a. (2003): Vereine als sozialer Reichtum. Empirische
Studien zu lokalen freiwilligen Vereinigungen. Bd. 9, Waxmann Münster/New
York/München/Berlin

Kallus, K. W. (2010): Erstellung von Fragebogen. Böhlau Verlag, Köln, Weimar, Wien

Kalter, F. (Hrgb.) (2008): Migration und Integration. Köllner Zeitschrift für Soziologie
und Sozialpsychologie. Sonderheft 48/2008. VS Verlag für Sozialwissenschaften

Kelek, N. (2006): Die verlorenen Söhne. Plädoyer für die Befreiung des türkisch-muslimischen Mannes. Kiepenheuer & Witsch

Kelle, U. (2007): Die Integration qualitativer und Quantitativer Methoden in der empirischen Sozialforschung. Theoretische Grundlagen und methodische Konzepte. VS Verlag für Sozialwissenschaften. GWV Fachverlage GmbH, Wiesbaden

Kirchhoff, S./Kuhnt, S. u. a. (2010): Der Fragebogen. Datenbasis, Konstruktion und Auswertung. 5. Aufl. VS Verlag für Sozialwissenschaften, Springer Fachmedien Wiesbaden GmbH

Kleemann, F./Krähnke, U. u. a. (2009): Interpretative Sozialforschung. Eine praxisorientierte Einführung. VS Verlag für Sozialwissenschaften. GWV Fachverlage GmbH, Wiesbaden

Kleve, H. (2003): Konstruktivismus und Soziale Arbeit. 2.Auflg. Steinmeier und Nordlingen

Kleve, H. (2009): Konstruktivismus und soziale Arbeit. Einführung in Grundlagen der systemisch-konstruktivistischen Theorie und Praxis. 3. Auflg. VS Verlag, Wiesbaden

Kreft, D./Mielenz, I. (Hrgb.) (1980): Wörterbuch Soziale Arbeit. Aufgaben, Praxisfelder, Begriffe und Methoden der Sozialarbeit und Sozialpädagogik. 4. Aufl. Beltz Verlag, Weinheim und Basel

Krewer, B. (1992): Kulturelle Identität und menschliche Selbsterforschung. Die Rolle von Kultur in der positiven und reflexiven Bestimmung des Menschseins. Saarbrücken: Breitenbach

Kähler, H. (2005): Soziale Arbeit in Zwangskontexten. Wie unerwünschte Hilfe erfolgreich sein kann. Ernst Reinhardt Verlag, München

Kraus, B. (2002): Konstruktivismus Kommunikation Soziale Arbeit. Radikalkonstruktivistische Betrachtungen zu den Bedingungen des sozialpädagogischen Interaktionsverhältnisses. Verlag für Systemische Forschung, Carl-Auer-Systeme Verlag

Krause, H.-U. (2007): Stationäre Hilfen zwischen Kindeswohl und Kostendruck aus der Perspektive eines freien Trägers. In: Wohin steuert die stationäre Erziehungshilfe? SPI-Schriftenreihe, München

Kreuzer, M. (Hrsg.) (2001): Handlungsmodelle in der Familienhilfe. Zwischen Networking und Beziehungsempowerment. 1. Aufl. Neuwied; Kriftel: Luchterhand

Kromrey, H. (1995): Empirische Sozialforschung – Modelle und Methoden der Datenerhebung und Datenauswertung. Opladen

Kromrey, H. (2006): Empirische Sozialforschung. Modelle und Methoden der standardisierten Datenauswertung. 11. überarb. Aufl. Lucius & Lucius Stuttgart

Krug, H./Grüner, H. u. a. (1991): Kinder- und Jugendhilfe – Sozialgesetzbuch (SGB) – Achtes Buch (VIII) – Kommentar, Starnberg-Percha: Verlag R. Schulz

Kühner, A. (2010): Positionen. Beiträge zur Beratung in der Arbeitswelt. Beratung in der Migrationsgesellschaft. Zwischen Dramatisierung und Anerkennung von Differenzen. H. 2. Universität Frankfurt/Main

Küsters, I. (2009): Narrative Interviews. Grundlagen und Anwendungen. 2. Aufl. VS Verlag für Sozialwissenschaften, GWV Fachverlage GmbH, Wiesbaden

Lamnek, S. (1995a): Qualitative Sozialforschung. Bd.1: Methodologie. Weinheim

Lamnek, S. (2005): Qualitative Sozialforschung. 4. vollständig überarb. Aufl. Beltz Verlag, Weinheim, Basel

Levi-Strauss, C. (1968): Anthropologie structurale, Plon, Paris

Lissmann, U. (2001): Inhaltsanalyse von Texten. Ein Lehrbuch zur computerunterstützten und konventionellen Inhaltsanalyse. 2. erw. Aufl. Landau: Verlag Empirische Pädagogik

Löcherbach, P./ Mennemann, H. u. a. (Hrgb.) (2009): Case Management in der Jugendhilfe. Mit 34 Abbildungen und 7 Tabellen. Ernst Reinhardt Verlag, München Basel

Maalouf, A. (2000): Mörderische Identitäten. Übersetzt von Hansen, C.) Suhrkamp Verlag Frankfurt/Main

Makarova, E. (2008): Akkulturation und Kulturelle Identität. Eine empirische Studie bei Jugendlichen mit und ohne Migrationshintergrund in der Schweiz. Prisma Bd. 8. www. Haupt.ch.

Matzner, M. (Hrgb.)(2012): Handbuch Migration und Bildung. Beltz Verlag, Weinheim und Basel

Matter, H./Abplanalp, E. (2009): Sozialarbeit in Familien. Eine Einführung. 2. überarb. Aufl. Verlag, Haupt Bern/Stuttgart/Wien

Mayer, H.O. (2008): Interview und schriftliche Befragung. Entwicklung Durchführung Auswertung. 4. überarb. und erw. Aufl. Oldenbourg Verlag München/Wien

Mayring, P./Gläser-Zikuda, M. (Hrgb.)(2005): Die Praxis der Quantitativen Inhaltsanalyse. Beltz Verlag, Weinheim und Basel

Mayring, P. / Brunner, E. (2009): Qualitative Inhaltsanalyse. Weinheim: Beltz

Merkens, H. (1997): Stichproben bei qualitativen Studien. In: Friebertshäuser, B./Prengel, A. (Hrgb.): Handbuch Qualitative Forschungsmethoden in der Erziehungswissenschaft. Weinheim/München

Merkens, H./Wessel, A. (Hrgb.) (2003): Zwischen Anpassung und Widerstand. Zur Herausbildung der sozialen Identität türkischer und deutscher Jugendlicher. Bd. 8 Schneider Verlag, Hohengehren

Meuser, M./Nagel, U. (1997): Das Experteninterview – Wissenssoziologische Voraussetzungen und methodische Durchführung. In: Friebertshäuser, B. u. Prengel, A. (Hrgb.): Handbuch Qualitative Forschungsmethoden in der Erziehungswissenschaft, Weinheim/München

Micheel, H. G. (2010): Quantitative empirische Sozialforschung. Ernst Reinhardt, GmbH & Co KG, Verlag, München

Ministerium für Kultus und Sport Baden-Württemberg (Hrgb.) (1985): Gastarbeiter als Eltern – Untersuchungen zum Verhältnis zwischen Schule und den Eltern ausländischer Grund- und Hauptschüler. Materialien zur Förderung ausländischer Kinder und Jugendlicher an allgemeinbildenden und beruflichen Schulen. E. Kurz & Co. Stuttgart

Müller, M./Zifonun, D. (Hrsg.) (2010): Ethnowissen: Soziologische Beiträge zu ethnischer Differenzierung und Migration. VS Verlag/Wiesbaden

Müller, W.C. (1999): Sozialpädagogisches Brevier. Briefings und Texte aus der praktischen Arbeit von 30 Jahren. Votum Verlag GmbH Münster

Nave-Herz, R. (2007): Familie Heute. Wandel der Familienstrukturen und Folgen für die Erziehung. WGB Darmstadt

Petermann, F./Schmidt, M. H. (Hrgb.) (2004): Qualitätssicherung in der Jugendhilfe. Neue Erhebungsverfahren und Ansätze der Praxisforschung. Beltz Verlag, Weinheim, Basel

Porst, Rolf (2008): Fragebogen. 1. Aufl. VS Verlag/Wiesbaden

Raab-Steiner, E./Benesch, M. (2010): Der Fragebogen. Von der Forschungsidee zur SPSS/PASW-Auswertung. 2. Aufl. Facultas Verlags-und Buchhandels AG

Rademacher, C./Wiechens, P. (Hrsg.) (2001): Geschlecht- Ethnizität-Klasse. Zur sozialen Konstruktion von Hierarchie und Differenz. Leske & Budrich, Opladen

Raithel, J. (2006): Quantitative Forschung. Ein Praxiskurs. VS Verlag für Sozialwissenschaften. GWV Fachverlage GmbH, Wiesbaden

Rauschenbach, T./Bürger, U. u. a. (2007): Wohin steuert die stationäre Erziehungshilfe? Sozialpädagogisches Institut im SOS-Kinderdorf e. V. Dokumentation 5, München: Eigenverlag

Rauschenbach, T./Schilling, M. (Hrgb.) (2011): Kinder- und Jugendhilfereport 3. Bilanz der empirischen Wende. Juventa Verlag, Weinheim und München

Sauter, S. (2000): Wir sind „Frankfurter Türken". Adoleszente Ablösungsprozesse in der deutschen Einwanderungsgesellschaft. Schriften zur Ethnopsychoanalyse 3. Brandes & Apsel Verlag GmbH

Scherke, K. (2009): Emotionen als Forschungsgegenstand der deutschsprachigen Soziologie. VS Verlag für Sozialwissenschaften. GWV Fachverlage GmbH, Wiesbaden

Schaffer, H. (2009). Empirische Sozialforschung für die Soziale Arbeit: Eine Einführung. Freiburg

Schirmer, D. (2009):Empirische Methoden der Sozialforschung. Grundlagen und Techniken, Wilhelm Fink GmbH & Co. Verlags-KG

Schomaker, R./Müller, C. (Hrgb.)(2012): Migration und Integration als wirtschaftliche und gesellschaftliche Ordnungsprobleme. Schriften zu Ordnungsfrage der Wirtschaft. Band 95 Lucius & Lucius Stuttgart Luft, S., S. 124ff.

Schmals, K.M. (Hrgb.)(2000): Migration und Stadt. Entwicklungen, Defizite, Potentiale. Leske + Budrich, Opladen

Schmidt, D. (2000): Unternehmertum und Ethnizität – ein seltsames Paar. In: Vereinigung zur Kritik der politischen Ökonomie e.V. In: Prokla, Zeitschrift für kritische Sozialwissenschaft (Hrgb.). H. 120. Jh. 2000. Nr. 3, 335-360

Schmidt, R. (2004): Die Türken, die Deutschen und Europa. Ein Beitrag zur Diskussion in Deutschland. VS Verlag für Sozialwissenschaften/GWV Fachverlage GmbH, Wiesbaden

Schmiz, A. (2011): Transnationalität als Ressource? Netzwerke vietnamesischer MigrantInnen zwischen Berlin und Vietnam. Transcript Verlag, Berlin

Schmuck, P. (1982): Der Islam und seine Bedeutung für türkische Familien in der Bundesrepublik Deutschland. Reihe Materialien zur Ausländerarbeit. DJI Verlag Deutsches Jugendinstitut, München

Schramkowski, B. (2007): Integration unter Vorbehalt. Perspektiven junger Erwachsener mit Migrationshintergrund. IKO – Verlag für interkulturelle Kommunikation Frankfurt am Main, London

Schulze, G. (1992): Die Erlebnisgesellschaft. Frankfurt a.M.: Campus

Schuster, E. M. (1997): Sozialpädagogische Familienhilfe (SPFH). Aspekte eines mehrdimensionalen Handlungsansatzes für Multiproblemfamilien. Peter Lang GmbH. Europäischer Verlag der Wissenschaften, Frankfurt am Main

Seckinger, M. (2012): Kinderschutz in der Migrationsgesellschaft. In: Forum Erziehungshilfen (2012), 18. Jg., H. 2, April 2012, Beltz Juventa

Seidel-Pielen, E. (1995): Unsere Türken. Annäherung an ein gespaltenes Verhältnis. ELEFANTEN PRESS Verlag GmbH, Berlin

Seipel, C./Rieker, P. (2003): Integrative Sozialforschung. Konzepte und Methoden der qualitativen und quantitativen empirischen Forschung. Juventa Verlag, Weinheim und München

Simon, F.B. (2006): Einführung in Systemtheorie und Konstruktivismus. Carl-Auer Systeme, Heidelberg

Sprenger, B. 1998: Der Kranke mit somatoformer Störung-Indexpatient eines dys-funktionalen Gesundheitssystems? Springer Verlag Berlin Heidelberg

Stahl, J. (2006): Jugendliche mit Migrationshintergrund. Ansätze einer interkulturel-len Sozialpädagogik. Schriftenreihe: Praxis und Theorie der Sozialen Arbeit. Edition Soziothek, Bern

Stascheit, U. (Hrsg.) (2010): Gesetze für Sozialberufe, 18. Aufl. Nomos Verlag

Tepecik, E. (2011): Bildungserfolge mit Migrationshintergrund. Biographien bil-dungserfolgreicher MigrantInnen türkischer Herkunft. VS Verlag für Sozial-wissenschaften. Springer Fachmedien Wiesbaden GmbH

Thesing, T./Geiger, B. u. a. (2008): Sozialpädagogische Praxisfelder. Ein Handbuch zur Berufs- und Institutionskunde für Sozialpädagogische Berufe. Lambertus-Verlag, Freiburg im Breisgau

Thiersch, H./Otto, H.U. (Hrgb.) (2005): Lebensweltorientierte Soziale Arbeit. Aufga-ben der Praxis in sozialen Wandel. 6. Aufl. Juventa Verlag, Weinheim und München

Thole, W. (2010): Soziale Arbeit als Profession und Disziplin. Das sozialpädagogische Projekt in Praxis, Theorie, Forschung und Ausbildung-Versuche einer Standortmessung. In: Thole, W. (2010) (Hrsg.): Grundriss Soziale Arbeit. Ein einführendes Handbuch. Wiesbaden

Trebbe, J. (2009): Ethnische Minderheiten, Massenmedien und Integration. Eine Un-tersuchung zu massenmedialer Repräsentation und Medienwirkungen. VS Verlag für Sozialwissenschaften. GWV Fachverlage GmbH, Wiesbaden

Treichler, A. (2012): Soziale Arbeit als Rechtsprofession? Voraussetzungen und Be-dingungen unter besonderer Berücksichtigung des Migrationsbezogenen Handlungsfeldes. In: Migration und Soziale Arbeit (2012) 34. Jg., H. 2, Mai 2012, Beltz Juventa

Treppte, C. (1990): Lernen heißt Brücken bauen. Türkische Kinder und Mütter auf dem Weg zur Schulbank. Beltz Verlag, Weinheim und Basel

Toprak, A. (2005): Das schwache Geschlecht. Lambertus Verlag, Freiburg

Otto H. U. /Oelerich, G. u. a. (Hrsg.) (2003): Empirische Forschung und Soziale Arbeit. Ein Lehrbuch und Arbeitsbuch. Wolters Kluwer Deutschland GmbH, München/Unterschließheim

Uslucan, H. H. (2011): Dabei und doch nicht mittendrin. Die Integration türkeistämmiger Zuwanderer. Verlag Klaus Wagenbach, Berlin

Wellenreuther, M. (2000): Quantitative Forschungsmethoden in der Erziehungswissenschaft. Eine Einführung. Juventa Verlag, Weinheim und München

Wide, K. (2007): Freizeit – Integration – Gender – Zum Freizeitverhalten türkischer Mädchen und junger Frauen. Grin Verlag

Winter, K. (2000): Dortmund. Die Nordstadt – wie sie früher war. 1. Aufl. Wartberg Verlag

Wittman, S./Rauschenbach, T. u. a. (Hrgb.) (2011): Kinder in Deutschland. Eine Bilanz empirischer Studie. Juventa Verlag, Weinheim und München

Wolf, K. (2006): Sozialpädagogische Familienhilfe aus der Sicht der Klientinnen und Klienten. Forschungsergebnisse und offene Fragen. In: Fröhlich-Gildhoff, K./Engel, E. u. a. (Hrsg.). Forschung zur Praxis in den ambulanten Hilfen zur Erziehung. FEL Verlag Forschung – Entwicklung – Lehre, Kontaktstelle für praxisorientierte Forschung e.v.: Freiburg im Breisgau.

Wolf K./Frindt A. (2009): Ideen und Konzepte. Steigerung der Wirksamkeit intensiver ambulanter erzieherischen Hilfen (SPFH), LWL Münster

Wollert, F./Kröhnert, S. u. a. (2009): Ungenutzte Potenziale. Zur Lage der Integration in Deutschland. Berlin-Institut für Bevölkerung und Entwicklung (Hrgb.)

Woog, A. (2001): Soziale Arbeit in Familien. Theoretische und empirische Ansätze zur Entwicklung einer pädagogischen Handlungslehre. Juventa Verlag, Weinheim und München

Zeitungen/Zeitschriften

Jugendhilfe aktuell (2009): Jugendhilfe hat viele Partner Verbindungsstellen offensiv besetzen. H. 2 LWL-Landesjugendamt Westfalen

Migration und Soziale Arbeit (2012):
„Medien". Institut für Sozialarbeit und Sozialpädagogik e.v. (Hrgb.). 34. Jg., H. 3, Aug. 2012, Beltz Juventa

Interkulturelle Kompetenzen und Jugendhilfe. 3-4-1997, Frankfurt/M.ISS: S. 77-86

Institut für Sozialarbeit und Sozialpädagogik e.v. (Hrgb.). 34. Jg., H. 3, Aug. 2012, Beltz Juventa

Monitor Bmfsfj (Hrgb.)(2012): Alleinerziehende in Deutschland – Lebenssituationen und Lebenswirklichkeiten von Müttern und Kindern. Monitor Familienforschung – Beiträge aus Forschung, Statistik und Familienpolitik. Ausgabe 28

Stadtanzeiger 6762/5 Dortmund, Lokales (02.01.2013)

Soziale Arbeit (2012):
Zeitschrift für soziale und sozialverwandte Gebiete. Schulsozialarbeit in einem Multikulturellen Stadtteil. März 2012, 61. Jg.
Zeitschrift für soziale und sozialverwandte Gebiete. Professionelle Identität in der Sozialen Arbeit. Aug. 2012, 61. Jg.
Zeitschrift für soziale und sozialverwandte Gebiete. Professionelle Identität in der Sozialen Arbeit. Sept./Okt. 2012, 61. Jg.

Sozialmagazin (2012):
Die Zeitschrift für Soziale Arbeit. 37. Jg., H. 4, Apr. 2012, Beltz Juventa

Zeitschrift für Semiotik (2011):
Semiotische Milieuforschung in der Sozialwissenschaft. Posner, R./Debus, S. (Hrgb.), Bd. 33, H. 1-2, Stauffenburg Verlag, Tübingen

Zeitschrift für systemische Therapie (1996):
Conen, M. L.: „Wie können wir Ihnen helfen, uns wieder loszuwerden?"– Aufsuchende Familientherapie mit Multiproblemfamilien. Jg. 14 H. 3, Juli 1996

Aufsätze

Gestring, N./Janßen, A. u. a. (Herbst 2004): Stadtsoziologie. Die zweite Generation türkischer Migranten. EINBLICKE Nr. 40. Carl von Ossietzky Universität Oldenburg

Internetquellen

http://www.destatis.de/jetspeed/portal/cms/Sites/destatis/Internet/DE/Content/Publikationen/Fachveroeffentlichungen/Sozialleistungen/KinderJugendhilfe/HeimerziehungBetreuteWohnform5225113097004,property=file.pdf (24.12.2011)

http://www.destatis.de/jetspeed/portal/cms/Sites/destatis/Internet/DE/Content/Publikationen/Querschnittsveroeffentlichungen/WirtschaftStatistik/Sozialleistungen/ErzieherischeHilfe042010,property=file.pdf (24.12.2011)

http://www.destatis.de/jetspeed/portal/cms/Sites/destatis/Internet/DE/Content/Publikationen/Fachveroeffentlichungen/Sozialleistungen/KinderJugendhilfe/ ErzieherischeHilfeErziehungsberatung5225101077005.psml (24.12.2011)

http://www.destatis.de/jetspeed/portal/cms/Sites/destatis/Internet/DE/Content/Publikationen/Fachveroeffentlichungen/Sozialleistungen/KinderJugendhilfe/ KinderJugendhilfegesetz5225111089004,property=file.pdf (24.12.2011)

http://www.fragebogen.de/grundlegender-aufbau-umfrage.htm (07.05.2012)

http://www.fragebogen.de/phasen-der-evaluation.htm (07.05.2012)

http://www.berlin-institut.org/studien/ungenutzte-potenziale.html (26.05.2012)

http://www.kindesschutz.de/Externes/Expertise%20Gunda%20Voigts.pdf (30.05.2012)

http://www.bmfsfj.de/doku/Publikationen/spfh/1-Sozialpaedagogische-familienhilfe-spfh-begriff-und-forschungsueberblick/1-1-was-ist-sozialpaedagogische-familienhilfe-.html (31.05.2012)

http://jugendamt.dortmund.de/jugendamt/project/home/template1.jsp?smi=3.2.1&tid=43513 (03.06.2012)

https://www.destatis.de/jetspeed/portal/cms/Sites/destatis/Internet/DE/Content/Publikationen/Fachveroeffentlichungen/Bevoelkerung/MigrationIntegration/ Migrationshintergrund2010220107004,property=file.pdf (07.06.2012)

http://www.kultur-macht-europa.de/fileadmin/user_upload/PDF-Doku-
mente/Kongress_Interkultur/PDF-Dokumente/Impressionen_zum_kulturel-
len_Leben_in_ Dortmund.pdf (07.06.2012)

http://www.mzes.uni.mannheim.de/publications/wp/wp-30.pdf (16.06.2012)

http://www.hs-coburg.de/fileadmin/fbs/bohrhard/krimi/14_KlientIn-
nen_in_Zwangskontexten.pdf (28.08.2012)

http://www.bb-sbl.de/tutorial/stichproben/reliabilitaetvaliditaetobjektivitaet.html
(01.09.2012)

http://www.it.nrw.de/statistik/a/daten/amtlichebevoelkerungszahlen/index.html
(02.09.2012)

http://www.bildung.uni-siegen.de/mitarbeiter/wolf/files/download/wissvero-
eff/familien_als_adressaten.pdf (02.09.2012)

https://www.destatis.de/DE/Publikationen/Thematisch/Bevoelkerung/Bevoelker-
ungsbewegung/BroschuereGeburtenDeutsch-
land0120007129004.pdf?__blob= publicationFile (02.09.2012)

http://www.bpb.de/nachschlagen/zahlen-und-fakten/soziale-situation-in-deutsch-
land/61597/haushalte-nach-zahl-der-kinder (02.09.2012)

https://www.destatis.de/DE/Publikationen/StatistischesJahrbuch/Jahr-
buch2009.pdf? __blob=publicationFile (02.09.2012)

http://www.neukirchener.de/Material/Ambulante_Hilfe/Leistungsbeschreibun-
gen/ A.1.SozialpdagogischeFLST.pdf (02.09.2012)

http://home.arcor.de/trennungseltern/Medienberichte/LK_Regens-
burg_070508.pdf (02.09.2012)

http://www.der-paritaetische.de/index.php?eID=tx_nawsecuredl&u=0&file=filead-
min/dokumente/2012Armutsbericht/a4_armutsbericht-
2012_web.pdf&hash =224e878e4857ce2ae0754077ea2559df96a91006
(03.09.2012)

http://www.2hintermann.ch/dokus/genogramm2008.pdf (03.09.2012)

http://www.bmfsfj.de/doku/Publikationen/spfh/1-Sozialpaedagogische-familien-
hilfe-spfh-begriff-und-forschungsueberblick/1-3-stand-der-for-
schung,seite%3D3 .html (03.09.2012)

http://www.kindesschutz.de/Externes/Expertise%20Gunda%20Voigts.pdf
(03.09.2012)

http://www.tafel.de/die-tafeln.html (04.09.2012)

http://www.sgkm.ch/down-
load/2012_06_SGKM_2012_book%20of%20abstracts.pdf#page=66
(04.09.2012)

http://www.bmfsfj.de/doku/Publikationen/spfh/5-Arbeitsbereiche-und-fragen-
der-qualifikation/5-4-professionalisierung-der-spfh-entwicklun-
gen,seite%3D3.html (05.09.2012)

http://de.wikipedia.org/wiki/Einwohnerentwicklung_von_Dortmund#Stadtbezirke
(09.09.2012)

http://www.sdaj-dortmund.de/2011/05/08/dortmunder-nordstadt-ein-vernachlas-
sigter-stadtteil/ (09.09.2012)

http://www.welt.de/politik/deutschland/article13625794/Jeder-Fuenfte-hat-ei-
nen-Migrationshintergrund.html (11.09.2012)

http://www.zeit.de/gesellschaft/2011-09/statistik-migration-deutschland
(11.09.2012)

http://www.fragebogen.de/aufbau-der-fragen-bei-umfragen.htm (11.09.2012)

http://www.bmfsfj.de/doku/Publikationen/spfh/10-Methoden-und-arbeits-
ansaetze-der-sozialpaedagogischen-familienhilfe/10-6-ressourcen.html
(12.09.2012)

http://link.springer.com/chapter/10.1007/978-3-531-90458-0_4#page-1
(12.09.2012)

https://www.destatis.de/DE/Publikationen/Thematisch/Bevoelkerung/Bevoelke-
rungsbewegung/BroschuereGeburtenDeutsch-
land0120007129004.pdf?__blob=publicationFile (20.09.2012)

http://www.sozialpolitik-aktuell.de/tl_files/sozialpolitik-aktuell/_Politikfelder/Fa-
milienpolitik/Datensammlung/PDF-Dateien/abbVII1b.pdf (20.09.2012)

https://www.destatis.de/DE/ZahlenFakten/GesellschaftStaat/Soziales/Sozialleis-
tungen/KinderJugendhilfe/Tabellen/ErzieherischeHilfenAusgaben2011.html
(20.09.2012)

http://www.lvr.de/media/wwwlvrde/jugend/service/arbeitshilfen/doku-
mente_94/jugend_mter_1/jugendhilfeplanung/daten_und_demogra-
fie/hze/HzE_Bericht_2011_Endfassung.pdf (20.09.2012)

https://www.destatis.de/DE/PresseService/Presse/Pressekonferenzen/2010/Al-
leinerziehende/pressebroschuere_Alleinerziehende2009.pdf?__blob=publi-
cationFile (06.10.2012)

http://www.bundesregierung.de/Content/DE/StatischeSeiten/Breg/IB/das-staats-
buergerschaftsrecht.html (06.10.2012)

http://www.spiegel.de/fotostrecke/duisburg-marxloh-musterviertel-oder-ghetto-
fotostrecke-23899.html (06.10.2012)

http://www.muetterzentrum-dortmund.de/Kinder/PEKIP/139935,1031,139579,-
1.aspx (06.10.2012)

http://www.blja.bayern.de/themen/erziehung/familienhilfe/TextOffice_Empfeh-
lungen31.html (06.10.2012)

http://www.welt.de/wams_print/article1941948/Alleinerziehende-Vaeter-und-
Muetter-in-Zahlen.html (06.10.2012)

http://www.bmfsfj.de/14-Sozialpaedagogische-familienhilfe-bei-besonderen-situa-
tionen-und-problemlagen/14-1/14-1-2-sexueller-missbrauch-als-thema-in-
der-arbeit-eines-familienhelfers.html (06.10.2012)

http://www.jeh-seitz.de/fachbereichjugendhilfe.html (06.10.2012)

http://www.bmfsfj.de/14-Sozialpaedagogische-familienhilfe-bei-besonderen-situa-
tionen-und-problemlagen/14-1/14-1-2-sexueller-missbrauch-als-thema-in-
der-arbeit-eines-familienhelfers.html (07.10.2012)

https://www.destatis.de/DE/Publikationen/Thematisch/Soziales/KinderJugend-
hilfe/ ErzieherischeHilfefamilienorientierteHil-
fen5225120107004.pdf?__blob=publicationFile (07.10.2012)

http://soziologie.soz.uni-linz.ac.at/sozthe/freitour/FreiTour-Wiki/subkultur.html
(07.10.2012)

http://www.spiegel.de/politik/deutschland/duisburg-marxloh-wo-der-pott-deut-
schen-und-tuerken-gehoert-a-499612.html (08.10.2012)

http://de.wikiquote.org/wiki/Englische_Sprichw%C3%B6rter#E (12.10.2012)

http://www.gesetze-im-internet.de/sgb_8/__5.html (19.10.2012)

http://www.arbeitsagentur.de/Navigation/zentral/Buerger/Arbeitslos/Grundsiche-
rung/Alg-II-Sozialgeld/Alg-II-Sozialgeld-Nav.html (19.10.2012)

https://www.destatis.de/DE/ZahlenFakten/GesellschaftStaat/Bevoelkerung/Haus-
halteFamilien/Tabellen/FamilienKindern.html (20.10.2012)

http://www.derwesten.de/wr/politik/campus-karriere/warum-viele-tuerkische-ju-
gendliche-in-der-schule-scheitern-id1504790.html (21.10.2012)

http://www.uni-siegen.de/fb2/mitarbeiter/wolf/files/download/for-
schung/spfh_forschung/spfh_anschlussprojekte.pdf (02.11.2012)

http://www.bteu.de/download/2001_ztf_Turkische-auslandische_Bevolkerung_
NRW.pdf (02.11.2012)

http://www.lwl.org/lja-download/unterstuetzung-die-ankommt/extern/JA-Pocket-
broschuere.pdf (03.11.2012)

http://www.sgbviii.de/S58.html (11.11.2012)

http://www.dortmund.de/media/downloads/pdf/statistik/bevoelkerung/Auslaender_n_staatsangehoerigkeit.pdf (12.11.2012)

http://www.bpb.de/nachschlagen/zahlen-und-fakten/soziale-situation-in-deutschland/61581/alleinerziehende (12.11.2012)

http://www.schader-stiftung.de/gesellschaft_wandel/435.php (12.11.2012)

http://www.bmfsfj.de/BMFSFJ/gesetze,did=3278.html (12.11.2012)

http://www.sgbviii.de/S40.html (12.11.2012)

http://www.bmfsfj.de/BMFSFJ/Service/Publikationen/publikationen,did=128950.html (12.11.2012)

http://www.philso.uni-augsburg.de/lehrstuehle/soziologie/sozio1/medienverzeichnis/Bosancic_WS_07_08/SU_PP_Indi.pdf (12.11.2012)

http://psychologie.univie.ac.at/fileadmin/user_upload/inst_psy_grundlagen/files/methodenlehre/qualitative_meth/SS11/QualMeth_4.pdf (13.11.2012)

http://wlm.userweb.mwn.de/ueber_i.htm (13.11.2012)

http://www.jugendamt.dortmund.de/upload/binary-data_do4ud4cms/48/55/14/00/ 00/00/145548/GB_Jugendamt_2006_web.pdf (16.12.2012)

http://www.jugendamt.dortmund.de/upload/binary-data_do4ud4cms/12/12/18/00/ 00/00/181212/gb_jugendamt_2007.pdf (16.12.2012)

http://www.jugendamt.dortmund.de/upload/binary-data_do4ud4cms/59/81/20/00/ 00/00/208159/GB_Jugendamt_2009.pdf (16.12.2012)

http://www.jugendamt.dortmund.de/upload/binary-data_do4ud4cms/87/22/21/00/ 00/00/212287/Geschaeftsbericht_2010.pdf (16.12.2012)

http://www.jugendamt.dortmund.de/upload/binary-data_do4ud4cms/64/80/11/00/ 00/00/118064/GB_Jugendamt.pdf (17.12.2012)

http://www.dortmund.de/media/downloads/pdf/buerofuerkinderinteressen/GB_Jugendamt_2008.pdf (17.12.2012)

http://www.uni-potsdam.de/u/soziologie/methoden/mitarbeiter/shk/Michael/1b/3_ Zusammenfassung.pdf (07.12.2012)

http://www.bamf.de/SharedDocs/Anlagen/DE/Publikationen/Migrationsatlas/migrationsatlas-2011-05.pdf?__blob=publicationFile (10.12.2012)

http://www.lvr.de/media/wwwlvrde/jugend/service/arbeitshilfen/doku-
mente_94/jugend_mter_1/jugendhilfeplanung/daten_und_demogra-
fie/hze/HzE-BERICHT_2012_LVR.pdf (13.12.2012)

http://de.statista.com/statistik/lexikon/definition/126/standardabweichung/
(15.12.2012)

http://www.2hintermann.ch/dokus/genogramm2008.pdf (15.12.2012)

http://vhs.dortmund.de/webbasys/index.php?kathaupt=1&katid=115&katvate-
rid=33&katname=Einbuergerungstest (16.12.2012)

http://www.bundesregierung.de/Webs/Breg/DE/Bundesregierung/Beauftrag-
tefuerIntegration/Staatsangehoerigkeit/_node.html (16.12.2012)

http://www.jugendamt.dortmund.de/upload/binary-
data_do4ud4cms/87/22/21/00/ 00/00/212287/Geschaeftsbe-
richt_2010.pdf (16.12.2012)

https://dom.lvr.de/lvis/lvr...nsf/.../$file/schulgesetz%20nrw.doc (16.12.2012)

http://www.gesetze-im-internet.de/sgb_8/__1.html (16.12.2012)

http://www.menteo.de/page2/page7/page7.html (16.12.2012)

http://www.bundesauslaenderbeauftragte.de/einbuergerung.html (16.12.2012)

www.destatis.de (16.12.2012)

http://www.t-online.de/eltern/schwangerschaft/id_61368098/geburtenrate-im-
europavergleich-deutschland-gehoert-zu-schlusslichtern.html (12.01.2013)

http://www.ratsinfo-online.net/lkee-bi/kreisrecht/Richtlinien%20Bereich%20Kin-
der-%20und%20Jugendhilfe/RL%20f%C3%BCr%20die%20Vereinba-
rung%20von% 20Entgelten%20f%C3%BCr%20Fachleistungsstun-
den%20f%C3%BCr%20Ange-
bote%20gem%C3%A4%C3%9F%20SGB%20VIII.pdf (13.01.2013)

http://www.frauenhaus-dortmund.de/Frauenhaus-Dortmund/Gewalt-gegen-
Frauen/ 139633,1031,140007,-1.aspx (14.01.2013)

http://dejure.org/gesetze/SGB_VIII/30.html (14.01.2013)

http://www.sozialhilfe24.de/hartz-iv-4-alg-ii-2/was-ist-hartz-iv-4.html (14.01.13)

http://www.123people.de/s/t%C3%BCrk+danis (15.01.2013)

http://www.duden.de/rechtschreibung/Humanismus#Bedeutung2 (16.01.2013)

www.ayyildiz.com (16.01.2013)

http://www.der-paritaetische.de/index.php?eID=tx_nawsecuredl&u=0&file=filead-
min/dokumente/2012Armutsbericht/a4_armutsbericht-2012_web.pdf&t=
1359384619&hash=d3581594b0186265a628a5582e9ba32fabb81584
(28.01.2013)

http://www.textlog.de/1489.html (22.01.2013)

http://www.schulministerium.nrw.de/BP/Schulrecht/Fragen_Antworten/FAQ/
FAQ_Unterricht/Schpfl/Dauer.html (26.01.2013)

http://www.harald-thome.de/media/files/Diakonisches_WerK_Wirk-
same_Wege_Brosch-re.pdf (26.01.2013)

http://www.bundesauslaenderbeauftragte.de/einbuergerung.html (10.02.2013)

www.Ruhrnachrichten.de/dortmund (14.05.2013)

http://www.duzceyerelhaber.com/turkiyeden--dunyadan-haberleri/12790-fuat-u-
gurgenclik-daireleri-eliyle-asimilasyon-ve-manipulasyon#.Ubn57vlM_9U
(13.06.2013)

http://www.sinus-institut.de/loesungen/sinus-milieus.html (26.1.2014)

11 Anhang

- Der Fragebogen an die Fachkräfte

- Der Erhebungsbogen (die Vorlage)

- Der Erhebungsbogen zur Aktenanalyse (der Entwurf)

- Die Tischvorlage für EBEI[432], INSPE[433] und SPFH (seit 01.10.2011) vereinheitlicht bei allen Trägern in Dortmund

---

[432] EBEI: Erziehungsbeistandschaft
[433] INSPE: Intensive sozialpädagogische Einzelbetreuung

Der Fragebogen

Liebe Fachkräfte,

ich möchte euch bitten, mir diese zwei Fragen stichpunktartig zu beantworten und den Fragebogen in das dafür vorgesehenes Fach zu legen. Gerne verfremdet und anonym.

1. Gibt es Unterschiede zwischen den deutschen Familien und Familien mit türkischen Wurzeln in den Ambulanten Hilfen zur Erziehung? Wenn ja, wie nehmt ihr das wahr?
   - Sprache

   - Kultur

   - Religion

   - Wirtschaft

   - Familie

   - Bildung

   - Sonstiges

2. Welche anderen Problemlagen haben Familien mit türkischen Wurzeln im Gegensatz zu deutschen Familien?

Ich danke euch im Voraus für euer Bemühen!!!

Der Erhebungsbogen (die Vorlage):

Dokument I.

Teil A – Erhebungsbogen

- Daten zur Person des/der Minderjährigen (IP)
- Angaben zur rechtlichen Stellung und Familie des/der Minderjährigen
- Daten zur schulischen und beruflichen Bildung des/der Minderjährigen
- Bisheriger Aufenthalt des/der Minderjährigen
- Soziale Sicherung des/der Minderjährigen
- Vorliegende Dokumente
- Wirtschaftliche und persönliche Verhältnisse der Eltern
- Weitere zur Familie gehörende Kinder

Teil B – Problemdarstellung für kollegiale Beratung

- Daten zur Person des/der Minderjährigen
- Fall bekannt geworden durch (Problembeschreibung)
- Hinweis von Person und / oder Institution
- Bisherige Hilfeangebote
- Zur Person
- Problemsichten Klient/Familienmitglieder (mit Lösungsvorschlag/Lösungsvorschlägen)

Teil C – Dokumentation der Kollegialen Beratung

- Ort und Datum der Kollegialen Beratung
- Zeitraum der Kollegialen Beratung
- Anwesende / Beteiligte
- Problemsicht fallzuständige Fachkraft (Beziehungsgefüge in der Familie /Stärken)
- Einschätzung der Beratenden Fachkräfte (im Vergleich zur Problembewertung der fallzuständigen Fachkräfte)
- Geeignete Hilfe bzw. geeignete Kombination verschiedener Hilfen
- Ergänzende Anregungen der Teammitglieder zur Hilfegestaltung
- Empfehlung zur angemessenen Hilfe / zu angemessenen Hilfen

- Besteht eine Differenz zwischen der eigentlich angemessenen Hilfe und der ausgewählten? Wenn ja, worin liegt diese Differenz begründet?
- Unterschriften der Beteiligten

Teil D -

- Zusammenfassende Begründung der beantragten Jugendhilfeleistung/Sozialhilfeleistung
- Hilfeplan
- Maßnahme
- Teilnehmer dieser Erziehungskonferenz
- Jugendhilfedienstleistung
- Genehmigung

Dokument II.

Übernahme einer Betreuung im Rahmen der Sozialpädagogischen Familienhilfe

- Koordinierung Bedarf / Kapazitäten
- Anfrage Vertrag
- Vor- und Nachbetreuungen
- Hilfeplanfortschreibung
- Fallverantwortung
- Konfliktberatung
- Arbeitskreis „Ambulante Erziehungshilfen (SPFH)"

Dokument III.

Gewährung einer Hilfe nach dem Sozialgesetzbuch VIII

(gem. § 31 SGB VIII /der Bewilligungsbescheid)

Angabe des Betreuungszeitraumes

Angabe von Fachleistungsstunden (wöchentlich)

Rechtsbelehrung

Der Erhebungsbogen zur Aktenanalyse (Entwurf):

BetreuerIn: m□/w□   **Alter:**   **Staatsangehörigkeit:**   **Herkunft:**
Berufsausbildung:

Familie:

Stadtteil:

Betr. Anfang/Ende:

FLST: **Kontrollauftrag: Ja** □   **Nein** □

Formen des Bekanntwerden:
Anonyme Meldung   □
Selbstmelder   □
Großeltern/Eltern   □   Ehepartner   □   Tante □   Onkel □
Beratungsstelle   □
Kita   □
Schule   □
Arzt   □
Vermieter/Nachbarn   □
Gesundheitsamt   □
Polizei   □
Familiengericht   □
Jugendschutzstelle   □
Sonstiges:

Gründe des Bekanntwerdens:

Frühere Hilfen:
Beratungsstelle   □
SPFH   □
Tagesmutter   □
Gesetzliche Betreuung   □
Formlose Betreuung JHD □
Inobhutnahme   □
Pflegefamilie   □
Heimunterbringung   □
Sonstiges:

Kinder: **1.**   **2.**   **3.**   **4.**   **5.**

Geschlecht/Alter:
Staatsangehörigkeit:
Muttersprache:
Deutschkenntnisse:
Kita:
Schule:
Wohnverhältnis:
Auffälligkeiten:

Sonstiges:

Eltern: **Mutter**   **Vater**
Staatsangehörigkeit:
Herkunft:
Muttersprache:
Deutschkenntnisse: kaum □   gut □   kaum □   gut □
Alter:
Schulabschluss:
Berufsausbildung:
Verheiratet □   getrennt lebend □   geschieden □   ledig □

Sorgerecht:
Einkommen/Gehalt:
Arbeitslosengeld □   Alg II □   Sozialhilfe □   Unterhalt □   UV □
Sonstiges:

Wohnung/Umfeld:
Gepflegt   □
Möbel fehlen   □
Verwahrlost   □
Schimmel   □
Reparaturen notwendig   □
Zu kleiner Wohnraum   □
Sonstiges:

Hilfeplan:
1. Haushaltsplan/Geldeinteilung   □
2. Erziehungsberatung (Grenzsetzung/Regeln, Stärkung d.
   Erziehungsfähigkeit)   □
3. Kooperation mit Kita/Schule   □
4. Kontakt zu Ärzten/Kliniken   □
5. Ämter und Behördengänge   □
6. Besuchskontakte zum getrennt lebenden Elternteil regeln /begleiten □

7. Krisengespräche führen   □
8. Struktur schaffen/Tagesablauf   □
9. Vermittlung zwischen d. Eltern   □
10. Freizeitgestaltung   □
11. Stabilisierung in der aktuellen Situation   □
12. Klärung d. Wohnsituation   □
13. Soziale Netzwerke schaffen   □
14. Begleitung u. Rückführung d. Kindes   □
15. Klärung d. Beziehung d. Familienmitglieder untereinander   □
16. Perspektiven entwickeln   □
17. Anleitung und Unterstützung bei der Versorgung des Kindes   □
18. Klärung der wirtschaftlichen Situation und/oder
    Schuldnerberatung   □
19. Klärung des Therapiebedarfes und Anbindung an eine Therapie   □

Sonstiges:

Kooperation der Familie mit der SPFH

	sehr gut	**gut**	**ausreichend**	**schlecht**
Zu Beginn d. Hilfe	□	□	□	□
Im Verlauf	□	□	□	□
Gegen Ende	□	□	□	□
Abbruch	□	□	□	□

Sonstiges:

Ressourcen:
Verwandte:
Freunde/Bekannte:
Nachbarn:
Gemeinde/Vereine:
Haustiere:
Sonstiges

Maßnahmen:
Therapien:
Sprachtherapie   □
Ergotherapie   □
Heilpädagogische Förderung   □
Haushaltshilfe   □
Eltern Stärken Kurs   □
Mutter-Kind Kur   □
Maßnahme für d. Mutter   □
Maßnahme für d. Vater   □
Intensivpädagogik   □
Schuldnerberatung   □

Gruppen:
Krabbelgruppe/PEKIP   □
Sozialkompetenztraining   □
Anbindung an einen Verein   □
Kinder und Jugendpsychiatrie   □
Tagesgruppe   □
Pflegefamilie   □
Heimunterbringung   □
Pflegedienst   □
Sonstiges:

Beendigungsgrund:
Wechsel männlicher SPFH   □   Wechsel weibliche SPFH   □
Wechsel anderer Träger   □
Familie benötigt keine Hilfe mehr   □
Wechsel der Hilfeform
Haushaltshilfe □   Tagesmutter   □   begl. Elternschaft □
Integrativkraft □   gesetzl. Betreuung   □
Umzug d. Familie in eine andere Stadt   □
FU   □
Abbruch   □
Sonstiges:

Vorlage zum Hilfeplangespräch (die Vorlage):

Bitte reichen Sie dieses Dokument spätestens zwei Wochen vor dem Hilfeplangespräch beim Jugendamt ein. Danke.

Diese Vorlage ist eine Empfehlung
des Jugendamtes der Stadt Dortmund
im Rahmen der Qualitätsentwicklung
der Hilfeplanung gem. § 36 SGB VIII.

Aktenzeichen des Jugendamtes

[...]-   -

Hilfeempfänger	Hilfeplangespräch am
Geburtsdatum Alter	Berichtszeitraum
Name des Trägers / der Einrichtung Be-treuungsbeginn	Hilfeart und -umfang
Name der Gruppe Aufnahmetag	Zusatzleistung(en)

körperliche Entwicklung z. B. altersadäquate Entwicklung, Gesundheitszustand (Vorsorgeuntersuchung, Impfungen, Erkrankungen, Behandlungen, Operationen, Medikamente, Krankheitsanfälligkeiten, kieferorthopädische Behandlung), grob- und feinmotorische Fähigkeiten, sexuelle Entwicklung

emotionale / intellektuelle Entwicklung z. B. altersadäquate Entwicklung, Grundstimmung, Sensibilität, Bindungsfähigkeit, emotionale Ansprechbarkeit, Konzentration, Spielverhalten, Sprachverhalten, Begabungen

Sozialverhalten z. B. Körperhygiene, Ordnung, Sauberkeit, Verhalten in Anforderungssituationen, Konfliktverhalten

interne / externe Freizeitgestaltung z. B. Interessen / Hobbys, Freundeskreis, Aktivitäten, Vereine

```
┌──────────────────────────────────────────────────────────────┐
│                                                                │
│                                                                │
└──────────────────────────────────────────────────────────────┘
```

Therapien / Fördermaßnahmen z. B. Art, Umfang, Fortschritte, Veränderungen, Gutachten / Stellungnahmen

```
┌──────────────────────────────────────────────────────────────┐
│                                                                │
│                                                                │
└──────────────────────────────────────────────────────────────┘
```

Schule / Ausbildung z. B. welche Schule / Klasse, sonderpädagogischer Förderbedarf, regelmäßiger Schulbesuch / Versäumnisse, Konfliktverhalten in der Schule / Ausbildung, Hausaufgaben, Klassenfahrten, Berufsberatung, Perspektive, Zeugnisse, Gutachten

```
┌──────────────────────────────────────────────────────────────┐
│                                                                │
│                                                                │
└──────────────────────────────────────────────────────────────┘
```

Verselbständigung z. B. lebenspraktische Fähigkeiten, hauswirtschaftliche Fähigkeiten, Umgang mit Geld

```
┌──────────────────────────────────────────────────────────────┐
│                                                                │
│                                                                │
└──────────────────────────────────────────────────────────────┘
```

Veränderungen im Familiensystem z. B. geänderte Wohnsituation, neue Partnerschaft

```
┌──────────────────────────────────────────────────────────────┐
│                                                                │
│                                                                │
└──────────────────────────────────────────────────────────────┘
```

Kontakte zu den Eltern / anderen Bezugspersonen z. B. Besuche, Telefonkontakte, Beurlaubungen, Veränderungswünsche, Familienarbeit (Telefonkontakte, Hausbesuche, regelmäßiger Austausch)

```
┌──────────────────────────────────────────────────────────────┐
│                                                                │
│                                                                │
└──────────────────────────────────────────────────────────────┘
```

Sonstiges / Besonderes

```
┌──────────────────────────────────────────────────────────────┐
│                                                                │
│                                                                │
└──────────────────────────────────────────────────────────────┘
```

Hilfeplanungsziele lt. letztem Hilfeplanprotokoll sowie deren **Umsetzung / Zielerreichung**

Hauptziel [normatives Ziel]		
1. Meilenstein [strategisches Ziel]	2. Meilenstein [strategisches Ziel]	3. Meilenstein [strategisches Ziel]
Umsetzung / Zielerreichung	Umsetzung / Zielerreichung	Umsetzung / Zielerreichung

Zusätzliche Hilfebedarfe Beschreibung des Bedarfs, mögliche Kostenträger, voraussichtliche Zusatzkosten

```
┌──────────────────────────────────────────────────────────────┐
│                                                                │
│                                                                │
└──────────────────────────────────────────────────────────────┘
```

Anmerkung(en) des Hilfeempfängers bzw. der Hilfeempfänger

Ich habe den Text gelesen / vorgetragen bekommen und bin damit

☐ einverstanden ☐ nicht einverstanden

und habe ggf. folgende Anmerkungen

Ich möchte die Mitarbeiterin / den Mitarbeiter des Jugendamtes vor dem Hilfeplangespräch allein sprechen

☐ ja ☐ nein

Datum / Unterschriften

Datum Hilfeempfänger	Datum für den Träger / die Einrichtung

Ümit Koşan

Interkulturelle Kommunikation in der Nachbarschaft

Zur Analyse der Kommunikation zwischen den Nachbarn mit türkischem und deutschem Hintergrund in der Dortmunder Nordstadt

Gender and Diversity, Band 7
2012, 248 S., br.,
ISBN 978-3-86226-177-2, € **25,80**

Die veränderten gesellschaftlichen Rahmenbedingungen beeinflussen das Zusammenleben im Quartier mehr als je zuvor. Die fundamentalen Veränderungsprozesse erzeugen heute mehr Krisen und Risiken. Diese können im konkreten Alltag zur Überforderung von Individuen, unabhängig von ihrer Herkunft, führen. Menschen in Sozialräumen werden permanent mit den Folgen der kulturbezogenen, vor allem aber auch wirtschafts- und sozialbezogenen Probleme konfrontiert. Häufig wird dabei interkulturelle Kommunikation als ein Gegenstand misslungener Kommunikationssituationen wahrgenommen und jede nicht gelungene Kommunikation auf kulturelle Unterschiede reduziert.

Das Buch untersucht das Kommunikationsverhalten von Bewohnern der Dortmunder Nordstadt in der Nachbarschaft. Dabei wird sowohl das Kommunikationsverhalten von Personen mit deutschem Hintergrund als auch von solchen mit türkischem Hintergrund erfragt, und zwar einerseits innerhalb der ethnischen Gruppen und andererseits zwischen Angehörigen beider ethnischer Gruppen. Die Grundlage der empirischen Untersuchung bilden je einhundert Interviews mit Angehörigen beider Gruppen. Mit der Fragestellung und der Anlage der Arbeit als Vergleich des Kommunikationsverhaltens wird sowohl innerhalb dieser ethnischen Gruppen als auch über die Gruppengrenzen hinweg Neuland betreten.

"Nicht nur wer sich mit interkultureller Kommunikation auseinandersetzt, sondern sich mit der Veränderung von Nachbarschaft in Stadtteilen beschäftigt, wird dieses Buch mit Gewinn lesen."
Detlef Baum. Rezension vom 25.04.2013, in: socialnet Rezensionen, ISSN 2190-9245.

Gender and Diversity

Almut Kipp
»Alltagswelten« obdachloser Frauen
Theaterpädagogik als Methodik der (Re)Integration
Gender and Diversity, Band 11, 2013, 204 S., br.,
ISBN 978-3-86226-248-9, € 24,80

Miriam Soudani
»Männer schlagen keine Frauen?! – Und umgekehrt?«
Das Gewaltverhalten von Mädchen und jungen Frauen
Gender and Diversity, Band 10, 2013, 270 S., br.,
ISBN 978-3-86226-218-2, € 24,80

Nicole Majdanski
Männer »doing« Gender!
Väter in Elternzeit
Band 9, 2012, 135 S.,
ISBN 978-3-86226-192-5, € 19,80

Marlene Alshut
Gender im Mainstream?
Geschlechtergerechte Arbeit mit Kindern und Jugendlichen
Band 8, 2012, 190 S.,
ISBN978-3-86226-191-8, € 20,80

Garnet Katharina Hoppe
Selbstkonzept und Empowerment bei Menschen mit geistiger Behinderung
Band 6, 2012, 130 S.,
ISBN 978-3-86226-163-5, € 18,80

Elisabeth Heite
Bürgerschaftliches Engagement älterer Menschen im Stadtteil
Gleiche Beteiligungschancen und Mitgestaltungsmöglichkeiten für alle?
Band 5 2012, 130 S.,
ISBN 978-3-86226-132-6, € 18,80

Katja Nowacki (Hrsg.)
Pflegekinder
Vorerfahrungen, Vermittlungsansätze und Konsequenzen
Band 4, 2012, 278 S.,
ISBN 978-3-86226-124-6, € 24,80

Saskia Hofmann
Yes she can!
Konfrontative Pädagogik in der Mädchenarbeit
Band 2, 2011, 135 S., br.,
ISBN 978-3-86226-050-8, € 18,80

Informationen und weitere Titel unter **www.centaurus-verlag.de**

If you have any concerns about our products,
you can contact us on
ProductSafety@springernature.com

In case Publisher is established outside the EU,
the EU authorized representative is:
**Springer Nature Customer Service Center GmbH
Europaplatz 3, 69115 Heidelberg, Germany**

Printed by Libri Plureos GmbH
in Hamburg, Germany